나의 눈물을 새로이 지어주시다

남장로교 호남선교 이야기

| 임형태 지음 |

쿰란출판사

추천의 글

지난 2015년 1월에 호남신학대학교가 위치한 광주에서 열린 《더러는 옥토에 떨어지는 눈물이고저》의 출판 기념식을 통하여 앞서 가신 호남 지역 선교사님들의 사역에 깊은 관심을 보이셨던 임형태 목사님께서, 이번에 새로운 저서 《나의 눈물을 새로이 지어 주시다》를 출간하게 되어 진심으로 축하를 드립니다.

국내외적으로 교회와 선교의 사명에 대해 다시금 진지하게 생각해 보게 되는 이 시기에, 호남 지역 복음화에 순교의 피로 헌신하신 미국 남장로교 출신 선교사님들의 발자취를 따라 걸으며 기록하신 글들이, 그분들의 숭고한 희생정신과 사랑을 다시 한 번 되새기게 해주는 좋은 계기가 될 줄로 생각합니다.

특히 본서를 저술하도록 임 목사님께 동기를 부여했던 공주에서의 선교사 묘역 탐방은, 자칫 잊혀지기 쉬운 신앙의 선조들이 이 땅에서 뿌린 눈물과 수고에 대해 돌아보는 효과적인 신앙 프로그램으로, 앞으로 한국 교회가 더욱 활성화시켜야 한다는 자극을 받습니다.

호남신학대학교의 교정에도 미국 남장로교 선교부의 사택, 학교, 병원 등이 설립되면서 형성된 선교사 묘역에 선교사 23인을 안장하여 정비되어 있고, 특히 인근 양림동의 역사 문화 마을과 함께 여러 선교사님의 유적지들이 조화를 이루며 그대로 남아 잘 보존되고 있습니다. 또한 1904년에 미국 남장로교 광주 선교부가 지역민들과 함께 처음으로 예배를 드린 자리에는 선교 기념비가 세워져 있고, 이외에도 수피아 홀, 오원 기념각, 존 언더우드 교수 사택, 찰스 헌틀리 선교사 사택, 그리고 광주에서 가장 오래된 서양식 건물로 등록이 되어 있는 우월순 선교사 사택 등 풍성한 역사적인 자료들이 있습니다.

금번에 출간하시는 임 목사님의 저서를 통하여 각처에 숨은 선교사님들의 숨결을 다시금 조명하고자 하는 열정이 더욱 살아나기를 바라고, 타국에서 목회를 하시느라 노고가 많으신 많은 디아스포라 목회자들에게도 한반도에 복음의 씨앗을 뿌리신 선교사님들을 향한 관심이 더욱 커지길 기대합니다. 이를 위해 본서가 널리 읽히기를 바라면서 기쁜 마음으로 본서를 추천합니다.

2016년 2월

노영상 박사(호남신학대학교 총장)

추천의 글

120년 전 미국 남장로교 호남 지역 선교 이야기를 찾아가는 임형태 목사님의 두 번째 저서 《나의 눈물을 새로이 지어 주시다》의 출판을 진심으로 축하드립니다.

남장로교 한국 선교의 한 작은 열매로 지난 40년 동안 미국 장로교(Presbyterian Church USA) 지역교회와 총회에서 사역해 온 목회자인 나에게는, 100년이 넘은 세월과 함께 지금은 많이 잊혀진 남장로교 선교 이야기가 남달리 깊은 감동과 새로움을 안겨 줍니다.

'옥토에 떨어진 작은 눈물'과 같은 복음의 씨앗들이 백 배의 결실을 맺어 이제 한국의 장로교회는 어머니 교회였던 미국 장로교보다 더 큰 교회가 되어, 동역 교회로서의 긍지와 사명을 가지고 세계교회로 발돋움하고 있는 모습이 자랑스럽고 감사하지 않을 수 없습니다. 그러면서도 한편으로는 가난하고 고난이 가득했던 시절에 예수 그리스도의 십자가의 구원과 자유하게 하는 복음의 씨를 눈물로 뿌리고 희생적으로 선교하면서 모든 것을 한국교회에 아낌없이 준 미국 장로교와 그들의 선교 유산을 잊어 가는 한국교회의 모습이 못내 안타까웠습니다. 이번에 임형태 목사님께서 심혈을 쏟아 집필하신 책이 새롭게 미국 장로교 선교 이야기의 한 근원을 찾아 순례의 발걸음을 내딛게 해주니 기쁨을 금할 수 없습니다.

　미국 남장로교 선교지였던 제주도를 포함한 호남 지방과 충청도 일부는 정치·사회적으로뿐만 아니라 한국교회의 선교적 상황에서도 성경의 갈릴리 지역처럼 변두리성을 면하지 못했던 것이 사실입니다. 그러나 하나님 나라를 선포하신 예수 그리스도의 복음이 갈릴리 나사렛 회당에서 시작된 것을 상기시키듯, 저자는 중심에서 소외되고 사람들의 관심에서 잊혀진 고장에서 어떻게 복음의 아름답고 능력에 찬 생명적 역사가 일어났는지 현장을 찾아가며 생생하게 증언해 주고 있습니다.

　하나님 나라 이야기 곧 복음의 이야기는 역동적이며 변화와 새로움을 일으키는 창조적 역사를 쓰게 하고 살게 합니다. 이야기 속에는 사랑과 열정과 헌신과 에너지, 그리고 상상력으로 충만한 사람들의 영혼의 불꽃들이 피어납니다. 그래서 창조적 생명이 잉태되고 분만되고 태어나며 자라고 열매 맺는, 아름다운 하늘의 내러티브가 강물처럼 흘러서 옥토를 적셔 줍니다.

　금번에 출판되는 임형태 목사님의 《나의 눈물을 새로이 지어 주시다》가 독자들로 하여금 지나간 역사를 회고하게 하는 데에만 머무는 것이 아니라 하나님 나라의 새로운 지평을 향해 순례의 걸음을 시작하게 하는 신선한 영적 도전이 될 것을 믿으면서, 이 책을 기쁨으로 추천하여 마지않습니다.

2016년 2월

김선배 목사 (미국 장로교 총회 한인목회 총무)

추천의 글

임형태 목사님의 두 번째 책 《나의 눈물을 새로이 지어 주시다》의 출판을 국가기도운동본부의 동역자들과 함께 진심으로 축하드립니다. 임 목사님은 하나님을 사랑하고 나라를 사랑하는 이민 목회자이시면서 국가기도운동 미주 대표를 담당하는 귀한 학자이십니다. 이번에 경기도 부천에서 개최된 제1회 국가기도운동 국제대회를 앞두고 국가적인 차원에서 기도운동을 전개하면서 모든 목회자들과 성도들이 본받아야 할 신앙적인 유산을 한국교회의 역사 속에서 찾으려는 생각을 가지셨습니다.

이러한 신앙적인 뿌리를 해외에서 우리나라에 오셔서 복음의 밀알 되신 선교사님들에게서 찾는 것을 착안하셨습니다. 그래서 한국에 오신 선교사님들이 이 땅에서 어떻게 한 알의 밀알이 되시면서 복음의 향기가 되셨는지에 집중하셨습니다.

그래서 지금까지 한국교회 안에서 별로 알려지지 않았던 기록들을 열정과 희생으로 발굴하셨을 뿐만 아니라 그것이 한국교회 안에서 어떻게 계승되었는지를 책으로 남기는 업적을 이루셨습니다.

2015년도에 출판하신 《더러는 옥토에 떨어지는 눈물이고저》가 그 첫 결실이었고, 이번에 《나의 눈물을 새로이 지어 주시다》는 두 번째 업적이 됩니다.

올해 연초에 국가기도운동을 섬기는 주요 지도자들이 호남지역의 양림교회에서 개최된 출판기념회에 참석하고, 이어서 광주의 선교사님들의 사적지와 목포와 전주와 공주의 선교사님들의 발자취도 함께 접하는 기회를 갖게 되었습니다. 저를 비롯해 그때 함께했던 분들은 충격과 더불어서 한없이 부끄러웠습니다.

그 과정에서 지금의 한남대학교를 설립하신 남장로교 교육선교사 윌리엄 린튼 선교사님의 역사를 접하게 되었습니다. 임 목사님은 이 역사적인 자료를 근거로 그분이 호남 지방에 오셔서 뿌린 복음의 씨앗들이 이렇게 열매를 맺었는지와 그 후손들이 3대를 이어서 이제는 북한에까지 선교의 열매를 맺고 있는 것에 대한 역사적인 사실들을 수집하여 이 책에 담으셨습니다. 이것은 한국교회사를 위해서도 매우 소중한 작업이 아닐 수 없습니다.

특히 제2회 국가기도운동 국제대회가 내년에 제주도에서 열리는 것을 기억하시고 이기풍, 최대진, 김창국 선교사님들의 사역을 조명하면서 격동기에 일어났던 제주 4·3 사건을 진솔하게 밝혀내셨습니다. 앞으로 우리 그리스도인들이 제주 4·3 사건을 올바로 이해하고, 이것을 근거로 제주도에서 열리는 국가기도운동 국제대회를 통하여 우리 선조들의 죄를 회개하는 기회가 되기를 기대합니다.

미국의 콜로라도 스프링스에서 한인들의 눈물을 닦아 주는 사랑의 목회를 감당하면서 두고온 조국을 품에 안고 기도하시는 임형태 목사님은 정녕 느헤미야 같은 이 시대의 귀한 종이라 할 수 있습니다.

이 책이 제주에서 열리는 제2회 국가기도운동 국제대회에 큰 영향력을 끼칠 것을 기대합니다. 또한 이 시대를 살아가는 목회자들과 교회 지도자들, 그리고 신학도들에게도 신선한 충격을 줄 것이라 기대합니다. 그래서 많은 그리스도인들이 이 책을 읽기를 추천하면서, 다시 한 번 임 목사님의 노고에 대하여 국가기도운동본부의 모든 동역자들과 더불어 축하를 드립니다.

2016년 2월

조갑진 목사(서울신학대학교 교수, 국가기도운동 대표)

추천의 글

　임형태 목사님의 명저 《더러는 옥토에 떨어지는 눈물이고저》(쿰란, 2015)에 이어 《나의 눈물을 새로이 지어 주시다》를 출간함을 진심으로 축하드립니다.

　기도 여행 중 공주 영명학교 뒷동산에 안치된 다섯 분의 선교사님과 자녀들의 묘역을 바라보고 기도하던 중 흘리셨던 임 목사님의 눈물이, 오늘의 저서를 집필하게 된 동기가 되었다는 글을 읽고 그때 그 장소에 함께 있었던 저로서도 새로운 감회를 느끼게 됩니다.

　특히 유관순 애국지사를 양녀로 삼은 사애리시 선교사의 생가를 방문하면서 당시 일제 강점기 때 하나님 사랑, 조국 사랑의 정신을 몸소 실천하신 선교님들이기 때문입니다. 흔히 선교사는 선교지에 뼈를 묻는다는 심정으로 고국을 떠나는데, 이분들은 그런 삶을 그대로 실천하신 분들입니다.

　또한 지금도 선교를 진행하고 있는 린튼(인돈) 선교사님 가정 이야기와 제주에서 사역하신 이기풍, 최대진, 김창국 선교사님들의 발자취는 많은 도전을 주는 감동의 이야기로 전해집니다. 특히 1948년에 있었던 4·3 사건에 대한 역사적 재조명은, 지금 고등학교 한국사 교과서 국정화에 대한 논란이 진행되어 가장 객관적인 입장을 찾고 있는 사학계에서 바른 입장 정리를 할 것으로 기대합니다.

4·3 사건은 1948년 4월 3일부터 1954년 9월 21일까지 제주도에서 일어난 양민 학살 사건입니다. 조국 광복 후 남한을 통치한 미군정 체제하의 사회문제가 발단이 되어 봉기한 남로당 무장대와 미군정과 국군, 경찰 간의 충돌, 이승만 정권의 초토화 작전 및 무장대의 학살로 희생된 주민들의 억울함이 남아 있는 문제입니다.

2015년 9월 11-12일 부천순복음교회에 가진 제1차 국제대회 이후 2016년 가을에 제주도에서 가질 제2차 국제대회를 앞두고 제주도 선교 이야기와 아픈 이야기를 지적함은 기쁜 일입니다.

조국을 순방하며 기도하는 국가기도운동이 제주도에 모여 구체적인 기도 제목을 찾으며, 백두산부터 한라산까지 주님의 십자가를 날리며 평화통일을 위한 회개 기도운동을 가지게 됨은 뜻깊은 일이기도 합니다.

임 목사님의 눈물 어린 저서를 통해 한국에 오신 선교사님들과 한국교회 초기 경건인물들의 기도 생활을 소개해 주심에 깊은 감사를 드리며, 기쁜 마음으로 본서를 추천해 드립니다.

혼자 읽지 마시고 주변에 지인들과 성도님들에게 소개해 주셔서 한국교회사에 소개되지 못한 사실을 알려 주시기를 간곡히 부탁드립니다.

2016년 2월

윤사무엘 목사(국가기도운동 해외 대표)

머리글

임형태 목사님의 두 번째 책 《나의 눈물을 새로이 지어 주시다》

지난해 임형태 목사님은 《더러는 옥토에 떨어지는 작은 눈물이고저》라는 책을 통하여 개화 초기 남장로교 선교사들의 호남 선교에 대한 역사를 소개하면서, 그들이 뿌린 복음의 씨앗들이 어떤 열매를 맺었는지에 대한 구체적인 선교 사례와 그들이 전한 예수 복음을 통해 삶이 송두리째 변화된 인물들의 생생한 이야기들을 다룬 바 있다.

그러면서 저자는 초기 호남지역 선교 역사에 대한 관심의 발단이 초기 목회자였던 김창국 목사님이 미국 장로교 총회 김선배 목사님의 조부가 되신다는 사실을 개인적인 관계에서 알게 되어 시작되었다고 밝힌 바 있다.

나 역시 평소에 할아버지에 대해 궁금한 적이 많아서 여러 가지 자료들을 찾아보면서 언젠가 그분에 대한 책을 우리 집안에서 누군가가 내야 하지 않겠나 생각하던 차에 임 목사님과 연결이 되었던 것인데 생각보다 빨리 책이 나왔다. 이는 순전히 임 목사님의 왕성한 호기심과 함께 한번 결단하면 반드시 결론을 내야만 직성이 풀리는 그분 특유의 추진력에 기인한 것이다. 그렇지만 무엇보다도 복음에 대한 뜨거운 열정이 그분으로 하여금 이러한 일을 가능케 하였다고 생각한다.

첫 번째 책의 제목이 말해 주고 있듯이, 벽안의 선교사들이 호남지역에 왔을 때는 일제의 침탈이 이미 시작되어 나라를 잃은 백성들은 갈 바를 알지 못하여 방황하고 있던 시기였고, 아직도 어두운 밤에서 깨어나지 못하고 있던 암흑의 시대를 살아가던 것이 우리의 현실이었다.

이러한 때에 시작된 남장로교 선교사들의 희생적인 선교활동과 그들이 전한 예수 복음은 아직 오염되지 않은 옥토와도 같았던 호남이라는 땅에 조금씩 뿌려지기 시작하였다. 처음에는 비록 작은 시작이었을지 모르지만 언젠가는 부활의 큰 열매를 맺게 될 생명운동이 되었던 것이다.

한편 그 당시 경성을 비롯하여 이북지역인 평양 등지에 대한 선교사들의 활동은 비교적 많이 알려져 왔고, 그동안 이에 대한 각종 연구들이 활발하게 이루어지면서 관련 서적들이 많이 출간되었다. 그에 비하면 서울 이남 지역, 그중에서도 충청과 호남 지방에 대한 초기 선교 사역에 대한 관심과 연구는 그다지 활발하지 않았던 것이 우리의 현실이 아니었나 생각한다. 이는 모든 방면에서 지극히 서울 중심적으로 이루어지고 있는 전통(?)이 아직도 지속되고 있는 우리의 현실적인 문제와 무관하지 않을 것이다.

이 두 번째 책에서 저자는 처음에 다루지 못했던 다른 내용들을 전자와 계속 연결하여 다루면서 깊이를 더하고 있고, 동시에 새로운 시각을 우리에게 소개하고 있다. 평양에서 발원된 부흥운동이 어떻게 다른 지역으로 전파되었는지를 자세하게 설명하면서, 공주를 비롯한 충청 지역의 선교에 영향을 끼치게 된 초기 역사를 소개하고 있다.

그러면서 저자는 자연스럽게 일제의 만행에 대항하는 그 지방의 한 인물인 유관순 열사를 우리에게 소개해 준다. 요즘 역사 교과서 문제로 온 나라가 시끄러운 가운데 최근 일부 국사 교과서에서는 아예 유관순 열사에 관한 내용을 전혀 다루지 않거나 다루더라도 피상적인 내용만을 다루고 있다는 이야기를 접한 적이 있다.

비록 세월이 흐르면서 시대가 많이 바뀌더라도 역사의 흐름에 많은 영향을 끼친 여러 사실들은 후손들에게 가감 없이 그대로 전달되어야 하는 것을 보여주는 책 중에 대표적인 것이 바로 성경이라 생각한다. 나중에 얘기하게 되지만, 저자가 이번에 만든 책에 우리에겐 불편한 진실이 담겨 있는 것도 그러한 연유에서라고 생각한다.

이번 책에서는 그 당시 이방처럼 여겨졌던 제주도에서의 초기 선교사역을 다루면서 최초의 선교사인 이기풍 목사님에 대한 자세한 사역을 소개했으며, 이어 3대 선교사로 파송되었던 김창국 목사님에 대한 사실도 소상하게 기술되어 있다.

저자는 이 일을 위해 직접 제주도로 날아가서 현장을 답사하는 중에 중요한 인물을 만나게 되는데, 바로 제주도 향토사학가인 김찬흡 선생이다. 그분을 통해 1919년에 일어났던 상해임시정부 군자금 사건의 보다 자세한 경위를 파악할 수 있었고, 이것을 계기로 저자는 국가보훈처 기록창고를 며칠 동안 뒤진 끝에 마침내 김창국 목사의 수형기록을 찾았다.

이와 함께 저자는 김 선생으로부터 제주도에서 벌어졌던 비극적인 역사의 자세한 전말을 접하게 되는데, 해방 후 좌우의 치열한 대립의 와중에 일어난 이른바 제주도 4.3 사건에 관한 내용들이었다. 김 선생은 일반에 잘 알려져 있지 않은 많은 사건의 중요한 자료들을 저자에게 건넸다.

비록 국가적으로 많은 세월이 지난 후 진상 규명과 희생자들의 명예 회복을 위한 특별법이 제정되고 2014년부터는 국가기념일이 지정되는 등 외적으로는 모든 것이 해결된 것처럼 보이지만, 우리 사회에는 아직도 이에 대한 첨예한 대립관계가 지속되고 있음을 호소하면서 제주도민의 소리를 해외동포의 입장에서 다루어 주기를 부탁하였다. 그리하여 그중 일부가 이 책에 수록된 것이다.

김창국 목사의 차남인 다형 김현승 시인은 해방 후 사랑하던 아들을 어린 나이에 잃고서 그 슬픔을 승화시키며 "눈물"이라는 시를 지었는데, 그 첫 연은 "더러는 옥토에 떨어지는 작은 생명이고저……"로 시작된다. 그리고 이 시는 끝 연을 "나의 웃음을 만드신 후에 새로이 나의 눈물을 지어 주시다"로 맺고 있다.

첫 번째 책을 내면서 나는 저자에게 이 시와 함께 여기에 관련된 나 개인의 이야기를 소개하는 글을 전해 드린 적이 있었는데, 저자는 여기에서 받은 영감으로 《더러는 옥토에 떨어지는 작은 눈물이고저》를 첫 번째 책의 제목을 삼았다. 이는 초기 선교사들의 희생을 잘 함축시킨 것으로 생각된다.

이어 두 번째 책의 제목도 저자는 같은 시의 말연을 택해서 《나의 눈물을 새로이 지어 주시다》로 지었다. 이 역시 슬픔 그 자체에 머무르지 않고 이를 딛고 일어섰던 시인처럼 선교 사역과 그 선교지에서 있었던 많은 사람들의 고귀한 희생을 밑거름으로 새로운 생명과 역사를 창조하시는 하나님의 오묘하신 섭리를, 책의 제목을 통하여 다시 한 번 강조하는 것으로 생각된다. 그러한 저자의 깊은 생각들이 이 책을 읽은 많은 이들에게 감동을 줄 수 있을 것이라 확신한다.

2016 년 1월 5일

LA에서 **김청배** 장로

차 례

추천의 글 – 노영상 박사(호남신학대학교 총장)・2
　　　　 – 김선배 목사(미국 장로교총회 한인목회 총무)・4
　　　　 – 조갑진 목사(서울신학대학교 교수, 국가기도운동 대표)・6
　　　　 – 윤사무엘 목사(국가기도운동 해외 대표)・9
머리글　 – 김청배 장로・12

부흥의 물결이 조선을 살리다・19
공주 부흥운동사・30
공주 꿈의교회(구, 공주침례교회)・43
공주제일교회 이야기・48
공주영명학교 설립자 우리암 선교사・55
3·1 운동의 상징 유관순 열사・57
윌리임 린든 선교사(William Alderman Linton)・70
휴 린튼 선교사(Hugh Macintyre Linton, 1926-1984)・78
드와이트 린튼 목사(Dr. Dwight Linton, 1927-2010)・86
톰슨 브리운 선교사(George Thompson Brown, 1921-2014)・90
광주기독병원의 7인 선교사・93
그 외 남장로교 선교사들・101
군산영명학교, 멜볼딘 여학교・119

목포영흥학교, 정명여학교•123

순천매산학교, 매산여학교•125

제주도 초대 선교사 이기풍 목사•127

제주도 선교사 최대진 목사•137

제주도 선교사 김창국 목사•140

제주 4·3 사건 진상조사 보고 결론•189

제주 4·3 이야기•201

순이 삼촌 이야기•278

제주 4·3과 기독교인들•314

부록

생각은 높게, 생활은 검소하게(김명배 교수)•317

시인, 그리고 아버지 다형 김현승(김순배 교수)•348

외유내강의 참 신앙인 김현택 선생님(오치성 전 내무장관)•373

미주지역에서 '독도 지키기' 캠페인(윤사무엘 목사)•382

지은이의 글•387

참고문헌•391

국가기도운동 남장로교 호남 선교 이야기 *1*

부흥의 물결이 조선을 살리다

한국에 기독교가 들어와서 100년밖에 지나지 않는 시기에 한국의 기독교가 상당한 성장을 이룰 수 있었던 것은 하나님의 섭리라고 여겨지지만, 굳이 이유를 들어 보자면 여러 가지가 있을 수 있다. 그중 하나가 사경회이다. 부흥회의 모범이 1907년 1월 평양 장대현교회에서의 사경회라는 데에는 대부분의 학자들이 동의하고 있다.

한편 한국 기독교가 일제 식민치하에서 구국운동을 펼 수 있었던 것은 평양 장대현교회에서의 사경회를 전후하여 구한말 기독교 대부흥운동을 통한 신앙 성숙이 있었기 때문이라고 한다.

구한말 기독교 대부흥운동의 전개와 결과

한말 기독교 대부흥운동은 보통 선교사들에 의해서 이루어졌다고 한다. 틀린 말은 아니다. 하지만 기독교 대부흥운동의 중요한 골자라 할 수 있는 평양 사경회의 형태는 저녁에 있었던 선교사들의 부흥회와 한국인 인도자 길선주 장로의 부흥회의 양상이 약간 다르다. 그렇다고 구분지어 설명하기에도 문제점이 없지 않다. 물론 길선주 장로의 부흥회와 선교사들의 부흥회는 같은 시기에 지속된다.

1. 부흥운동의 발단

앞장에서도 설명하였지만 당시 우리의 주변을 둘러싼 국제정세는 우리가 일본의 식민지화 되는 것을 묵인하고 있었다. 게다가 1905년에는 을사조약이 체결됨으로 말미암아 우리 민족은 더욱 비통에 싸여 있던 시기였고 기독교인들도 항일운동에 뛰어들게 된다.

이를 본 선교사들은 이러한 상황이 계속된다면 한국교회가 멸절될 것이라고 예상하였다. 그리하여 독립운동에 제동을 거는 정책을 펴게 된다. 한말 기독교 대부흥운동의 시작은 1903년 선교사 R. A. Hardie에 의해 시작된다.

선교사 하디는 열심히 전도하였으나 여러 가지로 자신과 생활환경이 만든 악조건 등으로 말미암아 '양 떼를 거두는 데' 실패하고 실의에 빠져 있었다. 그의 증언이 이를 뒷받침한다. "나는 3년 동안 강원도에 교회가 처음 세워진 지경터 지역에서 애써 일하였으나 거기서 사업에 실패하였다. 이 실패감은 나에게 말할 수 없는 타격을 주었고, 나는 더 이상 일할 수 없으리만큼 기진맥진하였다." 그 뒤 그는 1903년 감리교 선교부 선교사들과 기도하는 도중 회개하여 솔직하게 잘못을 고백하였다. 이는 그에게는 '고통스럽고 모욕적인 경험이었다.' 이러한 솔직한 고백에 성령 하나님이 역사하여 한국 교인들이 감화되고 은혜를 체험하였던 것이다. 여기서 일어난 불길은 평양에도 영향을 주었다.

여기에 영국 웨일스 지방과 인도 카시아 지방의 부흥운동 소식을 뉴욕 Johnson 목사로부터 들은 교인들은 그들도 은혜를 받고자 갈구하게 되었다. 여기에 평양 장대현교회의 길선주 장로가 인도하는 새벽기도회가 연일 계속되었다. 이는 길선주 장로가 시작한 것이다. 국가 위기로 말미암아 복음 활동이 소홀해지는 것에 대한 우려와 교회 자체에서 독립된 조선교회를 세우고자 하는 노력이 있었기 때문이다. 이로 말미암아 성령 충만을 받아야 한다고 느꼈기에 기도의 불길이 쉽게 타오를 수 있었던 것이다. 그렇기에 새벽기도회는 부흥운동의 원인이 되었고, 부흥운동 이후에도 한국교회의 전통이 된 것이다.

한편 1904년 서울에서 하디 선교사가 인도하는 부흥집회가 최병헌 목사가 담임으로 있는 정동교회에서 열렸다. 이에 대하여 당시의 〈The Korea Methodist〉 신문지면에서는 다음과 같이 1904년 서울 부흥회의 상황을 보도하고 있다.

최병헌 목사

"정동교회에서 하디가 주관하던 부흥회는 19일간의 집회를 끝내고 10월 9일에 끝났다. 이 부흥회는 본래 정동에 있는 두 남녀 학교 학생들을 위한 것이었는데 교인들에게도 번져 마침내 서울에 있는 감리교인들이 모두 모여들었다. 성령의 움직임으로 많은 이들이 공중 앞에서 자기 죄를 고백하고 진정한 회개를 하였다. 지적인 회심밖에 몰랐던 점잖은 교인들이 죄와 그리스도의 용서를 알게 되었다. 한국인 선생과 함께 새로운 믿음이 시작된 것이다."

그런데 이 서울지역의 부흥집회는 민족구국운동에 앞장섰던 최병헌 목사, 진덕기 목사 등이 주축이 되었다는 데에 큰 의의를 지닌다. 그리고 평양 부흥회에 큰 영향을 미쳤다는 점에서 또 하나의 중요한 의의를 지닌다. 그리고 1906년 남쪽 지방인 목포에서도 부흥이 일어나서 남감리교 소속인 저다인(Jerdine) 목사가 인도한 사경회에서 참회와 기쁨이 흘러나왔다. 그 광경을 목격한 프레스텐(J. F. Preston) 선교사는 다음과 같이 회고하고 있다.

"저다인 목사가 성경 말씀을 읽고 공의와 절제와 심판, 그리고 죄의 무서움, 그 뉘우침을 강설하자 죽음과 같은 정숙이 여럿 위에 내리덮었다. 그것은 마치 하나님의 말씀이 메스처럼 사람의 마음을 속 깊이 갈라 쪼개어서 죄를 통회 자복하였으며, 힘센 어른이 어린애처럼 방성대곡하는 참회의 물결이 세차게 흘렀다. 이제 그들의 얼굴은 성령으로 빛났고, 교회는 승리의 찬송이 가득해졌으며 찬양과 영광의 종소리를 드높였다. 이 모임의 결과는 전라도 지방에 널리 그리고 깊숙이 파고드는 영향으로 작용할 것이다."

그 뒤 1907년 1월의 동계 사경회가 평양 장대현교회에서 열렸다. 이러한 부흥회에 대해서는 〈대한매일신보〉의 다음 보도가 있다.

"음력 11월 20일경에 평양 야소 교회당에서 성경공부를 시작할 제 황평 량도의 일반 교인들이 구름같이 모였는데 그 시에 착한 사업에 경영이 만하 회당교회는 익익 왕성한다 하더라."

그런데 저녁집회는 특별한 전도 설교에 집중되었다. 여기에서 성령 하나님의 역사가 일어났고, 이러므로 말미암아 구한말 기독교 대부흥운동이 평양 장대현교회의 사경회에서부터 본격적으로 시작된다.

2. 1907년 평양사경회의 전개 과정

부흥회는 부르짖음의 시간이며 여기에 대한 성령 하나님의 응답의 시간이다. 그렇기에 성령 하나님의 역사 없이는 진정한 부흥회가 있을 수 없다. 일은 사람이 계획하더라도 주관자는 하나님이신 것이다. 그렇기에 부흥회를 선교사가 조작했다느니 한국인의 종교적 심성으로 말미암아 일어났다는 기존의 시각은 문제가 있다.

1906년 평양 장대현교회의 동계 사경회가 1907년 1월에 시작되었다. 이 동계 사경회는 길선주 장로가 인도하겠다고 나서서 이루어진

평양대부흥의 진원지인 평양 장대현교회

것인데, 그는 서울을 방문하고 평양에 온 존슨(Johnson) 선교사의 주일예배에 설교를 듣고 부흥회를 열 것을 결심하였다. 이는 성령의 역사가 태동하고 있다고 느꼈기 때문이었다. 그리하여 담임목사였던 이길함(Graham Lee) 선교사와 상의하여 동계 사경회를 개최하기로 합의하였다. 그리고 사경회가 1907년 1월 6일(양력)에 시작되었다. 이때 길선주 장로가 말씀을 전하자 사람들이 충격에 떨며 은혜를 받았는데, 참석자인 장대현교회의 정익로 장로는 당시의 광경을 다음과 같이 회고하고 있다.

"그날 밤 길선주 장로의 얼굴은 위엄과 능력이 가득한 얼굴이었고 순결과 성결로 불붙는 얼굴이었다. 그는 길 장로가 아니었고 바로 예수님이었다. 그는 눈이 소경이어서 나를 보지 못하였을 터이나 나는 그의 앞에서 도피할 수 없었다. 하나님이 나를 불러 놓은 것으로 생각되었다. 전에 경험하지 못한 죄에 대한 굉장한 두려움이 나를 엄습하였다. 어떻게 하면 이 죄를 떨쳐버릴 수 있고 도피할 수 있을까 나는 몹시 번민하였다. 어떤 사람은 마음이 너무 괴로워 예배당 밖으로 뛰어나갔다. 이러한 집회는 계속되었고 그 후 성령을 영접하다 '이상한 귀빈과 괴이한 주인' 등의 설교를 통하여 은혜가 임하였다."

1월 12일 블레어(Blair) 선교사가 고린도전서 12장 27절의 말씀을 가지고 설교하여 공동체 의식을 강조하였다. 1월 13일 집회에도 많은 인원이 참석하였으나 그때는 조금은 무의미한 듯하였고, 1월 14일 이길함 선교사의 집회에서 성령의 은혜가 임하여 회개의 역사가 일어났다. 고백의 정도를 어떤 여선교사는 다음과 같이 표현하고 있다. "그것은 마치 감옥의 지붕을 열어 제친 것이나 다름이 없었다."

이를 보더라도 그날 회개의 물결이 격렬했음을 알 수 있다. 1월 15일에는 점심에 선교사들이 모여서 감사의 기도를 드렸다. 그리고 저녁에 블레어 선교사를 미워했다는 고백이 나오면서 은혜가 감돌고, 이길함 선교사의 "나의 아버지여!"라는 고백이 있자마자 은혜가 임하였는데, 경험자는 다음과 같이 고백하고 있다.

"비상한 힘이 밖으로부터 쏟아져 들어와 온 회중을 사로잡은 듯하였다. 각 사람의 마음에는 자기의 죄가 자기 생활에 정죄 판결을 선언하여 주는 느낌을 가지게 하였고, 저녁 여덟 시부터 이튿날 다섯 시까지 이러한 상태가 계속되었다."

이로 말미암아 성령의 역사가 임하였음을 알 수 있다. 이로써 동계 사경회는 마치고 일단 사람들은 집으로 돌아갔다. 그리고 돌아간 사람들은 고백만으로 끝난 것이 아니라 손해를 끼친 사람에 대한 손해배상을 하는 등 회개를 실천하여 신자뿐 아니라 불신자들에게까지 하며 성안에 소문이 자자했다.

사실 처음에 선교사들은 감정에 치우친 회개가 이루어진 것이 아닌가 하고 의심을 가졌지만 지켜본 이들은 진정으로 죄를 통회 자복하는 것임을 알았다. 영국의 세실 경은 웨슬리의 부흥운동에 내린 성령의 역사와 유사하다고 하였고, 한국과 일본교회의 감리교 감독이었던 헤리스는 정신 이상 없이 바른 정신상태로 고백이 일어나 많은 사람이 새로 났다고 증언하는 등 1907년 대부흥운동이 진정한 부흥운동이었음을 여러 사람에게 전하고 있다.

3. 평양사경회 이후의 부흥운동

이러한 장대현교회의 사경회의 소식을 전해 들은 성도들은 부흥운동의 필요성을 깊이 인식하게 되는데, 이로 말미암아 평양사경회에서 성령의 중심 역할을 감당했던 자들이 전국 각지로 흩어졌다. 길선주 장로는 서울로 떠났는데 이때가 2월 16일이었다.

서울의 중앙교회(지금의 승동교회)에서 집회가 열렸는데, 사회자가 있는지 없는지 알 수 없을 정도로 깊었고 부흥의 불길은 계속 타올랐다고 한다. 클락(C. A. Clark) 선교사는 서울 집회에 대해 다음과 같이 보고하고 있다.

이길함 선교사 가족

"음력 명절을 준비하느라고 제각기 분주함에도 불구하고 길 장로가 오기 전 2주일 동안 시내 각 교회는 매일 저녁 기도회를 열었다. 2월 16일 길 장로가 서울에 도착하였다. 다음날 오후 모든 교인들이 연합으로 모인 집회에서 설교하고 밤에 중앙교회에서 설교했다. 첫 날임에도 불구하고 신비스러운 분위기가 조성되었다. 다음날에 성령의 능력이 임하셨다. ㄱ 로부터 성령의 역사는 날로 발전되었다. 둘째 날 이후부터는 지도자가 있는지 없는지 알 수 없을 만큼 사회자로서는 간신히 기회를 얻어 한마디씩 말을 했을 뿐 회중은 죄에 대한 혐오가 폭발하고 미친 듯이 죄를 회개하며 무거운 짐을 벗어 버리려고 몸부림쳤다. 그들의 심령은 불타오르기 시작했다."

이외에도 서울의 여러 교회에서도 부흥의 불길은 다시 타올랐다.

그는 또한 의주로 가서 11월 27일부터 집회를 인도하였다. 여기에도 성령의 역사가 임하였는데, 최재형이라는 열세 살 난 소학교(지금의 초등학생) 학생이 죄를 통회하고 주님께 몸 바치기로 하였다. 훗날 그는 목사가 되어 일생을 주님께 바쳤다. 이외에도 이길함 선교사는 선천으로, 소알론은 광주로, 헌터는 대구로 가서 성령 하나님의 역사를 체험하게 하는 데 도움을 주었다.

한편 학생들에게도 부흥의 불길이 몰아쳐 숭덕학교의 김찬성의 인도로 300여 학생들이 죄를 뉘우치는 한편, 채정민 목사의 인도로 감리교계 학생들에게도 부흥의 열기가 타올라 이들에 의한 전도운동이 전개되었다. 또한 숭실대학에도 부흥의 물결이 타올랐다. 이러한 학생들 사이에 일어난 부흥운동의 시작과 발전에 대하여 숭실대학의 베커(A. L. Becker)는 다음과 같이 서술하고 있다.

"학교 개학은 2월이었는데 그 직전에 집회 중이던 장로교 사경회에 성령 강림이 있었다. 우리는 이 같은 은혜가 학교에도 내리기를 원하였다. 학교가 개학되고 학생들이 등교한 다음 우리는 평상시의 수업 시간표를 일시 중지하고 오전, 오후, 저녁을 통하여 성경공부 및 기도회의 특별시간표를 마련하여 실행하는 것이 좋겠다고 생각하였다. 우리들은 학생들의 감정을 흥분시키려 하지 않았고, 또 너무 이래라 저래라 하지도 않았다. 우리는 다만 예수의 십자가에 마음 모으기만 노력하였다. 그러나 성령의 역사는 크게 나타나서 회의적인 태도를 가진 학생까지 죄를 회개하고 애통하였다. 한때 내가 세어 보니 30명 이상의 학생들이 여러 시간 서 있으면서 죄의 무거운 짐을 벗어버리는 기회를 얻으려 기다리는 것을 보았다. 학생들은 약 10분의 9가 이때에 깊은 감화를 얻어 중생의 은혜를 받았다. 많은 학생들이 십자가의 도리를 전하는 열정적 전도인이 되어서 이 부흥의 불길이 온 성내와 인근 촌락에 전파되었을 뿐 아니라 멀리 제물포와 공주에까지 전파되었다. 그리고 대부흥운동은 중국교회에까지도 영향을 주었다."

공주에까지 이른 1907년 부흥의 불길은 공주에서 20여 일간 진행된 부흥사경회에서 이루어졌는데, 이때의 기록이 공주 중앙장로교회 최범수 장로에 의해 발굴되어 최근 알려졌다.

공주 중앙장로교회 최범수 장로

국가기도운동 남장로교 호남 선교 이야기 2

공주 부흥운동사

　나라와 민족이 외침으로 암울하던 때에 외국의 선교사들은 복음을 들고 이 나라와 이곳 공주를 찾아와, 영혼 구원은 물론이고 신교육과 보건의료, 사회복지, 애국과 독립운동 등 지역과 국가 발전에 헌신했을 뿐 아니라 순교자로서 이 땅에 묻혀 지금도 이 나라와 공주를 위해 지켜보고 있다. 21세기 새 공주의 부흥을 소망하면서 공주 기독교 역사 속에서 그동안 베풀어 주신 하나님의 사랑과 그 은혜를 찾아내며, 순교를 각오하고 찾아온 선교사님들의 믿음의 발자취를 찾아내어 신앙의 안일에서 벗어나 복음의 빚진 자로서 이 시대에 주어진 선교 사명을 새롭게 인식하며 실천해 나가야 할 사명이 우리에게 있음을 깨닫게 되었다. 그래서 그동안 공주를 찾아온 선교사님들을 발굴해 소개하는 바이다.

공주의 복음의 역사는 1896년 미국 침례회 소속 엘라싱 선교회의 파울링(E. Pauling)과 펜윅(M. C. Fenick) 선교사가 공주 침례교회(현, 꿈의교회)를 개척하면서부터 시작되었다고 할 수 있을 것이다.

이미 1890년에 캐나다 침례교 선교사 펜윅이, 1893년에는 윌리엄 메킨지가 내한하여 황해도 소래교회에서 언더우드 선교사의 권고로 사역한 기록이 서경조 목사의 사역 활동에 나오기도 하였다. 거의 같은 시기에 미 북감리회 소속 스크랜턴(W. B. Scranton) 선교사의 활동이 1902년 제일감리교회 개척으로 이어졌다. 그 후에도 침례회 소속 선교사 6명과 감리회 소속 선교사 28명이 공주에서 짧게는 1년, 길게는 30년 가까이 선교 활동을 했다. 뿐만 아니라 선교 활동 중 풍토병으로 순교한 사프 선교사를 비롯해 선교사 자녀의 묘역에는 다섯 분의 선교사가 잠들어 있다. 이러한 공주에 대한 기독교 사료를 정리해 가던 최범수 장로(공주 중앙장로교회 장로)는 1907년 평양 부흥운동의 연장선상에서 공주지역에서도 부흥이 일어났다는 사실이 1907년 〈신학월보〉에 기록된 것을 찾아냈다.

따라서 이 시기의 공주 부흥운동을 재조명함으로써 21세기에 새로운 부흥운동이 한국교회에 일어나기를 간절히 바라며 소개하는 것이다.

한국의 기독교 부흥운동사

우리나라의 기독교 부흥운동사를 말하면 원산 부흥운동에서부터 시작된다. 1903년 8월 24-30일까지 원산지역 주재 선교사들이 모여

펜윅 선교사 부부

가진 기도회 동안에 시작된 원산 부흥운동은, 중국 의화단 사건으로 원산에 피신 중이었던 2명의 여선교사인 화이트(Mary Culler White) 선교사와 캐나다 장로교 출신 맥컬리(Louise Hoard McCully) 선교사가 한국인들 가운데 부흥이 일어나게 해달라고 기도하면서부터 시작되었다. 이 기도회 소식이 주변에 알려지면서 다른 선교사들도 하나 둘씩 기도회에 합류했다.

이들은 차제에 공개적으로 기도회를 갖기로 하고 의료 선교사 하디(Robert A. Hardie)에게 '어떻게 하면 효과적으로 기도할 수 있는가'에 대한 강의를 부탁했다. 강의 요청을 받은 하디는 말씀을 준비하다가 자신이 저지른 한국인에 대한 편견과 인종차별에 대한 회개를 하였다. 기도회 시작 전부터 은혜를 경험한 하디는 기도회를 인도하는 동안 울며 동료 선교사들 앞에서 자신의 허물을 공개적으로 통회했다. 성령의 강권적인 역사 앞에서 하디는 자신의 죄악과 잘못을 토로하지 않고는 견딜 수 없었던 것이다. 이 같은 하디의 고백은 동료 선교사들의 회개로 이어졌다. 이를 계기로 장로교와 감리교가 연합해 금식 통회하면서 이 땅에서의 부흥이 확산되었다.

한국의 부흥운동의 시기별 진행 상황을 정리하면 다음과 같다.

- 1903년 원산 부흥운동 (강사: 하디 선교사)
- 1904년 하디 선교사의 선교지역인 강원도, 서울, 인천
- 2월에는 개성 남부교회에서 10일간 사경회
- 3월에는 서울 자골교회에서 10일간 사경회

1904년 6월 〈신학월보〉에는 부흥에 대한 사설이 게재되었다.

"이 부흥회라 하는 뜻은 다시 일어난다 함이라. 이 회가 예수교에 대단히 유익한 연고가 두 가지 있으니, 첫째는 하나님을 만난 사람이 성령의 힘을 얻어 각 교우의 식은 마음을 열심되게 하여서 교회가 크게 흥왕되게 함이요, 둘째는 교를 믿지 않던 사람도 회당에 인도하여 예수의 좋은 성경 말씀으로 간절히 권면하매 그 사람 마음이 감동하여 예수교를 믿기로 작정 함이라."

1905년 인천 강화의 홍해교회에서 사경회와 회개기도회를 가졌다. 당시 조선은 일제에 의해 주권을 상실한 상태였다(을사보호조약). 조선

에서 활동하던 선교사들은 당시의 여건을 영적 부흥운동의 기회로 삼았다.

선교사가 바라본 을사보호조약(1906년 미 남감리회 감독 W. A. Candler)에 대한 기록이 다음과 같이 남아 있다.

"지금까지 대한제국을 통치하던 황제는 왕궁에서 하나의 봉급쟁이로 전락하고 대신 이토 히로부미가 실질적 통치자가 되었다. 황제는 왕좌에 앉아 있는 죄수에 불과하다. 한 세기에 걸친 일본의 야망은 채워졌으며 한국 독립의 소망은 실패로 돌아갔다."

1905년 9월 장로교 4개 선교회와 감리교 2개 선교회 소속 선교사 150명은 장·감 연합공회를 결성하고 1906년 구정 명절을 기해 신년 연합 부흥회를 개최하기로 결정했다. 당시의 장·감 연합공회 대표자는 무르, 게일, 벙커(D. A. Bunker), 레이놀즈 등이었으며, 연합 부흥회 개최 결의 내용을 문서로 만들어 보냈다. 그 주요 내용은 아래와 같다.

"부흥회 동안에는 최고 목적에 직결되도록 문서 사역, 시골 전도 여행 등 사역과 직접 관련되지 않은 다른 사역은 철수한다. 부흥집회의 첫째 목적은 새로운 신자 등록보다는 교회 내의 영적 각성이어야 한다. 부흥회의 주제들은 머리보다 가슴을 가르치는 과목으로 인죄론, 회개, 용서, 그리고 구원이며, 교인들이 값없이 주어지는 구원을 소유했는지 못했는지 알도록 해야 한다."

1906년 정월을 전후하여 전국적으로 초 3일부터 14일까지 구정 특별 부흥회를 위한 준비 기도회를 갖기로 했으며, 서울에서는 정동교회와 승동교회에서 기도회를 가졌다. 1907년 1월 평양 장대현교회를 비롯한 전국의 크고 작은 교회에서 구정 부흥회가 시작되었다. 평양에서 시작된 성령의 역사는 2월에는 길선주 장로를 통해 서울에서 그대로 재현되었다.

1907년 4월 8일 삼일기도회를 시작으로 공주에서도 1주일간 부흥회가 시작되었다. 윌리엄스(F. E. C. Williams) 선교사의 기도로 시작된 공주 부흥회는 안창호의 설교 "참초제근"이라는 말씀으로 시작되었으나 워낙 완악한 이들의 심령이 쉽게 무너지지 않았다. 간휼한 마귀의 유혹 때문이었다. 김상배 전도사의 "죄의 담을 헐자"는 설교도, 실성한 듯 통곡하는 안창호의 회개와 통곡도, 그리고 윌리엄스 목사의 애통하는 눈물도 소용이 없었다. 그러다가 그들이 은혜를 받기 시작한 것은 집회 3일째 부터였다. 1907년 4월 8일부터 시작된 공주 부흥역사는 약 20일간 이루어졌다. 1907년 〈신학월보〉에 게재되었던 '공주 부흥의 결실'을 소개한다(《신학월보》는 1900년 12월에 창간한 우리나라 최초의 신학 잡지이다. 각 지역에서 활동하고 있는 선교사들의 동정과 신학자료 시설 등을 게재하였으며, 특히 1907년 6월호에 공주 부흥회 소식을 게재하였다. 1910년 일제에 의해 폐간되었다.).

공주 부흥운동의 결실 보고서

우리 공주는 오래전부터 하나님께서 창조하신 중요한 땅 중의 하나이다. 그래서 주기적으로 돌아가는 역사의 흐름 속에서 하나님의 뜻은 분명히 이루어져 한량없는 하나님의 은혜가 서기 1902년에 이곳에 임하였다. 교회가 설립된 지 5-6년 만에 세례 받은 교회라 일컬음을 받는 것은 과히 칭찬할 만하다. 하지만 목이 곧고 마음이 완악한 죄인들이 어둡고 마음이 못된 모양이 진주(은혜)를 도로 짓밟는 것이나 다름없다 할 것이다. (이는) 우리 주 예수 그리스도의 구속하신 은혜를 확실히 깨닫지 못함 때문이다.

따라서 영혼을 성숙시키는 데는 발전이 없고 다만 분쟁만 일으키는데, 형제 간에는 형제 간에 분쟁을 하고 자매 간에는 자매 간에 분쟁함으로 항상 마귀의 술에 취하여 하나님 아버지의 뜻을 거역하고 성령을 슬프게 한다. 하지만 하나님의 은혜와 자비가 더욱 크셔서 이곳의 죄인들을 죄로 정죄하지 아니하시고 또 한 번 용서하사 특별히 오순절과 같은 기회를 우리에게 주시므로 1907년 4월 8일에 목사 윌리엄 씨와 안창호 씨가 성령님의 인도하심을 받아 이곳에서 부흥회를 열기로 작정하신 그때는 마침 삼일기도회라. 마음을 정하신 후에 그날로부터 스스로 죄를 고백하기 시작하였다. 안창호 씨가 통성기도하고 성령님의 지휘대로 설교하실 때 "참초제근"이라는 설교 제목을 삼으시고 설교하였는데 모든 형제의 마음이 찔렸다. 하지만 간사한 마귀가 유혹함으로 조금도 마음이 움직이지 않았다. 오히려 어떤 사람이 일어나 자복한다는 것이 도리어 자기의 사정을 이야기하는 모양이 되었다.

그 이튿날은 전도사 김상배 씨가 복음을 전한 후에 성령의 충만함을 받아 "죄의 담을 헐자"란 제목으로 여러 사람의 마음을 찔렀다. 하지만 여전히 목이 굳어 하는 짓이 자복이라 하면서 제 사정만 말하고, 또 자랑이 아니면 원망의 소리만 나왔다. 이것은 간특한 마귀가 현란하게 한 때문인데, 자신의 죄를 고백하는 시간이 되어도 여러 형제자매가 죄는 조금도 애통치 아니하고 분쟁만 한결 더 나게 하였다. 어찌 성령께서 슬프지 아니하겠는가? 그러자 목사께서 말씀이 제대로 전달되지 못하는 것을 깨닫고 성령의 총명으로 그 형편을 아시고 마음이 아프셨다. 그 아픔을 드러내며 먼저 대성통곡하며 죄를 고백하자 그 눈물을 시작으로 회중들은 동요하기 시작했다.

  목사의 눈물은 정말 눈물이 아니요 마치 만물을 빛나고 윤기나게 하는 봄비처럼 사람들을 동요시켰다. 특히 안창호 씨는 찢어질 듯한 마음으로 실성통곡하였는데 이 통곡은 우리 형제자매를 권고하는 예수님의 피의 복음이라 할 것이다. 속담에 "사특한 방법은 결코 올바른 기운을 이기지 못한다"고 하듯이 진실은 나무나 돌이라도 감동시킬 수 있을 것이다. 그러니 어찌 간특한 마귀의 흉계가 감히 바르고 정대하신 성령의 권능을 항거하며, 나무나 돌이 아닌 형제자매들이 감동치 아니하겠는가? 그러함으로 제3일 만에야 비로소 스스로 죄를 고백하는 모습이 나오는데 그 형상이 마치 만신창이가 곪은 것을 깨고 피고름을 짜는 것 같았다. 서로서로 미워하고 시기하였다고 말하며 간음하였다 말하며 속이고 도적질하였다 말하며 부모에게 불효하였다 말하며 우리 주를 입으로 믿었다 말하며 어떤 이는 목사를 속였다 하며 어떤 이는 안창호 씨를 원수같이 보았다 하며 슬피 애절한 마음으로 통곡하고 서로 서로 용서함을 받으며 서로 위로하기를 날마다 하였다.

  그러다 보니 일주일이 지났다. 아직 믿지 않는 사람들은 그 모습을 보며 예배당에 초상이 난 줄로 이야기가 돌았을 정도다. 이 어찌 감사치 아니하겠는가. 자매형제가 서로 고마움을 이기지 못하여 서로 간에 위로하고 사랑을 권하는 모습 중에 갑자기 윌리엄 목사가 급한 전보(서울 본부호출)를 받고 갑자기 출발하셔서 안창호 씨와 전도사 김상배 씨가 부흥회를 끝마치려 하였다. 그러자 스웨러 선교사가 이곳에 오셔서 그간 회개와 고백하는 모습과 여러 형편을 살피고 복음을 전하였다. 그 후에 설교를 하였는데 "지금이라도 진실한 죄의 고백을 못 하였다면 어느 누구도 결단코 천국에 들어가지 못합니다"라고 하시며 피를 토할 것 같은 진심으로 참혹하고 암담한 마음을 전하였다.

  잠시 후 축사하시고 폐회하셨는데 그 이튿날에는 자매형제와 학생들이 모여 아직 종결되지 아니한 한 사건을 교회의 모임에서 그 결정을 하기로 했다. 그 사건은 다름 아니라 이곳 공주의 영어교사인 윤성렬 씨(영명학교 교사로 윌리엄 교장의 통역)가 간음하였다는 사건이었다. 어떤 형제가 인천신학회에 이 사실을 알림으로 전국 각처에서 모르는 사람이 없는 사건이 되었다. (그것이 사실이 아니라면) 어찌 무죄한 사건으로 인해 원통치 아니하겠는가? 우리 주께서는 우리의 붉은 죄도 용서하시는데 우리가 어찌 형제자매의 죄를 용서치 아니하겠는가? 설혹 죄가 있다 하여도 용서해야 할 것인데 하물며 죄 없이 모함에 든 것이라면 어찌 모른 체하고 지나갈 수 있겠는가? 그러함으로 교회가 공적인 회의가 되어 하나님 앞에 서로 무죄한 증거를 설명하기 시작했다. 여러 형제자매 학생들의 증거가 여러 가지로 맞고 틀리는 것이 없었다. 결국 스웨러 선교사가(1902년 공주 주재) 윤성렬 씨의 사건을 은밀히 살피었다. 그 가운데 이 여러 증거가 분명한 것을 보시고 그제야 무죄한 것을 인정하고 윤성렬 씨의 무죄함을 정식으로 가결하게 되었다.

이 일이 결정되던 그날에 안창호 씨는 떠나고, 또 서 선교사께서 전도사 김상배 씨와 다시 작정하시고 자매형제를 하루에 세 번씩 모여 기도하게 하였다. 그리고 말씀하시길 "평양에서 성령 받은 형제들이 성령의 인도를 받고 우리 교회를 위하여 오고 계십니다"라고 하였다. (하지만) 사람들은 '어! 이게 무슨 뜻이지?' 하고 꺼리는 사람이 없었다. 과연 하루는 그 형제 두 분이 오는데 한 분은 고정철 씨요 한 분은 강신화 씨였다. 그 모양을 살피어 생각하니 마치 사도행전 8장 14절에 베드로와 요한 두 분이 성령의 인도 받음으로 사마리아 성에 들어감 같았다.

그들은 여독을 견디고 복음을 전한 후 잠깐 설교를 전하였다. "우리가 이곳에 온 것은 첫째는 성령의 인도하심입니다. 둘째는 우리 평양에 있는 형제들이 공주에 있는 형제들을 위하여 간절히 통곡하는 마음으로 기도한 결과입니다. 그래서 우리들을 택하시고 보내셨습니다. (거리 때문에) 이제야 와서 모든 형제자매에게 문안합니다" 하고 말씀을 전하며 "우리가 이곳에 온 목적은 이곳 형제자매에게 좋은 말씀하러 온 것이 아니요 불편한 말씀을 전하러 왔습니다" 하고 축사 폐회한 후에 그 이튿날 자복을 또 하였다. 설교를 이어가기를 "우리가 하나님을 보지 못함은 그 사이를 죄가 가리기 때문입니다. 만일 우리가 그 죄의 담을 헐지 못하면 우리들이 믿는 것은 쓸데없다 할 것입니다"라고 말하는데 그 말이 가장 권세 있는 말과 같았다. 이에 성령의 권능이 임하여 모든 형제자매의 마음을 찌르고 베어내는데, 마치 실력 있는 의사가 깊은 곳에 생긴 암과 같은 곪은 곳을 파내고 짜는 것 같았다. 그러니 누가 놀라고 마음이 동요하지 아니하였겠는가? 모든 형제자매가 머리를 들지 못하고 스스로 자신을 결박하는데, 갑자기 열병이 온 것처럼 추위에 한기를 느끼기도 하고 두통을 겸하여서 어떤 이는 떨고 어떤 이는 얼굴에 술에 취함 같고 어떤 이는 취하였던 술을 새로이 깬 듯하고 어떤 이는 적은 눈이 커지고 어떤 이는 몸도 어찌할 줄 모르며 어떤 이는 정신없이 앉았으니 이 여러 가지 모양이 활동사진을 보는 것 같았다.

(글을 쓰는) 이 죄인도 만일 죄가 없었으면 모르거니와 죄 울음이 터지지 않고 원통한 일이 너무 심하면 뼈가 아프다더니 과연 그 말이 빈말이 아니었다. 여러 형제자매가 성령의 책망을 견디지 못하여 깊이 숨어 있던 죄를 내어놓기 시작할 때에는 평범한 애통이 아니었다. 그 형상을 보니 차마 볼 수 없을 정도인 것은 얼굴이 다만 푸른 빛이요 기운이 막히어 마치 참으로 참담하고 암담한 표정으로 목 놓아 우는 모습뿐이었다. 이게 무슨 일이기에 이러한가 하였더니 자기 죄를 자신이 생각하고 볼지라도 그리할 수밖에 없었기 때문이다.

어떤 이는 도적질한 것이 여간 한두 번이 아니요 몇 번인지 알 수 없다고 고백하며, 어떤 이는 그 형제를 미워하여 해롭게 하는 죄로 어떤 목사의 도장을 위조하였다고 고백하며, 어떤 이는 믿지 않는 사람의 개인 돈을 빼앗았다 하며, 어떤 이는 친척 간에 말 못 할 일을 행하였다고 말하였다. 이것은 다름 아니라 사촌형제 간에 성적인 범죄를 지었음을 말함이다. 또 어떤 이는 주를 믿고도 불행한 일을 많이 행한 일로 주님을 팔고 협잡했는데 출급엽이백량표 1장을 내어놓아 불태우고, 어떤 이는 그 부친의 평생 방탕함을 미워함으로 각자 다른 마을에 떨어져 살다가 그 부친이 위중한 병이 들었음에도 불구하고 임종 시도 보지 못하였다 하며, 어떤 자매는 그 남편을 두려워함이 없이 간음한 죄를 정직한 마음으로 조금도 꺼리지 아니하고 내어놓았다. 또 어떤 이는 부모에게 말 못할 일을 행하였다고 하며 서로 부숴지듯이 통곡으로 하나님께 부르짖으며 다 내어놓았다. 그 하는 모습을 비유하자면 마치 온몸을 갈고 뼈를 가루로 만드는 것 같았다. 그렇다고 해도 그 죄가 과연 내어놓을 수 있는 죄일까? 그러니 준엄하신 성령의 권능 아래에서는 어찌 감히 숨기고 감출 수 있을까? (성령님의) 엄하신 책망하심을 견디지 못하여 다 내어놓았다.

 이런 처분(회개)을 당한 후에 어찌 얻는 바가 없으며 결과가 없겠는가? 그 얻은 것을 말하자면, 성령으로 인해 거듭남으로 각기 영광의 성령을 나타내는 것과 결과를 말하자면, 전에 속이고 도적질한 것은 무슨 물건이든지 돈이든지 각기 그 주인에게 보냈다는 것이다. 혹 먼 곳에는 우편으로 전하고 아주 전할 곳이 없어진 것은 다 하나님 앞에 바치었다. 그런 후에 감사한 마음으로 기도하는데 형제자매가 더욱 성령에 충만함으로 춤추는 모습이 보이고 심지어 어린 학생 수십 명도 성령에 충만함으로 각기 울며 자복이 일어나기 시작했다. 그러므로 어른이나 아이나 자매가 다 전체로 한 몸이 되어 즐기는 모양이 엄동설한에 얼어붙은 것 같은 근심된 마음을 벗고 태양이 다시 떠올라서 봄을 만남과 같았다. 옛 말씀에 비파와 거문고를 새롭게 고치면 새로운 곡조를 듣는다 하였다. 그렇더니 과연 우리 형제자매의 새마음으로 더 즐겁게 된 마음에 이르는 것 같았다.

　이와 같이 또 한 주일 동안을 지내고 평양에서 온 두 형제가 떠나가니 그 떠나감을 사랑하는 이가 헤어짐같이 여기니 측량할 수 없을 만큼 컸더라. 처음은 꺼리던 사람을 나중은 이와 같이 차마 놓지 못함이 무슨 이유이겠는가? 두 번 부흥회 한 모든 날짜는 이십 일쯤 되었다.

　세세한 이야기는 여기서 다 기록할 수 없기로 대강만 기록하여 보고하오니, 스스로 죄를 고백한 결과 내어놓은 물건 내용은 왼쪽에 기록하였다. 또한 제 자신도 은혜 중에 그 숫자에 포함되었다. 그러니 어찌 자랑할 것 한 가지가 없겠는가? 다만 자랑할 것은 우리 주 십자가 외에는 달리 자랑할 것이 없도다. 그러함으로 간절하고 애틋한 마음을 다하여 간절히 원하옵나니 누구든지 하나님을 보고 싶거든 자기의 죄 짐을 벗기를 힘쓰고 달리 구하지 말라. 누구든지 내 집과 내 나라를 사랑하거든 달리 구하지 말고 몹시 짧은 시간을 다투어 쫓아가듯 우리 주 예수 그리스도의 십자가만 서로 바쁘게 전하길 바란다, 아멘. (19명 형제들이 하나님 앞에 여러 가지 물건과 돈을 많이 바치었다.)

국가기도운동 남장로교 호남 선교 이야기 *3*

공주 꿈의교회
(구, 공주침례교회)

공주침례교회는 한국 침례교회사 가운데 가장 먼저 설립된 교회 중의 하나이다. 공주침례교회는 미국 엘라싱 선교회 소속 선교사들인 파울링 목사 일행에 의해 설립되었다. 엘라싱 선교회는 1895년 미국 보스턴 클라렌튼 침례교회 고든 목사의 선교적 열정과 이 교회의 헌신저이며 성공저인 사업가인 싱(S. B. Thing) 집사가, 자신의 외동딸 엘라 싱(Ella Thing)이 죽음을 앞두고 자신에게 상속될 재산이 복음을 위해 쓰이길 소원했던 것을 기념하여 설립된 단체였다.

1895년 엘라싱 선교회에서 훈련받은 첫 번째 선교사가 파울링 목사 부부와 여선교사 아만다 가데린이다. 이들 세 사람은 한국으로 파송된다. 이들은 부산에 머물면서 얼마간 선교 활동을 하다가 서울로 이동하여 선교를 시작하였다. 하지만 이들보다 먼저 한국 서울에서 선교 사역을 하던 타 교단 선교사들에게 밀려 충청도로 이동하였다. 파울링 목사 일행은 지역을 이동하여 전도 활동을 하다가 1896년 6월경 충청도의 도청소재지였던 공주에서 선교 사역을 했는데, 이것이 '꿈의교회'(공주침례교회)의 시초가 되었다.

공주침례교회는 엘라싱 선교회에서 2차로 파송한 스테드맨 선교사와 부인, 그리고 엑쿨스와 엘마가 담당하였다. 스테드맨은 1896년 4월 4일 한국에 도착하여 정동에 머물면서 한국어를 공부하고 있었다. 1897년 9월 29일에는 브라이든과 결혼하고 즉시 공주로 이동하여 본격적인 선교 사역을 시작하였다. 공주에 도착한 스테드맨 선교사는 공주를 거점으로 강경을 비롯한 중부권에 선교의 지평을 넓혀 나갔다. 이때부터 공주침례교회는 교회로서의 틀을 갖추고 한국 침례교 선교의 중추적인 역할을 감당하는 한국 침례교회의 어머니 교회의 역할을 감당하게 되었다.

초기 선교사들의 사역은 한국의 보수적인 유교 사상과 부딪쳐 어려움을 겪었다. 또한 이들을 지원했던 엘라싱 선교회가 1901년 한국에서 일본으로 선교 방향을 전환함에 따라, 스테드맨 선교사 일행은 본국으로 귀환하면서 그동안 구축했던 모든 교회와 재산을 캐나다 출신 선교사인 펜윅에게 이양하였다.

꿈의 교회 태동 선교사
스테드맨

펜윅은 1889년 12월 8일 원산에서 선교 사역을 하고 있었다. 신학 교육을 받지 않았던 펜윅 선교사는 당시 강력한 영적 체험과 열정으로 복음을 전하고 있었다. 그런데 1893년 본국으로 돌아가 '한국 순회선교회'를 조직하고 후원자를 모집하던 중 엘라싱 선교의 창립 주요 멤버였던 고든 목사와 연결되어 침례교인이 되었다.

스테드맨 선교사의 본국 귀환이 결정되자 1901년 엘라싱 선교회를 인수하여 한국 순회 선교회와 병합하고 신명균을 공주로 파송하여 공주침례교회를 돌보게 하였다. 뿐만 아니라 펜윅은 1903년 2월 10일 공주 반죽동에 교사를 신축하고 성경학원을 설립하여 신명균을 원장으로 임명했다. 이종덕, 장석천, 황태봉, 고문중 등이 첫 입학생이 되었고, 그 후 10년간 많은 목회자들을 양성하였다. 당시 공주에 세워졌던 성경학원은 오늘날 침례교신학대학교의 전신이 되었다.

그 후 펜윅 선교사는 1906년 '대한기독교회'라는 독립된 교단을 창설하였고 이것은 지금의 '기독교 한국 침례교회'의 모체가 되었다. 펜윅 선교사로 인하여 한국과 만주 일대에 교세가 점점 확장되고 있었으나 교단의 총지휘자이며 큰 힘이 되었던 펜윅 선교사는 활발한 선교 활동을 하다가 1935년 원산에서 소천하셨다.

펜윅과 신명균 목사

선교 초기 서울과 공주를 오가며 사역을 하던 스테드맨 선교사는 1899년 만민공동회의 주동 인물로 체포령이 떨어진 독립협회의 회원 오긍선 씨를 서울에 있는 선교사의 집에 숨겨 주었다. 이후 스테드맨의 한글교사가 되어 지내던 오긍선은 스테드맨과 함께 선교사로 위장하여 자신의 고향이기도 했던 공주로 함께 내려가 사역을 도왔다. 이후 독립협회 관련 인물들이 석방되고 사건이 수습되자 1900년 봄 그의 고향인 공주(사곡면) 금강 나루터에서 침례를 받았다. 이로써 오긍선은 공주침례교회에서 최초의 침례교인이 된 것이다.

초기 한국 침례교회사에서 주도적인 역할을 감당했던 공주침례교회는 1917년 총독부의 폐교령으로 교회가 폐교되는 치명적인 아픔을 겪었다. 이후 1919년 대한기독교회로 다시 교회가 운영되었다. 일본 정부는 '대한'이라는 용어를 삭제하라고 강요하였다. 따라서 1921년 동아기독교로 개명되었지만 1940년부터 1945년까지 일제의 박해로 다시 교회가 폐교되었다. 공주침례교회는 일제 치하의 암울한 시기에 교회 생존을 위해 처절하게 투쟁했다.

1945년 8월 일제로부터 해방된 이후 1951년 20대 장일수 목사가 신성동 127번지 43칸의 일본식 가옥을 백미 20가마에 구입하여 1966년까지 교회당으로 사용했다.

1993년 7월 제28대 담임목사 안희묵 목사가 취임하였다. 2002년 1월에는 웅진동에 3,476평의 대지를 구입한 후 2003년 7월 7일 연1,800평의 성전을 신축하여 입당하였고, 교회 이름을 '꿈의교회' 로 개명하였다[주소: 충남 공주시 웅진동 242-1. 전화: (041) 855-4803]

꿈의교회당 전경

국가기도운동 남장로교 호남 선교 이야기 *4*

공주제일교회 이야기

"국내 최초 성부, 성자, 성령을 상징한 스테인드글라스로 장식한 예배당 입구 시설 80년 보존한 교회"(문화관광부와 공주시가 인정한 기독교 박물관)

스크랜턴 선교사

근대 문화유산 문화재 제472호에 등록된 공주제일감리교회(담임목사 윤애근)에서 2011년 7월 26일(화) 오후 4시 문화재 등록 감사예배를 드렸다. 충남 공주시 봉황동 소재 공주제일감리교회 문화재 예배당에서 윤애근 목사의 집례로 진행된 문화재 등록 감사예배에 노경훈 장로가 기도를 드리고, 한기석 장로가 이사야 44장 28절을 봉독한 뒤 시온 찬양대의 찬양에 이어, 김영옥 감독(대전보문교회)이 "하나님의 기초가 되는 교회"라는 제하의 말씀을 선포했다. 이어 이성옥 권사의 몸 찬양이 있었으며, 김준태 장로가 문화재 등록 과정 및 유공자를 소개하고 공동 기도회를 가졌다. 이날 이준원 공주시장, 진상석 목사(공주시 기독연합회 회장), 박영태 감독(전, 남부연회 감독) 등이 축사를 한 후 김영우 감독의 축도로 마쳤다.

1890년 미국 감리회 선교부에서 선교지로 공주를 선정하고 스크랜턴(W. B. Scranton) 선교사가 방문한 후, 1902년 가을 미국 감리회 선교부에서 공주 관찰부 앞에 집 한 채(초가 1동)를 구입하고 김동현 전도사를 파송하여 시작된 제일교회는 1919년 3·1 운동에 적극 동참한 애국 교회로, 당시 제9대 신흥식 목사가 민족대표 33인 중 1인이다. 그 후 제14대 김찬홍 목사가 1930년 공주시 봉황동 현 위치에 예배당을 건축하

공주제일교회 문화재 교회당 전경

여 81년의 세월이 흘렀으며, 1890년부터 2011년까지 110년의 역사를 갖고 있다.

근대 문화유산으로 등록된 제일교회는 특정 교파나 교회의 소유 차원을 넘어 공주시의 소중한 자산이요, 이 땅의 기독교인 모두가

간직해야 할 자랑스러운 기독교 문화유산이다. 이 교회에는 선교사의 피와 땀이 서려 있고 믿음의 선조들이 뿌렸던 눈물과 땀이 배어 있다. 또한 교회는 1930년대 종탑 기도실, 예배실 등의 모습으로 복원한 후 공주지역의 각 교회가 소장하고 있는 기록문헌, 사진자료, 예배 관련 자료, 교인들의 소장품 등을 전시해 근대 기독교 박물관으로 활용할 계획이다.

한국 개신교 최초로 성부, 성자, 성령을 상징하는 의미로 강단 전면에 솔차헌 스테인드글라스와 당시에 사용했던 마루형 예배당과 각종 예배용 성물들은 국내외 탐방객들의 관심거리가 될 전망이다. 윤애근 목사는 공주제일교회가 기독교 박물관으로서, 유관순을 비롯한 제일교회 교인들의 3·1 만세운동 자료와 제일교회 출신인 조병옥 박사와 같은 민족지도자 관련 자료 등도 디지털 영상자료로 함께 제공하고, 3차원 디지털 영상으로 자료를 제작하여 당시의 예배 모습을 시청할 수 있도록 할 것이라고 말했다.

여기에 문화재를 전공한 학자, 기독교계 대표, 시민단체 대표, 시청 관계자, 문화재청이 모두 참석하는 가칭 '근대 기독교문화 발굴 추진위원회'를 결성하고 정리하는 것은 이 시대에 살고 있는 모든 기독교인들의 책무이며 하나님의 명령이요, 하나님의 전적인 은혜와 역사였다고 감사했다. 그러면서 윤애근 목사는 역사적인 산실인 80년 된 제일교회 건물을 그대로 보존하여 후손들에게 물려줄 수 있는 계기가 되었으며, 한국교회가 새롭게 추구해 갈 선교 방향을 제시하기 위해 문화적인 측면에서 1-2층 예배당에 1930년대 예배를 재현하는 영상과 성물들을 전시하는 등, 한국교회의 근대 문화유산의 가치를 높이는 데 힘쓰겠다고 말했다.

지난해 6월 20일, 1930년대 건축된 교회 성전의 '근대 문화유산 등록문화재 제472호' 등록으로 성전 복원과 기독교 박물관 조성에 나선 공주제일교회(담임 윤애근 목사)가 지난 6월 17일 새 성전을 완공하고 첫 예배를 드렸다. 이후 대전 중앙교회 안승철 목사를 강사로 "성령의 기름 부으심과 치유"에 대한 심령 부흥성회를 열고 새 성전을 향한 하나님의 계획하심을 기대하는 시간을 가졌는데, 오늘 9월 문화재 예배당 복원과 함께 선교 2세기를 준비하고 있는 공주제일교회 윤애근 목사를 만나 새 성전 건축의 의미와 기독교 박물관 설립 현황 등을 들었다.

▲ 오랜 시간 기도하신 새 성전이 완공되었는데 소감이 어떻습니까?

무척 감동스럽고 감격스럽습니다. 우리 교회 110년의 역사 속에서 새 성전을 건축한 것이 80년 만에 이루어진 일입니다. 앞서 30여 년 전부터 교회를 건축하기 위해 많은 노력을 해왔는데 올해 교회가 110주년을 맞으며 성전을 건축하게 된 것은 하나님의 전적인 뜻 가운데 이루어진 일이라 믿습니다.

▲ 성전 부지와 건축헌금 등에 남다른 사연이 있다고 들었습니다. 어떤 내용입니까?

완공한 새 성전은 지난해 5월 20일 건축 허가가 나서 교우들의 헌신적인 기도 가운데 기공이 되었지만 재정적인 부분이 열악한 상황이었습니다. 금전적으로 본다면 건축할 재정이 거의 제로 상태였지요. 그런데 마침 80여 년 전에 우리 교회에서 신앙생활을 하셨던 '홍누두'라는 성도의 후손이 공주 KTX 역사 신축으로 보상받게 된 신영리 전답 8천여 평을 교회에 헌금하신 겁니다. 그래서 교회 건축비의 절반 정도를 충당할 수 있었어요. '누두'라는 이름은 사도행전에 '루디아'라는 여인의 이름을 한문으로 딴 것인데, 당시 선교사가 이름을 지어 준 걸로 추정됩니다. 지금 기독교 박물관으로 복원되고 있는 옛 예배당도 1930년대 '지누두'라는 성도의 헌신이 큰 역할을 했는데요. 결론적으로 교회의 첫 세기는 '지누두' 성도의 헌신으로 80년 동안 선교 역사가 이루어져 왔다면 새로운 선교 2세기는 '홍누두' 성도의 헌신 속에 새 역사를 이루게 됐습니다.

▲ 아름답게 완공된 새 성전이 어떤 공간으로 쓰임 받기를 원하시나요?

우선 지역을 위해 활짝 열린 하나님의 전, 예배 공간이 되었으면 합니다. 교회 바닥 면적이 400평인데 지역 주민을 위해 모든 공간을 오픈할 예정입니다. 새 성전의 특징이 있다면 건물 옥상부터 지하까지 하나님의 빛, 하나님의 기운이 스며들지 않는 곳이 없도록 채광에 많이 신경을 썼다는 것입니다. 예배드리는 공간도 환한 빛이 스며 나오도록 자작나무로 마감을 했습니다. 요한계시록에 나타난 '새 예루살렘 성전'과 같이 환한 빛으로 지역과 세상을 섬기길 원합니다.

▲ 새 성전에 입당하며 첫 주일예배를 드리는 집회를 마련하셨는데, 어떤 기도를 하셨습니까?

이 시대는 하나님의 성령이 역사하는 때라 여겨집니다. 하나님의 성령이 교회에도 역사하셔야 교회로서 참다운 모습이 나타난다고 생각해요. 그래서 선교 2세기에도 하나님의 성령이 충만한 교회가 되기를 바라는 마음으로 감리교단에서 성령 사역을 뜨겁게 감당하시는 양성철 목사를 초청해 첫 집회를 가졌습니다. 집회를 준비하며 제가 드린 기도는, 사람이 먼저 제단에 오르기 전에 하나님의 영과 기운이, 성령께서 몸 된 전에 가득하시기를 바란다는 것이었습니다. 앞으로도 그런 교회가 되기를 바라고 있습니다.

▲ 문화재 예배당 복원사업에 관련하여 앞으로의 일정은 무엇입니까?

옛 예배당이 지난해 근대 문화유산 등록 문화재로 지정받은 후 문화공보부로부터 복원사업을 위한 예산을 배정 받았습니다. 이후 정부와 시, 두에서 지원해 주셔서 3월 15일부터 9월 7일까지 180여 일 동안 구 성전 복원사업을 통해 박물관 구성사업을 진행하게 됐습니다. 이 사업을 통해 교회는 수원 이남 개신교 문화유산들을 집약해 새로운 문화선교의 장을 마련하고자 합니다. 1897년 이 땅에 복음이 씨앗을 뿌리기 시작한 스크랜턴 선교사의 활동 이후 공주지역은 충남 이남의 선교 거점으로 주목받았고, 그만큼 소중한 신앙의 유산들도 많이 묻혀 있습니다. 이 유산들을 살아 있는 신앙의 역사로 재현해 좋은 관광 명소로 제공하고 싶고, 자라나는 다음 세대에게 신앙적 체험의 장을 마련해 줬으면 하는 바람입니다.

새로 건축한 공주제일교회 전경

국가기도운동 남장로교 호남 선교 이야기 5

공주 영명학교 설립자
우리암 선교사

1906년 10월 15일 선교사 우리암과 스트란트와 노병선, 오승근 씨가 함께 학교를 세우고 이름을 중흥이라 칭했다. 그곳에서 열심히 교육하다가 1909년 6월 26일 학교명을 영명이라 개칭('영원한 광명'이라는 뜻이며, 기독교인들이 희구하는 '영생'에서 가져옴)하고 심상, 고등, 양과를 병설하여 설립 인가를 얻은 후 학교는 점점 발전해 갔다. 1916년 재정 부족으로 인하여 보통과는 폐지하고 학생들은 공립학교로 보냈다.

1919년 4월 1일 공주시에서 영명학교 학생이 독립만세를 불렀다 하여 학교가 일대 불운을 만나 잠시 폐교하였다가, 같은 해 가을에 다시 문을 열었다. 그 후 1942년 일제에 의해 강제 폐교가 되었으나 해

영명학교 설립자
우리암 선교사

방과 함께 1949년 영명상업중학교로 복교하여 1951년 영명중·고등학교로 개편하여 지금에 이르렀고, 2015년 고등학교 95회 졸업식을 거행하였으며 지금까지 총 15,370명이 졸업했다.

우리암(William) 교장은 1883년 미국 콜로라도 주 뉴원저에서 출생하였다. 1907년 공주교회 담임목사로 목회를 하였으며 영명학교를 설립한 분으로 1934년에는 영명 남녀 학교 통합 교장이 되었다. 1940년 일제에 의해 강제 추방을 당하고 1962년 미국 샌디에이고에서 소천하여 현재 LA 프레스트 공원묘지에 안장되어 있다.

사프 선교사는 1906년 2월 말 사경회를 인도하기 위해 논산 은진 지방으로 갔다가 풍토병인 이질에 걸려 3월 15일에 주의 부르심을 받았다. 지금 공주에는 순교한 사프 선교사 외에 네 분의 선교사 자녀 묘원이 조성되어 있다. 우리암의 두 아들 올리버와 조지의 무덤이 사프 선교사 앞쪽에 나란히 있고, 그 아래쪽으로 테일러의 딸(Ester Marlian, 1911-1916)과 아벤트의 아들(Roger, 1927-1929) 무덤이 있다.

공주 영명동산 선교사 묘역

국가기도운동 남장로교 호남 선교 이야기 **6**

3·1 운동의 상징
유관순 열사

"만국이 평화를 주장하는 금일을 당하여 우리는 비록 규중에 생활하며 지식이 몽매하고 신체가 연약한 아녀자 무리나 국민 됨은 일반이요 양심은 한가지라, 우리는 아무 주저할 것 없으며 두려워할 것도 없도다. 살아서 독립 하에 활발한 신국민이 되어 보고 죽어서 구천지하에 이러한 여러 선생을 좇아 수괴함이 없이 즐겁게 모시는 것이 우리의 제일 의무가 아닌가. 간장에서 솟는 눈물과 통곡에서 나오는 단심으로써 우리 사랑하는 대한 동포에게 앞드려 고하노니 동포여! 동포여! 때는 두 번 이르지 아니하고 일은 지나면 못하나니 속히 분발할지어다"(3·1 운동 시기 발표된 '대한 독립 여자 선언서' 중에서).

계몽운동가였던 아버지 밑에서 민족의식을 함양

유관순 열사

유관순 선생은 1902년 11월 17일 충남 천안군 동면 용두리에서 태어났다. 부친은 유중권, 모친은 이소제로 선생은 이들 사이의 5남매 가운데 둘째 딸이었다. 선생의 부친은 일찍이 기독교 감리교에 입교한 개화인사로서 구한말 가산을 털어 향리에 흥호학교를 세워 민족 교육운동을 전개한 계몽운동가였다. 이를 통해 민족의 실력을 양성함으로써 국권 회복의 목적을 달성하려고 한 민족주의자이기도 하였다.

선생의 부친은 구국의 신념과 방도가 기독교에 있음을 깨닫고 유빈기, 조인원 등 향촌 유지들과 함께 교회를 세워 민족 계몽운동에 노력하고 있었다. 선생 또한 이러한 부친의 영향으로 어려서부터 감리교에 입교하여 돈독한 신앙심을 키우는 한편 부친의 훈도 아래 민족의식을 함양하여 갔다. 특히 선생은 1910년대 일제의 가혹한 무단정치를 몸소 체험하면서 민족의 처지를 인식하게 되었다. 선생의 생각은 종교적 양심과 민족적 양심에서 발로된 것이었고 양자가 서로 응축된 것이었기 때문에 어떠한 시련과 탄압도 이겨낼 신념이 굳건하게 자리 잡아 가고 있었다.

그러던 중 공주에 왔던 감리교 사애리시 선교사의 주선으로 1918년 봄 이화학당의 고등과 3학년에 교비 장학생으로 편입하였다. 이화학당에서의 생활은 매우 행복한 나날이었다. 프라이 교장의 보살핌 속에 선진 학문을 공부할 수 있었고, 또 먼저 입학한 사촌언니 유예도의 주선으로 금세 선·후배 학생들과 친해질 수 있었기 때문이었다. 행복한 학교 생활 속에서도 선생은 조국과 민족에 대한 한결같은 사랑을 잃지 않았다. 선생은 '난 잔다르크처럼 나라를 구하는 소녀가 될 테다. 누구나 노력하면 될 수 있지 않을까? 그리고 나이팅게일처럼 천사와 같은 마음을 가져야지' 하고 마음속으로 기도하면서 다짐하였다고 한다. 선생의 이 같은 조국애와 민족애는 곧이어 봉기하여 전개된 3·1 운동으로 꽃피우게 된다.

사애리시 선교사

학생들과 종교계를 중심으로 3·1 운동의 발판 마련

선생이 이화학당에 편입하여 선진 학문을 수용하며 조국과 민족에 대한 사랑을 키워 가던 시기에 우리 민족은 독립운동의 호기를 맞이하고 있었다. 제1차 세계대전이 막바지에 이른 1918년 1월 8일에 연합국 측을 대표한 미국 대통령 윌슨이 전후 처리 지침으로 민족자결주의 원칙을 천명하였기 때문이다. 한국 민족이 이 기회에 대동단결하여 민족 독립을 요구하면 민족자결주의 원칙이 우리에게도 적용될 수 있다는 기대감 속에서 거족적인 독립운동이 계획되었다.

중국 상하이에서는 신한 청년당, 일본 동경에서는 조선 유학생 학우회를 중심으로 독립운동 계획이 추진되었고, 국내에서도 거족적인 독립운동이 종교계와 학생들에 의해 각기 추진되었다. 한국 강점 직후 일제는 한국 민족의 조직적인 독립운동 역량을 제거하기 위하여 정치성을 띤 모든 사회단체를 강제로 해산시켰으므로 3·1 운동 초기 단계는 그나마 조직과 단체를 유지할 수 있었던 종교계와 학생들이 주도하게 된 것이다.

천도교 측은 손병희, 권동진, 오세창, 최린 등을 중심으로 '대중화, 일원화, 비폭력화' 등 3대 원칙을 수립하고 거족적인 독립운동 계획을 추진하고 있었고, 같은 시기 기독교 측에서도 신한 청년당의 선우혁과 옛 신민회 동지인 이승훈, 양전백이 모여 독립운동 방략을 협의하였다. 서울의 학생들 또한 보성전문의 강기덕, 연희전문의 김원벽, 경성의전의 한위건 등 전문학교 대표들이 회합을 갖고 각 학교별로 대표를 선임하여 독립운동 계획을 추진하고 있었다.

이처럼 각기 추진되던 독립운동 계획은 천도교 측의 연합전선 형성 제안, 즉 교단과 종파를 아울러 민족 독립이라는 대명제 아래 하나로 응집하자는 제안이 받아들여지면서 새로운 국면을 맞게 된다. 그리고 여기서 민족대표의 선정 거사일, 독립선언서 배포의 역할 분담, 불교계의 동참 등 3·1 운동에 대한 중요한 협의가 도출되었다.

3·1 운동의 시작

독자적으로 독립운동 계획을 추진하던 학생들은 조선기독교청년회(YMCA)의 총무 박희도로부터 천도교와 기독교가 연합하였으니 동참하라는 통지를 받았다. 이에 학생 대표들은 2월 25일 회의를 열고 연합전선에 참가하여 3월 1일 탑골공원에 집결하고, 형편에 따라서는 학생들이 독자적으로 독립선언대회를 개최할 것 등을 결의하였다. 이로써 천도교, 기독교, 불교, 학생들이 참여한 민족 대연합전선이 구축된 것이다. 이 같은 국내의 3·1 운동 계획이 본격적으로 추진되고 나아가 민족 대연합전선 형성의 결정적 계기가 된 것이 바로 동경 한국 유학생들의 2·8 독립선언이었음은 말할 나위 없다.

1918년 말 재일 조선 유학생 학우회의 망년회와 웅변대회에서 독립운동을 결의한 유학생들은 최팔용 등 10명의 실행위원을 선출하여 2·8 독립운동을 추진하였다. 이들은 조선독립청년단을 조직하여 독립 선언 계획을 추진하는 한편 송계백을 밀사로 파견하여 거사 계획을 알림으로써 국내 독립운동 진영의 3·1 운동 계획을 본격화시켰다.

최남선에 의해 독립선언서 초고가 작성되어 민족대표들의 협의를 거친 끝에 천도교에서 경영하던 보성사에서 사장 이종일의 책임 아래 2만 1천 매가 인쇄되었다. 거사 일자는 3월 3일의 광무 합제 국장일과 3월 2일의 일요일을 피하되 국장에 참여하기 위해 상경한 사람들을 최대한 동원하기 위해 3월 1일로 결정되었다. 모든 준비를 마친 민족대표들은 2월 28일 밤 손병희의 집에서 최종 모임을 가졌다. 이 자리에서 민족대표들은 동일한 행동을 취하고 일제에 체포되더라도 그동안의 경과를 정정당당하게 밝힐 것 등을 결의하였다.

1919년 3월 1일 오후 2시 시정상 불참한 4인을 제외하고 대화관에 집결한 29일의 민족대표들이 이종일이 가지고 온 독립선언서를 돌려보고 한용운의 연설에 이어 만세 삼창을 하는 것으로 끝났다.

하지만 탑골공원에서는 수천 명의 학생과 시민들이 모여 있다가 2

시 30분경 독자적인 독립선언식을 거행하고 곧 시가지로 물밀듯 밀려나가 만세시위를 전개함으로써 3·1 운동의 불꽃을 지폈다. 시위대 중 일부는 덕수궁으로 들어가 광무 황제의 영전에 조례를 올리기도 하였고, 프랑스 영사관에 들어가 한국의 독립 의사를 본국에 통고해 줄 것을 요구하기도 하였으며, 미국 영사관 앞에서 독립을 요구하는 혈서를 들고 시위를 벌이기도 하였다. 이날 서울의 만세시위는 날이 저물도록 시내 도처에서 전개되었다.

학생 시위결사대 조직, 만세시위 참가

선생 또한 이 같은 3·1 운동 추진 계획을 이화학당 내의 비밀 결사인 이문회 선배 등을 통하여 감지하고 있었다. 그리하여 선생은 3·1 운동이 발발하기 바로 전날 서명한 김분옥 등 6명의 고등과 1학년 학생들과 시위결사대를 조직, 만세시위에 참가하기로 굳게 맹세하였다. 드디어 3월 1일 탑골공원을 나온 만세 시위대가 학교 앞을 지나자 선생은 6명의 시위결사대 동지들과 함께 "내가 있는 동안 너희들을 내보내 고생시킬 수 없다. 나를 밟고 지나갈 테면 가라"고 하는 프라이 교장의 만류를 뿌리치고 뒷담을 넘어 시위운동에 동참하였다. 이로써 선생은 잔다르크처럼 구국의 화신으로 일제하 최대의 항일 독립운동이자 민족 혁명운동인 3·1 운동의 한복판으로 뛰어들게 된 것이다. 그리고 3월 5일 선생은 6명의 시위결사대 동지들과 함께 서울에서 전개된 최대의 시위운동인 남대문역(서울역) 시위운동에도 참여하였다.

이화학당 시절 유관순 열사

3·1운동 학생 대표였던 강기덕과 김원벽 등이 주도한 이날의 만세시위운동에는 선생을 비롯한 서울지역의 학생 거의 전부와 광무 황제의 인산을 마치고 귀향하는 인사들이 대거 참여하였다. 그리하여 1만여 명에 이른 시위행렬은 인력거를 타고 "대한독립가"를 앞세운 강기덕과 김원벽을 따라 한 갈래는 남대문시장으로부터 한국은행을 거쳐 보신각에, 다른 한 갈래는 남대문으로부터 대한문 앞과 을지로 입구를 거쳐 보신각에 이르렀다. 그리고 보신각에서 다시 하나가 되어 부르짖는 시위 군중들의 '대한독립만세' 소리는 지축을 흔들며 삼천리 방방곡곡으로 퍼져나가 잠재된 한국 민중의 독립 욕구를 일깨워갔다. 선생 또한 이날의 만세시위운동에 참여하여 민족 독립의 열기를 분출하며 항일 독립의지를 다져가고 있었다.

이처럼 학생들이 3·1운동에 대거 참여하고 학교가 만세운동의 계획, 추진기지가 되어 가자 조선총독부는 3월 10일 중등학교 이상의

학교에 대한 휴교령을 반포하였다. 이에 학교가 문을 닫게 되자 선생은 서울의 독립운동 소식을 고향에 전하고 또 거기에서 만세시위운동을 전개하기로 마음먹었다. 선생은 3월 13일에 사촌언니인 유예도와 함께 독립선언서를 몰래 숨겨 귀향하여 본격적으로 고향에서의 만세시위운동을 추진해 갔다. 우선 동네 어른들을 찾아다니며 서울의 3·1 운동 소식을 전하고 "삼천리 강산이 들끓고 있는데 우리 동네만 잠잠할 수 있느냐"라고 하면서 만세시위운동의 필요성을 설득하였다. 그리고 부친의 주선으로 감리교 동면 속회장인 조인원과 이백하 등 20여 명의 동네 유지들과 상의하여 만세시위운동의 구체적인 방침을 세워 나갔다.

그리하여 4월 1일(음력 3월 1일) 아우내 장날 정오에 만세시위운동을 전개하기로 결정하고 계획 총본부는 용두동 지렁이골에, 중앙 연락 기관은 장명리와 백전리에 두기로 하였다. 이 밖에도 천안장을 보러 다니는 안성, 진천, 청주, 연기 목천 등의 각 면과 촌에도 연락 기관을 두고 대규모 만세시위운동 계획을 추진해 갔다. 특히 유림의 대표들과 집성촌 대표들을 움직여 시위 참가 인원을 확보하도록 하고, 거사 당일에 사람들에게 나누어 줄 태극기를 직접 만드는 등 만반의 준비를 갖추었다.

유관순 열사의 연설로 더욱 고취된 만세운동의 열기

거사를 앞둔 3월 31일, 선생은 지령리 매봉에서 내일의 만세시위를 약속하고 봉화를 올렸다. 그러자 선생과 연락이 닿았던 다른 여러

곳에서도 봉화를 올려 호응함으로써 서로 성공적인 거사를 기약하였다. 드디어 4월 1일 충남 천안군 병천면 아우내 장날에 선생은 장터 어귀에서 밤새 만든 태극기를 나누어 주면서 만세시위운동에 참여하러 모여드는 사람들에게 용기를 북돋아 주었다.

정오가 되자 군중 앞에서 "여러분, 우리는 반만 년의 유구한 역사를 가진 나라였습니다. 그러나 일본놈들은 우리나라를 강제로 합방하고 온 천지를 활보하며 우리 사람들에게 갖은 학대와 모욕을 가하고 있습니다. 우리는 10년 동안 나라 없는 백성으로 온갖 압제와 설움을 참고 살아왔지만 이제 더는 참을 수 없습니다. 우리는 나라를 찾아야 합니다. 지금 세계의 여러 약소 민족들은 자기 나라의 독립을 위하여 일어나고 있습니다. 나라 없는 백성을 어찌 백성이라 하겠습니까? 우리도 독립만세를 불러 나라를 찾읍시다"라고 열변을 토해냈다.

선생의 이러한 연설은 군중들의 애국심을 한층 고조시켜 장터는 이들이 내뿜는 독립의 열기로 뜨겁게 달아올랐다. 이어 아우내 장터의 독립선언식이 거행되었다. 선생과 함께 만세시위운동을 추진하였던 조인원이 대표로 독립선언서를 낭독하고 대한독립만세를 고창함으로써 약식의 독립선언식을 가진 것이다. 그런 다음 선생을 필두로 3천여 명의 군중들은 '대한독립'이라고 쓴 큰 기를 앞세우고 태극기를 흔들며 만세시위운동을 전개해 나갔다.

시위 중 부친과 모친을 눈앞에서 모두 잃어

시위 대열이 아우내 장터 곳곳을 누비자 병천 헌병주재소의 헌병들이 달려와 총검을 휘두르며 만세시위운동을 탄압하기 시작하였다. 나중에는 이들의 지원 요청으로 천안 일본군 헌병 분대원들과 수비대원들이 도착하여 총검으로 시위운동자들을 학살함에 따라 이날 19명의 사망자와 30여 명의 부상자가 발생하게 되었다.

이때 선생의 부친인 유중권이 "왜 사람을 함부로 죽이느냐"라고 항의하다가 일본 헌병의 총검에 찔려 순국하였고, 이를 보고 남편의 원수를 갚으려고 달려든 선생의 모친마저도 일본 헌병들에게 학살당하고 말았다. 이에 선생은 숙부인 유중무, 조인원과 조병호 부자, 김용이 등과 함께 군중을 이끌고 부친의 시신을 둘러메고 병천 헌병주재소에 모여 항의 시위를 계속하였다.

유중무는 격분하여 주재소에서 두루마기의 끈을 풀어 헌병의 목을 졸라매려 하였고, 제지하는 헌병 보조원에게 "너는 보조원을 몇 십 년이나 하겠느냐? 때려 죽이겠다"라고 윽박질렀다. 선생 또한 고야마 주재소장의 멱살을 쥐고 흔들면서 "나라를 되찾으려고 정당한 일을 했는데 어째서 총기를 사용하여 내 민족을 죽이느냐?" 하며 일제의 만행을 규탄하면서 독립운동의 정당성을 밝혔다. 김용이는 주재소의 헌병보조원들에게 "조선 사람이면서 무엇 때문에 왜놈의 헌병 보조원을 하느냐? 함께 만세를 부르라. 그렇지 않으면 죽여도 시원치 않을 놈들"이라고 호통치기도 하였다.

나아가 시위 군중들은 헌병들이 강탈했던 태극기를 도로 빼앗아

휘두르며 "죽은 사람들은 어떻게 할 것인가? 우리도 함께 죽이라"고 소리치며 구금자를 석방하라고 요구하면서 주재소를 습격할 태세를 보였다. 이에 헌병들은 재차 무차별 총격을 가하여 시위 군중들을 해산시킨 뒤 그날 저녁 선생과 유중무, 조인원과 조병호 부자 등 시위 주동자들을 체포하여 천안 헌병대로 압송하였다.

열여덟 꽃다운 나이에 옥중 순국

선생은 천안 헌병대에서 갖은 고문을 받으면서도 처음부터 끝까지 자신이 시위 주동자라고 말하면서 죄 없는 다른 사람들을 석방하라고 호통치기도 하였다. 그리고 여기서 공주형무소로 이송될 때에는 군중들이 많이 모여 있는 곳을 지날 때마다 독립만세를 연이어 높이 외쳐 불굴의 독립의지를 표출하기도 하였다.

특히 공주형무소에서 선생은 공주 영명학교에 다니면서 만세시위운동을 주도하다가 잡혀온 오빠 유관옥을 만나기도 했다. 아우내 장터에서 부모를 잃고 오빠까지 감옥에서 만나게 된 선생의 심정은 오죽히였겠는가? 그럼에도 불구하고 선생은 법정에서 "나는 한국사람이다. 너희들은 우리 땅에 와서 우리 동포들을 수없이 죽이고 나의 아버지와 어머니를 죽였으니 죄를 지은 자는 바로 너희들이다. 우리들은 너희들에게 형벌을 줄 권리가 있어도 너희들은 우리를 재판할 그 어떤 권리도 명분도 없다"라고 하면서 일제의 재판을 거부하는 당당함과 민족적 기개를 잃지 않았다. 그러나 5월 9일 공주지방법원에서 징역 3년을 받게 된 선생은 경성복심법원에 공소하였다. 이에 따라 공주에서 서대문형무소로 이감된 선생은 여기에서도 아침저녁으로 독립만세를 높이 외침으로써 수감자들의 항일 독립의지를 고취해 갔다.

선생은 6월 30일 경성복심법원에서도 징역 3년을 받게 됨에 따라 상고하였으나 같은 해 9월 11일 기각되어 형이 확정되었다. 이후에도 선생은 서대문형무소에서의 온갖 탄압과 고문에도 굴하지 않고 지속적으로 옥중 만세를 불렀고, 특히 1920년 3월 1일 3·1 운동 1주년을 맞이해서는 수감 중인 동지들과 함께 대대적인 옥중 만세운동을 전개하기도 했다. 이로 인해 선생은 지하 감방에 감금되어 야만적이고 무자비한 고문을 당하였다. 그리하여 결국 선생은 고문으로 인한 장독으로 1920년 10월 12일 서대문 감옥에서 18세의 꽃다운 나이로 순국하고 말았다.

정부에서는 선생의 공훈을 기리어 1962년에 건국훈장 독립장을 추서하였다.

약력

1919년 이화학당 학생으로 서울의 만세 시위 참여
        충남 천안군 아우내 장터의 만세운동을 주도하다가 피체
        옥중에서 만세 항쟁
1920년 고문으로 옥중 순국

(자료제공, 국가보훈처 공훈심사과 채순희 사무관)

서대문형무소 수감 기록표에 있는 유관순 열사 좌·정면 사진

국가기도운동 남장로교 호남 선교 이야기 7

윌리엄 린튼 선교사
(William Alderman Linton)

린튼 선교사

윌리엄 린튼(William Alderman Linton, 1891-1960)은 1891년 2월 8일 미국 조지아 주 토머스 빌에서 아버지 텔 린튼과 어머니 폰더 앨더먼의 셋째 아들로 태어났다. 그는 1912년 6월 조지아 공과대학을 수석으로 졸업하고 당시 안정된 미래가 보장되는 제너럴 일렉트릭(GE) 사 입사를 마다하고 남장로교 해외선교부 교육선교사로 임명을 받았다.

윌리엄 린튼은 1912년 8월 23일 샌프란시스코항을 출발하여 9월 20일 목포항에 도착해 입국했다. 그의 첫 선교지는 목포였다. 곧 군산으로 가서 영명학교에서 학생들을 가르쳤고, 1917년 영명학교 교장이 되었다. 1919년 3·1 만세운동 때에는 군산에서도 많은 사람들이 감옥에 끌려갔다. 린튼은 일본의 부당한 압제에 분노했고, 한국의 억울한 입장을 이해하고 있었다.

그해에 미국 애틀랜타에서 열린 남부지역 평신도 대회에서 자신이 목격한 3·1 운동의 실상을 다음과 같이 보고한다.

> "일본은 10년 동안 조직적인 방법으로 5천 년 동안 존재하여 온 한국의 정체성과 역사와 문화를 말살하려고 한다. 3·1 운동은 비폭력·항거 시위였다……일본은 평화 행진 하는 사람들을 기병대의 말발굽으로 짓밟았고 총검으로 찔렀다. 한국은 평화로운 방법으로 손에 손에 태극기를 들고 비폭력 시위로 아무도 도와주지 않는 세계를 향해 자유 독립을 호소하고 있었다."

또한 애틀랜타 신문에 3·1 만세운동에 대한 기사를 송고하면서 독립 국가를 염원하는 한국민들의 마음과 한국의 독립을 위하여 주변 국가들의 도움이 필요함을 역설하였다. 윌리엄 린튼은 주로 전주, 익산, 군산 등지에서 교육선교를 하다가 장티푸스에 걸려 생사의 고비를 넘나들기도 하였다.

그는 4-5년에 한 번씩 주어지는 안식년 기간에는 컬럼비아 대학교에서 교육학을 공부하였다(1919-1921). 1922년 유진 벨 선교사를 만나기 위해 입국한 그는 유진 벨 선교사의 딸인 샬롯 벨(Miss Challotte Bell)과 운명적인 만남을 가졌다.

윌리엄 린튼(인돈) 선교사   윌리엄 린튼 선교사와 셋째 아들 휴 린튼

샬롯 벨은 아그네스 스콧 대학을 졸업했고 당시 23세였다. 윌리엄 린튼과 샬롯 벨의 결혼은 린튼 가의 사람들이 한국에서 뿌리를 내리는 결정적인 계기가 되었다.

그 후 그는 신사참배를 강요받았다. 신사참배가 가장 먼저 강요된 곳은 교육계였다. 그리고 본격적인 신사참배 강요는 1935년 평양의 기독교 학교에 정기적으로 신사참배를 강요하면서 시작되었다.

1935년 11월 평양 숭실전문학교 교장 맥쿤(G. S. McCune) 박사와 숭의여교 교장 스누크(V. L. Snook) 여사는 학교 대표자로서 신사에 참배할 것을 요청 받았다. 그러나 이들은 신앙양심을 내걸고 이를 단호하게 거절하였다. 이때 평안남도 지사는 60일간의 여유를 주면서 그때 회답하라고 했다. 만일 그때 참배를 거절하면 학교를 폐쇄하고 강제 추방을 하겠노라고 협박했다.

맥쿤은 물러나와 평양 시내 27개의 교회 목사들과 이 문제를 협의했다. 협의 결과 한 사람을 제외하고 전원이 신사참배를 반대했다. 선교사들은 이 결정을 받아들였다.

"신사의 제식에 있어서 종교적 요소가 포함되어 있고 신사의 신들을 경배하고 있음이 확실하므로 신앙 양심상 도저히 신사에 참배할 수 없다."
(신사참배 강요에 대한 숭실학교 맥퀸 교장의 회답서. 1935년 12월)

평안남도 지사는 맥퀸과 스누크를 면직시키고 강제 출국시킨 다음 대대적인 신사참배 강요에 나섰다. 당시 신흥학교 교장이던 윌리엄 린튼은 신사참배를 거부하고 1937년 신흥학교를 자진 폐쇄시켰다. 이때 호남지역에서는 전주 기전학교, 광주 숭일학교, 수피아 여학교, 목포 영흥학교, 정명여학교, 순천 매산학교, 매산여학교, 군산 영명학교 등이 문을 닫았다.

시련은 여기서 그치지 않았다. 일제의 기독교 탄압은 선교사들에게 출국 명령으로 이어졌다. 1940년 10월경 미국 영사 마쉬(G. Marsh)는 선교사 철수를 명령했다. 이에 윌리엄 린튼은 가족을 이끌고 1940년 11월 14일 출국했다.

한국이 국권을 회복하고 난 후 1946년에 윌리엄 린튼은 다시 한국에 와서 1946년 11월 신흥학교 교장직에 복직했다. 그는 인재 양성을 위한 대학 교육의 필요성을 절감하고 1948년에 대학 설립 준비를 하였으나 1950년 한국전쟁으로 설립이 지연되었다가, 1954년 2년 가까

대전 한남대학교 전경

운 준비 기간을 거쳐 1956년 대전에 대전대학을 설립하였고, 대전대학은 후에 한남대학교로 명칭이 바뀌었다.

린튼은 1957년 벨 하우벤 대학에서 교육학 박사학위를 받았다. 윌리엄 린튼은 학교 부지를 물색하러 다닐 때부터 이미 자신이 전립선암에 걸려 있다는 사실을 알고 있었다. 대학 개교 후 병이 깊어져 미국으로 건너가 수술을 받고 완치되기도 전에 한국으로 돌아왔다. 그에게는 사명이 남아 있었다. 그러나 그는 학장 자리를 다른 사람에게 물려주고 병상에 누운 채 미국으로 건너가 1960년 8월 13일 테네시 주 닉슨빌의 큰아들 집에서 70세를 일기로 눈을 감았다. 윌리엄 린튼은 21세에 입국하여 48년 동안 500여 교회를 세웠다.

선교사이며 한남대 교수로 재직한 서머빌 박사(Dr. John N. Somerville, 한국명 서의필)는 1994년 9월 한남대학교 설립자 인돈(린튼) 박사의 숭고한 뜻과 그의 생애를 기리고 한남대학의 건학 이념을 구현하기 위

인돈학술원

한 기관으로 '인돈(Linton)학술원'을 설립하고, 서의필 선교사 본인이 사택으로 사용하던 건물을 인돈학술원으로 사용하도록 하였다.

인돈학술원에서는 '한남 인돈문화상'을 제정하여 기독교정신에 따라 선교, 교육, 사회, 봉사에 공로를 세운 숨은 일꾼을 선정하여 그 업적을 기리는 사업을 펼치고 있으며, 그들의 생애를 연구 집필하는 활동을 전개하고 있다.

인돈학술원은 한남대학교 캠퍼스 경상대학 건물 뒤에 있다. 건평은 약 68평이며, 한옥의 전통 가옥처럼 ㄷ자형으로 지붕에 기와를 입혔다. 건물의 전체적인 구조를 보면 한옥과 양옥의 복합형으로 되어 있다.

린튼 선교사의 각별했던 한국 사랑은 가족과 후손에게 고스란히 이어졌다.

그는 한국에서 선배 선교사 유진 벨(한국명 배유지, 1868-1925) 목사의 딸 샬롯(한국명 이사례)과 결혼, 아들 4명을 모두 한국에서 낳고 초등학교부터 고등학교까지 한국인들과 함께 교육을 받도록 했다.

이들 가운데 셋째 휴 린튼(한국명 인휴, 1926-1984)과 넷째 드와이트 린튼(한국명 인도아, 1927-2010)은 미국 유학을 마친 후 한국에 들어와 선친의 뒤를 이어 호남에서 교육·의료 봉사 활동을 펼쳤다. 휴 목사는 교통사고로 숨져 한국 땅(순천)에 묻혔고, 호남신학대 학장을 지낸 드와이트 목사는 2010년 1월 미국에서 역시 교통사고로 숨졌다.

휴의 부인 베티(인애자)

휴의 부인 베티(한국명 인애자, 83세)도 순천에서 결핵 재활원을 운영하여 30년 이상 결핵 퇴치사업에 기여한 공로로 국민훈장과 호암상을 받기도 했다. 현재는 노스캐롤라이나에 머물고 있다.

린튼 선교사 가문과 한국의 인연은 3대째 이어지고 있다.

인휴 목사의 아들 스티브(한국명 인세반, 65세)는 1994년 유진 벨 재단을 설립하여 북한 의료지원사업을 펼치고 있다. 모두 400억이 넘는 의약품과 의료장비를 북한에 지원했다. 한국에서 대학까지 졸업한 그는 1997년부터 50여 차례 북한을 방문했고, 김일성 주석과도 수차례 만난 북한 전문가로서 미국과 한국을 오가며 활동하고 있다.

또 그의 동생 존(한국명 인요한, 50세)은 한국에서 태어나 연세대 의대를 졸업하고 현재 세브란스병원 국제진료센터 소장으로 일하고 있는 '한국 토종'이다. 두 형제는 모두 한국 여성을 부인으로 맞았다.

미국의 세계적 생명공학 기업인 '프로메가'(PROMEGA) 대표인 빌 린튼 3세(62세)는 윌리엄 린튼 목사의 장손으로 인세반, 인요한과는 사촌간이다. 그는 할아버지가 설립한 한남대를 2004년에 방문해 500만 달러 재정 지원을 약속했고, 이후 한남대에 프로메가 BT 교육 연구원이 설립됐다.

빌 린튼 3세

이 밖에도 린튼 가문은 1995년 북한 주민을 돕기 위한 인도주의 단체인 '조선기독교 친구들'(Christian Friends of Korea, CFK)을 설립해 의료와 식량, 농기계, 비상구호품, 우물 개발 기술 등 인도적 지원 활동을 적극 펼치고 있다.

인세반 박사는 1950년 미국에서 출생하여 선교사인 아버지 휴 린튼을 따라와 한국 순천에서 자랐다. 한국에서 일반대학과 신학대학을 졸업하고 미국으로 건너가 컬럼비아 대학에서 철학 석사학위를 취득한 후 한국학 전공으로 박사학위를 받고 미국에 남아 활동하였다. 1990년 컬럼비아 대학 한국학연구소 부소장으로 재직하였으며, 현재는 하버드 대학 한국학연구소 연구원으로 활동하면서 한국과 미국 유진 벨 재단 회장직을 동시에 맡고 있다.

인세반 선교사

북한 보건성 초청 만찬에서 최창식 부장과 면담하는 유진 벨 재단 이사장 인세반 박사

국가기도운동 남장로교 호남 선교 이야기 *8*

휴 린튼 선교사
(Hugh Macintyre Linton, 1926-1984)

인휴 선교사

휴 린튼(Hugh Macintyre Linton, 한국명 인휴)은 1926년 장로교 목사 윌리엄 린튼과 어머니 샬렛 벨 린튼의 셋째 아들로 한국 군산에서 태어났다. 신사참배 반대로 1940년 11월 14일 온 가족이 강제 출국 당했을 때 휴 린튼은 14세 소년이었다. 고등학교 졸업 후에 해군 장교로 입대하여 일본과의 전쟁에 참전했다.

사우스캐롤라이나 주 어스킨 대학을 졸업(1944-1947)하고 1950년 컬럼비아 신학교를 졸업했다. 그 후에 프린스턴 신학교(1950-1953)를 졸업했다. 휴 린튼은 1954년 아내 로이스 린튼과 세 아들과 함께 입국했다. 그의 선교 지역은 전라남도였다. 휴 린튼은 순천으로 부임했다. 휴 린튼 가의 머릿속에 아로새겨진 순천은 특별한 의미가 있었다. 그는 순천 사람들은 '순천'(順天)이라는 지명처럼 하늘에 순종하면서 사는 착한 사람들이라고 생각했다.

순천을 중심으로 섬 마을과 농어촌을 돌아다니며 복음 선교를 하던 휴 린튼은 집을 나서면 보통 2, 3일씩, 어떤 때는 열흘이나 3, 4주 만에 집에 돌아오곤 했다. 휴 린튼은 섬 지방과 벽지를 돌아다니며 200곳이 넘는 교회를 세웠고, 도시보다는 농어촌과 간척지 개발 사역에 치중하였다. 전라남도뿐 아니라 전라남북도 내륙 지방과 해안 지역도 가리지 않고 다녔다.

비포장 도로가 대부분인 시골길을 낡은 지프를 몰고 며칠씩 혹은 열흘이 넘게 흙먼지를 뒤집어쓰고 다니다가 저녁에 가족이 있는 집에 돌아와서 현관문을 열고 들어서면 아이들이 아버지가 돌아오셨다고 반겼다. 그런데도 휴 린튼은 곧바로 응접실이나 안방으로 들어가지 못했다고 한다. 아내가 어김없이 명령조로 잔소리를 했기 때문이었다. "그대로 들어오지 말아요. 거기서 옷을 전부 벗어 놓고 들어오세요." 그는 현관에서 옷을 벗고 목욕탕으로 직행하는 것이 정해진 순서였다.

왜 그래야만 했을까? 아들 삼형제가 폐결핵을 앓고 난 후부터 비포장 도로에서 먼지를 뒤집어쓴 옷과 진드기, 이, 벼룩, 빈대를 묻혀 들어오는 것에 대한 예방책으로 어김없이 실시되는 엄격한 규칙이었다.

"아, 글쎄 이번에 갔던 그 집에는 말이야, 형제들이 참 많더라……. 애들아, 형제 많은 집에 가서 잘 때에는 방 중간쯤에서 자야 덜 물린다. 허허허……."

'형제들'이란 다름 아닌 벼룩이나 빈대를 말하는 것이었고, 중간쯤에서 자라고 하는 말은 가능한 벽에서 멀리 떨어져야 한다는 생활철학(?)을 말함이었다고 한다. 그는 가히 도사의 경지에 이르렀던 것일까?

휴 린튼은 생활이 매우 검소하여 검정 고무신을 즐겨 신고 다녔다. 평소에 검정 고무신을 신고 다니며 섬마을들을 순회할 때에는 길거리에서 풀빵을 사서 여객선에서 먹기도 했다. 고무신이 다 닳아서 구멍이 뚫리면 타이어 수리하는 곳에서 땜질을 해 신기까지 하여 그의 별명이 '순천의 검정 고무신'이었다고 한다.

교회 개척을 위해 검정 고무신을 신고 남도 섬마을과 농어촌을 다니면서 가난하게 살고 있는 사람들이 생활고에 지친 모습을 보고, 휴 린튼은 1960년부터 1970년까지 10년에 걸쳐 광양 바닷물을 막아 대대적인 간척사업을 하며 20만 평의 땅을 개간하여 땅 없는 사람들에게 나누어 주었다.

휴 린튼 부부의 가정교육은 매우 엄격하여 자녀들이 잘못하면 가차없이 매를 들었다. 그는 군인 출신답게 정해 놓은 생활 규칙에서 벗어나면 곧바로 아주 엄격하게 꾸짖었다고 한다. 체벌은 주로 식사시간을 이용하였고, 가족식사 시간에 배식은 가장인 휴 린튼의 몫이었다. 잘못한 자식에게는 밥을 주지 않았다고 한다.

한편 그의 아내 로이스는 회초리로 자식들을 따끔하게 다스렸다. 어머니로서의 자식 사랑은 바다보다 넓지만 때로는 바다의 폭풍같이 무서웠다고 한다. 한두 번 때리고 그치는 엄포성 매질이 아니라

'내가 한 번 잘못하면 다시는 이 세상을 못 볼 수 있겠구나. 그러니 두 번 다시 혼날 짓을 하지 말아야겠구나' 하는 결심이 들 때까지 매를 들었다고 한다.

휴 린튼 부부는 슬하에 5남 1녀를 두었다. 자녀들이 중학생이 되면 반드시 107문답으로 되어 있는 소요리 문답을 외워야 했다. 소요리 문답은 기독교 자녀들의 신앙고백을 위해서 만들어진 것으로, 기독교 사상과 교리에 대하여 간결 명확하게 문답 형식으로 되어 있다.

제1문, 사람이 제일 되는 목적이 무엇입니까?
(답) 사람의 제일 되는 목적은 하나님을 영화롭게 하는 것과 그를 영원토록 즐거워하는 것입니다(고전 10:31; 롬 11:36; 계 4:11; 시 73:25-26).

제2문, 하나님께서 무슨 규칙을 우리에게 주사 어떻게 자기를 영화롭게 하고 즐거워할 것을 지시하셨습니까?
(답) 신·구약 성경에 기재된 하나님 말씀은 어떻게 우리가 그를 즐기워하고 영화롭게 할 것을 지시하는 유일한 규칙입니다(딤후 3:16; 계 20:18-19).

제3문, 성경이 제일 요긴하게 교훈하는 것은 무엇입니까?
(답) 성경이 제일 요긴하게 교훈하는 것은 사람이 하나님에 대하여 어떻게 믿을 것과 하나님께서 사람에게 요구하는 본문입니다(요 20:30-31; 미 6:8).

이런 식으로 된 107개의 질문과 답이다.

중학교 시절 개구쟁이였던 막내아들은 이때 일을 다음과 같이 회상했다.

> 우리 형제들은 이 107개의 소요리 문답을 달달 외워야 했다. 암송하다 틀리기라도 하면 그때만큼은 아버지가 매를 들었다. '학교 공부를 열심히 하라, 일찍 자고 일찍 일어나라, 낭비를 하지 말라' 하는 잔소리는 하지 않으셨지만 소요리 문답에 대해서는 확고하셨다. 공부는 훗날 해도 되지만 삶의 가치관은 어렸을 때 세워야 한다는 게 아버지의 지론이었다. 그러나 나는 그 일이 죽기보다 싫었다.
> 한참 반항심이 많은 청소년기에 뜻도 제대로 알지 못하는 소요리 문답을 외우자니, 그것도 107개씩이나! 또 틀리면 생사의 고비를 넘나들 정도로 맞기까지 하였으니 아버지가 엄청 미웠고 '교회를 다녀야 하나'라는 반감이 생길 정도였다. 그러나 매 덕분에 소요리 문답을 다 외웠고 교회에 열심히 다녔다. 돌이켜 생각해 보니 그렇게 터득한 신앙생활의 원칙들이 지금 나의 삶을 굳건히 이끌고 있음을 절실하게 깨닫는다. 모두 아버지의 소중한 은혜이다.

1984년 4월 10일 휴 린튼은 농촌교회 건축용 자재를 트레일러에 싣고 순천요양소로 돌아오고 있었다. 지프 뒤에 건축 자재를 실은 트레일러를 달고 회전하는 차를 맞은 편에서 오던 관광 버스가 그대로 들이받았다. 관광 버스 기사는 음주 상태였다. 휴 린튼은 차에서 튕겨 나와 논바닥에 떨어졌다. 그는 택시에 실려 광주기독병원으로 가던 중에 영원한 안식의 세계로 하나님의 부름을 받았다. 그 당시 순천에는 응급 환자용 앰뷸런스가 없었다. 그때 의대생이던 막내아들은 훗날 한국의 응급 체계를 혁신적으로 바꾸겠다고 결심했다고 한다.

존 린튼(인요한) 선교사

결핵 퇴치에 앞장선 로이스 린튼은 1927년 미국 플로리다 주에서 태어났다. 사우스캐롤라이나 주 어스킨 대학에서 언론학을 전공하고 1948년 조지아 주 컬럼비아 신학대학교에서 수학했다. 그 무렵 해군 장교로 복무하던 휴 린튼과 결혼하고, 1954년 남편과 함께 세 아들의 손을 잡고 입국할 때 그녀의 나이는 28세였다. 한국 땅은 전쟁으로 파괴되고 피폐한 상태였고 지리산 곳곳에 남아 있던 빨치산들이 출몰하던 때였다.

그 시절 순천에서 선교사 가족의 생활은 많은 어려움이 있었다. 설사 그것이 사명자의 길이었을지라도 모든 것이 핍절하고 궁핍한 시절이었다. 강한 의지의 성품을 지닌 로이스는 선교사의 아내로서 월요일부터 주일까지 쉬는 날도 없이 늘 비쁘게 움직였다. 그리고 그녀의 곁에는 항상 사람들이 모여들었다. 그들이 로이스에게 무언가를 부탁하기 위해서든 혹은 반대이든 그녀는 언제나 사람들을 따뜻하게 대해 주었다.

휴 린튼 선교사(Hugh Macintyre Linton, 1926-1984)

순천기독진료소

그의 남편 휴 린튼이 선교에 역점을 두었다면 로이스는 의료 봉사 활동에 중점을 두었다. 로이스의 의료 활동의 초점은 결핵 퇴치였다. 1962년 순천 지역에 큰 물로 수해가 발생하여 많은 이재민이 생기고 결핵 환자가 급증하였다. 이때 초등학교에 다니던 로이스의 아들 셋이 폐결핵에 걸렸다. 처음에는 휴 린튼 살림집 사랑방에 간이 진료소를 마련해서 결핵 환자들을 돌보느라 눈 코 뜰 새가 없었다. 비용도 모자라서 여러 사람의 도움을 받았고, 로이스가 직접 여러 선교 단체에 모금을 다니기도 했다. 마침내 제대로 시설을 갖춘 결핵 진료소를 개설하였는데, 이것이 현재 순천 기독결핵재활원이다.

1965년에는 입원 요양이 필요한 결핵 환자의 진료를 위해 '결핵요양원'을 건립했다. 이어서 미국과 세계의 구호 의원 및 독지가의 도움으로 무의탁 결핵 환자들을 위한 요양원인 '보양원'을 세웠다. 이 요

인휴 선교사 가족

양원은 일반 병원 건물이 아니라 독립 가옥으로, 처음에는 5개 병동이었으나 차차 늘려 1969년에는 20여 채를 세웠다. 로이스는 한국인의 결핵 치료와 예방을 위해 평생을 헌신 봉사하였다. 이 공로로 1996년에 호암상을 받았으며, 이때 받은 상금 5천만 원으로 막내아들인 존 린튼은 한국형 앰뷸런스를 개발하여 보급하는 데 기여했다.

국가기도운동 남장로교 호남 선교 이야기 **9**

드와이트 린튼 목사
(Dr. Dwight Linton, 1927-2010)

　한국에서 오랫동안 선교와 의료 사역을 펼쳐 온 전 호남신학대학교 학장 드와이트 린튼 목사(Dr. Dwight Linton, 한국명 인도아)가 지난 2010년 1월 11일 밤 조지아 게인스빌에서 친구 밥 스위트(Rev. Bob Sweet) 목사의 장례식에 참석하고 귀가하던 중 사우스 캐롤라이나에서 교통사고로 별세했다. 향년 82세였다.

　구한말 한국에서 활동한 유진 벨 선교사(1868-1925)의 외손자인 린튼 목사는 1927년 한국 전주에서 출생해 한국에서 청소년기를 보내고 미국에서 대학 과정을 마친 뒤 1952년 한국 선교사로 파송을 받았다. 1953년 한국에 도착한 이후 1978년 6월까지 25년간 한국에서 의료 봉사활동을 펼쳤다. 그는 1954년부터 1972년까지 전라남도에 여러 교회를 개척했고, 1972년부터 1978년까지 호남신학교 교장을 지내기도 했다.

은퇴한 이후에도 조지아 주를 중심으로 사역의 열정을 놓지 않았던 린튼 목사는 1980년부터 1987년 6월까지 미국 장로교단(PCA) 국내선교부 소속 소수인종부 담당자로 한인

드와이트 린튼(인도아) 목사

선교, 흑인 선교, 중국인 선교 등의 총책임자를 역임했고, 1986년 6월부터 1996년까지 미국 장로교단 교육부 다문화 선교 사역 책임자로 지냈다.

한인 커뮤니티에 린튼 목사가 끼친 영향도 크다. 1987년 12월 김대기 목사와 함께 마리에타에 위치한 성약장로교회를 개척해 1990년 12월까지 시무했으며, 한인 2세들을 위한 오픈도어 커뮤니티 교회를 둘루스 지역에 개척하고 한인 2세 목회자를 청빙해 이어가게 했다. 또한 2006년도에는 조지아 선교대학을 설립해 교수와 이사로 활약하기도 했다.

한편 그의 외조부인 유진 벨 선교사는 1895년 미국 남장로교의 파송 선교사로 한국에 들어와 나주, 목포, 광주 등 전라도 지방에서 활동했으며 근대 교육과 의료 봉사에 힘을 쏟아 교회는 물론 많은 학교와 병원을 설립했다. 벨 선교사의 사위인 윌리엄 린튼(1891-1960, 한국명 인돈) 목사는 한국 독립을 후원했고 교육에도 관심을 가져 1959

년에는 대전 한남대학교의 전신인 대전대학교(대전 기독학관)를 설립하였다. 윌리엄 린튼 목사는 아내인 샬롯 벨(Challotte Bell) 여사와의 사이에 4남을 두었는데, 넷째가 바로 드와이트 린튼 목사로 셋째인 형 휴 린튼(한국명 인휴) 목사와 함께 외할아버지와 아버지의 유지를 이어 한국을 위해 섬겨 왔다.

휴 린튼 목사의 장남 스티브 린튼(한국명 인세반)은 1994년 유진 벨 재단을 설립해 대북 의료지원사업을 꾸준히 전개하고 있고, 차남인 존 린튼(한국명 인요한)은 연세대 의대를 졸업한 뒤 세브란스병원 국제진료센터 소장으로 활동하고 있어 유진 벨 선교사로부터 시작된 한국 사랑이 4대째 이어지고 있다.

린튼 가문은 미국에서도 한국 선교사 가문으로 유명한데, 1995년에는 북한 주민을 돕기 위해 '조선의 기독교 친구들'(Christian Friends of Korea, CFK)이란 인도주의 단체를 설립해 식량 지원과 구호물품 전달, 의료 봉사 등 인도적 대북지원활동을 하고 있다. 린튼 목사는 은퇴 후 미국에 머물면서 1992년 빌리 그레이엄 목사가 김일성 주석 초청으로 방북할 당시 통역관 자격으로 동행하기도 했다.

유족으로는 알츠하이머 병을 앓고 있는 아내 마지 린튼 여사가 있는데 너싱 홈에 거주하고 있으며, 자녀는 3남 2녀가 있다.

다음은 호남신학대학교의 연혁 가운데 린튼 목사와 부명광 선교사의 사역을 알 수 있는 기록물이다.

1955. 3. 1. 미국 남장로교 한국 선교회는 대한민국 서남부 중심지인 광주권에 농·어촌교회 교역자 양성을 위하여 호남 성경학교를 개설하다.

1960. 4. 1. 호남선교협의회에서 농촌 교역자 양성을 위하여 고등교육기관의 필요성을 느껴 호남신학원을 설립키로 결의하다.

1960. 9. 2. 호남신학원 설립안이 대한예수교장로회 제45회 총회에 제출되어 인준받다.

1961. 1. 10. 호남지방 노회 대표 10명과 선교회 각 지방 대표 5명으로 이사회가 조직되어(이사장 라덕환 목사) 이사회 정관을 제정하고 호남성경학원과 광주야간신학교, 그리고 순천매산신학교 등 3개교가 통합하여 호남신학원이라 칭하고 전 호남 성경학원장 부명광(George Thompson Brown) 박사를 초대 원장으로 선임하다.

1967. 5. 4. 부명광 박사가 미국 남장로교 선교회 극동 총무로 전임되다.

1971. 1. 18. 문교부장관으로부터 학교법인 '장로회 호남신학교'의 설립을 인가받다.

1973. 6. 12. 인도아(Thomas Dwight Linton) 목사기 교장 서리직을 맡다.

1974. 3. 5. 인도아 목사가 제3대 교장에 취임하다.

1978. 8. 3. 인도아 목사는 임기 만료 퇴임하다.

1989. 10. 27. 호남신학대학으로 개편 인가 받다.

1991. 9. 15. 대한예수교장로회 제76회 총회에서 본 대학이 총회 직영 신학대학으로 인준 받다.

국가기도운동 남장로교 호남 선교 이야기 *10*

조지 브라운 선교사
(George Thompson Brown, 1921-2014)

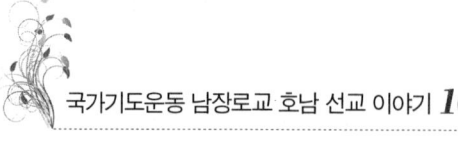

'타미 브라운' 혹은 한국 이름 '부명광'으로 불린 조지 톰슨 브라운(George Thompson Brown) 목사는 그의 아버지 프랑크 브라운이 미국 장로교회에서 중국으로 파송한 선교사였기 때문에 그도 1921년 중국 길림성에서 태어났다. 그 후 데이비스 대학, 프린스턴 신학대학원, 리치몬드의 유니온 신학대학원을 졸업한 그는 한국전쟁 중인 1952년 내한하여 광주와 목포를 중심으로 선교하였다. 특별히 1961년에 지금의 호남신학대학교를 설립하여 초대 학장을 지내다가 1977년에 남장로교 해외선교부 총무로 사역하였다.

특별히 그는 1956년 호남신학대학교의 전신인 '중앙성경학교'를 '호남성경학원'으로 변경, 미국 남장로교 한국 선교회의 주체로 운영되던 학교를 한국인 중심으로 운영되도록 조직을 정비했다. 또한 1961년 호남성경학원과 광주야간신학교, 순천매산신학교 등 3개교가 '호남신학교'로 통합되면서 초대 학장으로 취임했다.

호남성경학교와 호남신학원의 개교를 통하여 호남 지방의 목회자 양성과 배출을 실질적으로 이룩하는 데 힘썼으며, 1971년 장로회 호남신학교의 법인 허가를 위해 미국 남장로교 총회 극동 선교부와 교섭해 재산을 무상으로 양도 받고 현 건물이 있는 토지를 무상으로 양도 받는 일에도 크게 기여했다.

뿐만 아니라 퇴임 후에도 미국 남장로교 극동 선교 담당 총무로 재직하면서 학교 발전에 크게 이바지한 공로로 지난 2011년 2월 호남신학대학교 명예 신학박사학위를 수여 받았다. 그리고 1981년부터 1989년까지 컬럼비아 신학대학원에서 세계기독교선교학 교수로 재임하다 은퇴하였다. 그가 컬럼비아 신학대학원에 부임하여 이렇게 말한 기록이 있다.

"내 평생을 통하여 일하고 체험한 세계 기독교는 나의 고향인 장로교회의 삶에 많은 공헌을 하고 있습니다. 우리는 모든 만물을 향한 예수 그리스도의 사랑을 그분의 화해와 구원을 필요로 하는 모든 백성들에게 부끄러워하지 말고 자연스럽게 이야기하도록 우리의 모든 재능과 뜻을 아끼지 않아야 할 줄을 믿습니다."

고 부명광 박사는 19세기 말부터 한국에서 활동한 미국 장로교,

남장로교 선교사들의 이야기를 담아낸 저서 《한국 선교 이야기》를 남겼다. 유가족으로는 같이 평생을 선교에 헌신한 그의 부인 마르디아 브라운(Mardia Brown)과 다섯 자녀가 있다.

타미 브라운(부명광) 선교사

국가기도운동 남장로교 호남 선교 이야기 *11*

광주 기독병원의 7인 선교사

1. 초대 원장 놀란(J. W. Nolan) 선교사(1906-1907)

광주기독병원 초대 원장인 놀란 선교사는 미국 루이빌 의과대학을 졸업하고 미국 남장로교 한국 의료 선교사로 1904년 8월 15일 한국에 도착하여 10월 20일부터 목포선교부에서 의료 사역을 시작했다. 1905년 광주에 도착한 놀란 선교사는 배유지 선교사이 임시 사택에서 진료소 시설을 준비한 후 11월 21일 오후에 진료소 문을 열고 9명의 환자를 진료하였다. 놀란 선교사의 의료 사역은 2년여에 불과하지만 그는 광주지역에서 최

광주기독병원 초대 원장
놀란 선교사

초로 현대 의료를 시작하여 무속과 주술적인 질병 치료에서 과학적인 현대의학의 치료로 전환하도록 했다. 가난과 질병으로 고통받는 많은 환자들을 진료하면서 위대한 영적 의사인 예수 그리스도를 소개하는 등 진료를 통해 복음의 등불을 비추는 의료 선교 사역을 본격적으로 시작한 열정적인 선교사였다.

2. 제2대 원장 우월순(R. M. Wilson) 선교사(1908-1926)

광주기독병원 제2대 원장
우월순 선교사

우월순 선교사는 미국 워싱턴 의과대학을 졸업하고 1908년 2월 미국 남장로교 한국 의료선교사로서 광주기독병원 2대 원장으로 의료 사역을 시작하였다. 그는 1911년에 이 지역에 최초의 현대식 병원인 제중병원(Ellen Lavine Graham Hospital, 현재의 광주기독병원)을 건축하였으며, 솜씨 좋은 외과의사로서 당시 미신과 주술적인 민간요법에만 의존하던 이 지역의 많은 환자들에게 수술 치료 등 더 발전된 현대적 의술을 시행한 서양 의학의 선구자였다.

우월순 선교사는 가족과 이웃으로부터 버림받고 무리지어 거리를 배회하는 수많은 한센병 환우들을 가족으로 받아들여 광주시 봉선동에 한센 환자 집단 거주지인 광주 나병원을 건축하고, 한센병은 완치될 수 있다는 신념을 가지고 환우들을 치료하였다. 또한 이 집단 거주지 내에 학교를 세워 환우들의 문맹을 퇴치하고 성경공부를 시켰으며, 완치된 환우들에게 노동력과 적성에 맞는 각종 직업 교육을 시키고 결혼하여 가정을 이루고 살 수 있도록 자활의 길을 열어 주었다.

우월순 선교사는 정부의 한센 환자 이주 정책에 따라 1926년 여수의 율촌면(현재의 애양원)에 새로운 집단 거주지를 조성하고 이주하여 한센병 환우들과 함께 생활하였다.

우월순 선교사는 모든 사람들로부터 사랑받는 인격의 소유자로서 부드러운 대화, 평온한 성격, 동정적이며 심오한 영성을 지닌 인물이었으며, 실천적이며 도구를 잘 다루어 많은 사람들에게 도움을 주었다. 또한 어린아이들을 좋아해서 광주 지역의 주일학교 책임자를 맡아 크게 부흥시켰다.

3. 제3대 원장 부란도(L. C. Brand) 선교사(1930-1937)

부란도 선교사는 데이비슨 대학과 버지니아 의과대학을 졸업하고 한국에 파송된 미국 남장로교 의료 선교사로, 1924년 11월 군산에 도착하여 구암리 병원에서 의료 사역을 시작하였으며, 1930년 8월부터 광주기독병원에서 제3대 원장으로 사역하였다.

부란도 선교사는 광주 제중병원을 통해 당시 우리나라에서 망국병으로 인식되던 결핵을 퇴치하는 데 전념하였다. 그의 사역 기간 중인 1933년 발생한

광주기독병원 제3대 원장
부란도 선교사

화재로 병원 건물이 전소되었으나 부란도 선교사의 헌신적인 노력으로 광주 시민과 교회, 병원은 제중병원을 재건축하는 일을 위해 연

합하여 힘을 모으는 역사를 이루었다.

병원 재건축, 간호사 기숙사 신축, 효과적인 결핵 치료를 위한 결핵 전용 병동 신축 등 병원 발전과 결핵 퇴치를 위해 헌신하던 부란도 선교사는 1938년 44세의 젊은 나이로 선교지인 광주 제중병원에서 하나님의 부르심을 받아 양림동산에 묻혔으며, 후일 고허번 선교사에 의해 살아 있는 밀알 정신으로 계승되었다.

4. 제4대 원장 존 프레스턴 2세(John Fairman Preston Jr.) 선교사(1940)

광주기독병원 제4대 원장
존 프레스턴 2세 선교사

프레스턴 선교사는 광주, 전남 지역에서 남장로교 선교사로 활동하던 변요한 목사(Rev. J. F. Preston)의 아들로 1909년 광주에서 출생하였다. 미국 데이비스 대학과 듀크 의과대학을 졸업한 후 미국 남장로교 의료선교사로 고향인 광주로 돌아왔다.

선교지에서 왕성한 사역을 하던 선교사의 자녀로 광주에서 태어나고 자란 프레스턴 선교사는 한국에 대한 지식과 문화, 언어, 당시 상황에 능통하였고 일본 의사 면허증을 취득하였으며, 부모로부터 확고하게 물려받은 선교 비전 등 효과적인 사역을 할 수 있는 모든 조건과 자질을 갖춘 선교사였다.

그는 순천 안력산병원에서 2년간 사역하면서 부란도 선교사 사후 의료선교사가 부재중이었던 광주 제중병원에 자주 파견 진료를 다니다가 1940년 1월부터 광주 제중병원에서 유능한 외과의사이자 병원

원장으로 의료 사역을 하였다. 1940년 10월 일제에 의해 병원이 강제 폐쇄되면서 미국으로 귀국하였다.

5. 제5대 원장 고허번(H. A. Codington) 선교사(1951-1966)

광주의 성자 고허번 선교사는 미국 코넬 의과대학을 졸업하고 1949년 미국 남장로교 의료선교사로 내한하였으며, 1951년 9월 일제 강점기에 폐쇄되었던 광주 제중병원을 재개원하여 25년간 결핵 환자를 치료하는 데 헌신하였다.

광주기독병원 제5대 원장
고허번 선교사

그의 선교 사역의 특징을 살펴보면 다음과 같다.

첫째, 모든 것을 주는 선교였다.

가난과 질병으로 고통 받는 이웃에게 치료약과 먹을 것을 주었고, 각종 구호물자로 빈민 구제에 나섰으며, 가난한 환자를 위해 자신과 가족의 식사, 옷 등 모든 것을 나누어 주었다.

둘째, 그 당시 우리 사회에서 보살피지 못하던 불구 폐질환자, 퇴원 이후 지속적인 돌봄이 필요한 결핵 환자, 윤락여성 등을 위해 갱생원, 요양소 등을 건립하여 전도하고 그들의 재활을 돌보았다. 이런 돌봄은 공동체 삶을 이끌었던 최흥종, 이현필, 정인세, 김준호 등 이 지역 신앙자들의 삶이 함께하여 이루어졌으며, 고허번 선교사의 나눔과 비움의 영성은 호남 기독교 정신의 큰 맥을 형성하였다.

셋째, 그의 모든 사역은 반드시 복음 전도와 함께 이루어졌다. 매일 새벽부터 광주역, 윤락시설 등을 순회하여 전도지를 배포하고 복음을 전하였고, 병원에서 환자 진료를 하면서도 복음을 전하는 일을 쉬지 않았다.

1951년부터 1966년까지 광주기독병원장으로, 1967년부터 1974년까지 결핵과 과장으로 사역하였다. 1974년부터 방글라데시 다카시의 통기 진료소(Tongki Clinic), 텔레구 진료소(Telegu Clinic) 등지에서 1999년까지 의료선교사로 헌신의 삶을 살았다.

6. 제6대 원장 심부선(Laurence Simpson) 선교사(1966-1967)

광주기독병원 제6대 원장 심부선 선교사

심부선 선교사는 오스트레일리아 출생으로 1954년 멜버른 대학교 의과대학을 졸업하고 일반외과와 흉부외과 수련을 받았으며, 부인 마가렛과 함께 한국 의료선교사로 내한하였다. 1964년부터 광주기독병원에서 흉부외과 과장으로서 폐 절제술 등 결핵 환자 진료와 수술에 헌신하였다. 이전에는 광주기독병원에서 폐 수술이 필요한 환자들을 전주 예수병원으로 후송하는 어려움이 있었는데 심부선 선교사의 부임으로 인해 광주의 결핵 환자들에게 더욱 빠르고 효과적인 진료가 이루어졌다. 1966년부터 1967년 1월까지 6대 원장으로 사역하였다.

7. 제7대 원장 이철원(R. B. Dietrick) 선교사(1967-1976)

이철원 선교사는 미국 데이비스 대학을 졸업하고 펜실베이니아 의과대학을 졸업하였으며, 외과 전문의 수련 과정을 마친 후 1958년 부인과 자녀 2명과 함께 미국 남장로교 의료선교사로 내한하였다. 1958년 10월부터 1961년 전주 예수병원에서 외과 과장으로 의료 선교 사역을 시작하였으며, 1961년 9월 광주기독병원 외과 과장(1961년 9월-1967년 1월), 원장(1967년-1976년 4월), 의료부장(1976년 12월-1988년 12월)으로 봉사하였다.

광주기독병원 제7대 원장
이철원 선교사

이철원 선교사는 훌륭한 외과의사였으며 탁월한 경영자였고 또한 뛰어난 교육자였다. 광주기독병원을 미국 남장로교 선교회 재단에서 분리하여 독자적인 경영이 가능하도록 경영 기반을 든든히 하였으며, 대한민국의 발전과 사회의 변화에 따라 다양한 진료과를 갖춘 종합병원으로 발전시켰고, 의사 교육기관(수련병원)으로 발전하여 체계적인 기독 의료인을 양성할 수 있도록 하였다.

또한 기독교인 간호사 양성의 필요성을 인식하고 수피아 간호학교(현 기독간호대학)를 설립하는 데 중추적인 역할을 하였으며 방사선과, 임상병리사, 치과 기공사 수련 제도를 도입하여 지역 보건의료인 양성에도 기여하였다. 그리고 미국, 독일, 호주 등에 의사, 간호사, 행정직 등의 직원들을 보내 연수를 받게 함으로써 선진 지식을 빨리 접목하여 능률적으로 일할 수 있는 환경을 조성하였다.

1986년 선교사 직을 은퇴하고 미국으로 귀국한 후에 《현대의학과 선교 명령》 등 저술을 통해서 선교사 지망생에게 소명의식을 갖도록 하였으며, 2005년에는 《광주기독병원 100년사》, 《선교사 시대》를 출간하였다.

최초의 광주진료소로 쓰인 건물(1905년 11월 20일).

그 외 남장로교 선교사들

구보라(Sackett Paul Crane): 목포 선교지에 부임 후 1919년 3월 26일 열차 충돌 사고로 순직하다.

구바울(Paul Shields Crane): 전주 예수병원장.

김아각(D. J. Cumming): 수피아 여학교 및 숭일학교 교장.

도대선(S. K. Dodson): 북문안교회 동시목사.

도마리아(Mary Dodson): 이일학교 교장.

엄언라(Ella Graham): 수피아 여학교 초대 교장, 1907년 11월에 부임.

헤론(John W. Heron): 의료선교사.

노라복(Robert Knox): 남장로교 선교사. 북문안교회 3대 목사. 광주 숭일학교 교장. 1937년 이일학교 임시 교장.

노라메이(Maie Knox): 노라복 선교사 부인.

마로덕(Luther McCutchen): 전주 선교부 선교사.

구애라(Anna Mcqueen): 수피아 여학교 제2대 교장. 1948년 이일학교 교장.

유서백(J. S. Nisbet): 전주 신흥학교 교장. 목포 선교부 선교사.

변마지(Margaret Pritchard): 광주 제중원 간호원장. 서서평 임종 시 간호 담당.

탈마지(John Van Neste Talmage): 1910년 8월 광주 선교부 부임, 광주 선교부 목사. 숭일학교 5대 교장. 1937년 이일학교 임시 교장. 순천, 담양 청년 성경학원 설립자.

탈마지 부인(Elizae Talmage): 서서평 사역 협력.

이들 선교사들이 남장로교 선교사로 파송되어 호남지방에서 교회와 병원, 그리고 학교 등 각 분야에서 사역하였으나 구체적인 사역에 대한 자료 수집에 어려움과 아쉬운 부분이 남아 있기도 하다. 또한 한국교회사에서 잊혀진 호남 선교사에 대한 철저한 복원이 필요한 때임을 강조하고 싶다.

제1회 전라노회(전주, 1911년)

■ 구보라(S. Paul Crane, 1889-1919) 선교사

30년이라는 짧은 생을 살다 하늘의 부르심을 받은 구보라 선교사는 1889년 미국 미시시피 주 야주에서 출생했다. 야주 City 고교를 졸업한 후 1906년부터 1910년까지 사우스웨스턴 장로교 대학(SouthWestern Presbyterian Univ.)을 졸업(AB)했으며, 이후 1910-1913년 버지니아 주에 있는 유니언 신학대학교를 졸업(B.D) 후, 교회 장로였던 부친의 철물상 운영을 계승하여 사업가로 꿈을 이어갔다. 그러던 중 의료선교사였던 포사이트(W. M. Forsythe)의 감화로 한국 선교를 경험했고, 이후 신속하게 사업을 정리한 구보라는 1916년 한국 선교사로 임명, 파송되어 1916년 순천, 1917년 목포 선교부에서 활동했다.

1919년 3월 목포 선교부를 대표하여 배유지(Eugene Bell) 목사, 유진 벨의 아내였던 마가렛 벨(Margaret E. Bell), 노라복(Robert Knox) 목사와 함께 유진 벨이 운전하던 차량에 동승하고 '제암리교회 학살 현장' 진상 조사 후 광주로 돌아오다가 병점 건널목에서 열차와 충돌하는 사고가 나서 구보라 선교사와 마가렛 벨 선교사가 사망했다.

마가렛 벨 선교사

구보라 선교사는 현재 양림동 선교사 묘역에 안장되어 있다.

■ 구보라 선교사 가문의 열정, 형 구례인과 누나 자네트

구보라 선교사의 형인 존 C. 크레인(John Curtis Crane, 한국명 구례인 목사) 역시 미국 남장로회 소속으로 1913년 내한하여 순천과 평양에서 신학교 교수 등으로 1958년까지 활동했다. 철저한 청교도 신앙의 소유자이며 조직신학 박사였던 구례인은 박식하고 깊이 있는 명강의로 사람들의 마음을 사로잡았다고 한다. 순천 매산학교 초창기 교장을 역임하였으며, 순천에서 고흥까지 머나먼 길을 자전거를 타고 다니면서 전도했던 사람으로 알려져 있다.

구례인의 아내였던 플로렌스 크레인(Florence Hedleston Crane)은 그림을 잘 그린 것으로 알려져 있으며, 미술 예능 교사로 《한국의 꽃과 인간 전승》이라는 책을 저술하는 등 한국 연구에 족적을 남기고 있다.

구보라와 구례인의 누나였던 자네트 크레인(Janet Crane, 한국명 구자례) 선교사는 전주 기전학교 음악교사로 20년간을 봉직했다.

구례인 목사의 딸 엘리자베스 크레인(1917년 11월 27일-1918년 3월 25일)과 아들 존 크레인(1921년 3월 25일-1921년 10월 4일)은 순천에서 출생하여 두 살과 한 살의 어린 나이로 사망하였다. 이들의 묘는 1979년 4월에 순천에서 광주에 있는 호남 선교사 묘지로 이장되었다.

■ 구바울(Paul Shields Crane, 1919-2005) 선교사

1944년 8월 메릴랜드 주 볼티모어의 존스 홉킨스(Johns Hopkins) 의과대학을 졸업한 구바울은 군의관(중위)으로 임명되어 네브라스카

오마하(Omaha)에 있을 때 남장로회(세계선교부) 풀턴(Darvy Fulton)의 주선으로 선교사가 되었다. 한국 선교사가 되기 위해 리치몬드 유니언 신학교에서 신학을 공부했으며, 부인 소피는 버지니아 의과대학에서 단기 임상병리 과정(혈액학, 기생충학, 세균학)을 이수했다.

구바울은 전주 예수병원장(7, 9, 11대)으로 22년간 활동하고 한국 의학계의 탁월한 지도자로서 암 치료와 기생충 근절에 공헌한 의료 선교사이다.

1947년 8월 세계선교대회를 통해 정식 선교사로 임명된 그는 같은 해 9월 한국 출발에 앞서 세계선교부가 배정해 준 미화 8천 달러로 미 육군 잉여 자산(2차 세계대전 종료로 발생)을 불하받아 30배 이상인 25만 달러 상당 규모의 의료 장비와 소모품을 구입하여 한국행 선적을 마무리했으며, 그해 10월 30일 군영선 '메이요'(Mayo) 편으로 출항하여 1948년 1월 초 인천에 도착했다. 선적된 상당량의 병원용품들은 1948년 4월 1일 전주 예수병원 재개원의 밑거름이 되었고, 자신은 병원장으로 부인은 임상검사실에 소속되어 본격적인 의료 선교를 시작했다. 개원과 동시에 1948년 한국 최초 수련의 제도를 도입하는 등 한국 이하이 신기원을 이룩했다.

당시 전주 예수병원 건물은 문도 창문도 없었다. 전기 배관이나 수도 시설도 없는 상황이었다. 텅 빈 공간을 농사꾼들이 들어와 볏짚 보관 장소로 사용하고 있었기에 구바울 선교사는 목수, 전기 기술자, 배관공들을 수소문해 시설들을 가동시키는 데 역점을 두었다. 결국 1948년 5월 1일 입원실 45병상, 초기 입원 환자 평균 60명을 시작으로 11개월 동안 7천 명이 병원 문을 두드렸다. 338건의 대수술을 통해

박정희 대통령의 통역을 담당한
구바울 선교사

의학 발전의 토대를 삼았으며, 6·25 전쟁으로 인한 피폐에도 굴하지 않고 160병동으로의 확장과 암 환자를 위한 방사선 심부 치료기가 설치하는 등 의학 발전의 구심점이 되었다. 1957년에는 세브란스 의학교 이사를 역임했으며, 1964년 겨울 9세 여아의 몸속에서 회충이 1,063마리나 나온 수술로 충격을 받아 전국적으로 기생충 박멸 운동에 앞장섰다는 일화도 있다. 22년의 한국 생활을 마치고 1967년 미국으로 돌아가 밴더빌트(Vanderbilt) 대학 교수로 봉직하다가 노스캐롤라이나 주 블랙 마운틴(Black Mountain)에 정착하고 2005년 6월 13일 별세했다. 슬하에는 다섯 자녀가 있다.

구바울은 한국어에 능숙했다. 1961년 11월 박정희 장군이 국빈으로 위싱턴을 방문했을 때 케네디(John F. Kennedy) 대통령과의 회담을 통역했으며, 박정희 대통령 시절에는 존슨(Lyndon B. Johnson) 대통령 등 4회의 정상회담을 통역하기도 했다.

■ **김아각**(D.J. Cumming) **선교사**

목포를 사랑한 커밍 형제 김아각, 김아열 형제는 1910-1960년대에 이르도록 목포에서 장기 사역을 하면서 충성한 선교사들이다. 이들의 아버지 윌리엄(William Mileen Cumming)은 1862년 볼티모어 메릴랜드 출신으로 켄터키 윈체스터에서 목회자로 지냈다. 어머니는 버지니아 출신의 레리아(Lellia)이다.

다섯 자녀 중 장남인 다니엘 커밍(Daniel James Cumming, 김아각)은 1892년 12월 17일 버지니아 주의 스탠턴(Staunton)에서 출생했다. 루이빌과 컬럼비아 신학교를 거쳐 1945년에는 켄터키 일리어 대학에서 신학박사 학위를 취득했다. 1918년 26세에 선교사로 목포에 와서 사역을 시작했는데, 주로 영흥학교 교장으로서 목포 근대교육을 이루는 데 큰 기여를 했다. 그는 또한 광주의 수피아, 숭일학교 교장을 역임했고, 목포의 병원(프렌치)을 감독하기도 했으며, 목포 인근의 농어촌 전도 사역에도 힘썼다.

김아각 선교사

1938년 평양신학교 교수 사역도 한 그는 1940년 일제에 의해 강제 추방당했으나 해방 이후에 다시 목포를 찾아와 광주와 목포 고등성경학교 교장으로 수고하였다.

1966년 74세에 은퇴하여 조지아 주에서 지냈으며, 1971년 1월 8일 79세로 천국의 부름을 받았다. 김아각 선교사는 변요한 선교사의 차녀 애니(Annie Shannon Preston, 변애례)와 1934년 결혼하여 6남매를 두었다.

1908년에 배유지 목사가 설립한 1911년의 광주 숭일학교

■ 김아열(Bruce Alexander Cumming) 선교사

김아열 선교사

김아각의 7년 아래 동생으로 1899년 7월 22일 버지니아 주 볼티모어에서 태어났다. 프린스턴과 루이빌 신학교에서 석·박사를 했으며 1927년 조선에 선교사로 와서 목포에서 사역했다. 형 다니엘이 주로 학교 교육에 치중했다면 동생 부르스는 목포와 인근 지역의 전도자와 목회자로 활동하였다. 1950년 광주 성경학교 교장으로 섬겼고, 순천과 대전에서 잠깐 지도자로 일한 후 1958년 은퇴하여 미국으로 돌아갔다. 1980년 1월 6일 플로리다 주 오렌지(Orange)에서 소천했다.

김아열 선교사는 1927년 라이라(Lanra Virginia Wright, 김에스더)와 결혼하였다. 김에스더는 1899년 메릴랜드 주 출생으로 1920년 커(James Wilson Kerr)와 결혼했었는데 김아열과 재혼한 것이다. 그녀는 간호사로서 목포 프렌치 병원과 광주기독병원에서 간호사역을 하였다.

순천에 크레인 남매가 있었듯이 목포엔 커밍 형제 선교사가 50년 가까이 일생을 다해 충성하며 섬겼다.

■ 도대선, 탈마지(John Van Neste Talmage) 선교사

전북 순창군 지역에 처음 개신교가 전래된 것은, 1897년 미국 남장로교 선교회에서 전라남도 지방의 중심지인 나주에 선교부를 신설하고 선교 활동을 시작하여 1904년에 광주 선교부를 개설하고 오원

과 배유지 선교사가 순창에 정착해 담양과 순창을 오가며 교회를 설립한 때부터이다. 그 후 1910년에 탈마지(Rev. J. V. N. Talmagy) 선교사가 내한하여 순창과 담양을 담당하면서 일제강점기 말엽에 순창지역 목회자들과 신사참배를 반대하며 지역 신도인 박동완, 김용선, 조용책 등과 함께 옥고를 치르다 1940년 석방과 함께 추방되었다.

탈마지 선교사

순창군 최초의 교회는 1902년 순창군 복흥면 반월리에 배유지 선교사에 의해 설립된 반월교회이다. 《한국기독교사》에는 "1907년 순창군 쌍계리 교회가 설립되다. 그때 선교사 배유지, 조사 변창연, 조석일의 전도로 인하여 신자가 30여 분에 달함으로 예배당이 건축되고 그 후에 선교사 탈마지, 만월순, 도대선, 김순경, 고려위, 허차순, 노병헌 등이 이어서 시무하니라"고 기록되어 있다.

1912년 전남노회가 조직되면서 쌍계교회는 조직적으로 교회를 육성하였다. 1922년 김세희 조사가 목회를 하고 있던 탈마지를 적극적으로 도왔으며 후에 평양신학교에 진학하였다. 1940년에는 탈마지 선교사가 일제 경찰에 의해 미국의 간첩이라는 죄목으로 추방되었다.

탈마지 선교사는 1910년 남장로교 광주 선교부에 부임하여 소속 목사로 있으면서 숭일학교 제5대 교장으로 봉직하였으며, 1937년 이일학교 임시 교장으로도 사역하였고, 순천 담양 성경학교를 설립하기도 했다. 그의 부인(Elizae Talmage)은 서서평 선교사 사역에 적극 협력하였다.

■도마리아(Mary Lucy Dodson, 1861-1972) 선교사

도마리아 선교사

도마리아 선교사는 한일병탄 직후인 1912년 미국 남장로회의 선교사로 조선의 광주에 왔다. 도마리아는 선교부 내에서 결코 나서거나 서두르지 않고 자신에게 주어진 책임을 묵묵히 감당한 사람이다. 남자 학생과 어린 초등학생 800여 명을 모아 숭일, 수피아 초등학교의 교장으로 7년간 사역하였다. 그리고 서서평 선교사가 남기고 간 이일학교와 여전도회를 활성화하여 부인들을 깨우치며 살았다. 복음 전도인으로 농촌 사역에도 주력하였다.

그는 태평양전쟁 와중에 재한 외국인들에게 내려진 강제 출국을 거부하고 6개월간에 걸친 연금 생활을 했다. 민초들의 아픔을 외면할 수 없었던 양심에 따라 마지막까지 조선인들과 함께 고통에 동참하고자 했던 것이다.

그는 38년 동안 이 땅에 머물며 이름도 없는 여성들의 친구로서 한 줄기 소망이 되었다. 조랑말을 타고 지리산 준령을 넘고 고창과 장성, 나주와 화순을 제집 뜰인 양 살았다. 그는 수피아 여학교에서 30년간 여성들을 깨우치며 그들을 여성 지도자로 길러냈다. 선교사의 신분으로 왔건만 독신 여성으로 조선인의 눈높이로 살았던 사람이다.

그의 생애는, 38년에 걸친 그의 육필 일기와 서간집을 근거로 1952년 미국에서 발간된《조선에서의 반평생》, 편역자 양국주 선교사가 도마리아의 연보와 사료를 추가해 출간한 《조선의 길을 묻다》라는 책을 통해 알 수 있다. 육필 일기는 태평양전쟁과 6·25 전쟁으로 고통 당하는 한국인들의 고달픈 정체성을 애처롭게 보듬고 있다. 그가 사랑하고 격려했던 조선인들에게 '네 소망이 무엇이냐?' '한국이 나아갈 길이 어디 있느냐?'라고 묻고 답하는 책이다.

■엄언라(Ella Graham) 선교사

1908년 배유지 선교사에 의해 세워진 광주 수피아 여학교에는 초대 교장 엄언라(Ellen Ibernia Graham) 선교사가 취임했다. 수피아 여학교는 1919년 3·1 독립만세운동에 전교생이 참가해 23명의 학생이 투옥되고 일시 폐교되었으며, 1929년에는 광주 독립운동에 전교생이 참가하기도 했다. 또한 1937년에는 신사참배를 반대해 폐교되어, 파란 많은 시대에 민족과 수난과 운명을 같이하면서 많은 고난을 겪어왔다.

■존 헤론(John W. Heron, 1856-1890) 신교사

그는 미국 테네시 주 메리빌 대학과 뉴욕 종합대학을 개교 이래 최우수 성적으로 졸업한 촉망받는 청년이었다. 그는 보장된 미래를 뒤로하고 1884년 4월 미국에서 최초의 한국 선교사로 임명을 받았다. 그리고 같은 해 결혼한 헤티 깁슨과 함께 조선 땅으로 왔다.

이들 부부가 우리 민족을 만나기까지 많은 장벽이 있었다. 조선에

제중원 2대 원장
존 헤론 선교사

갑신정변이 일어나 1884년 4월부터 다음 해 6월까지 일본에 머물고 나서야 그토록 소망하던 조선 땅을 밟을 수 있었다. 이후 알렌의 후임으로 광혜원 2대 원장과 고종 임금의 시의가 됐다.

헤론은 왕족과 양반 계급을 위한 '광혜원'을 서울 을지로 2가로 이전하여 '제중원'으로 이름을 바꾸었는데, 이는 천민에게까지 의료 혜택을 주기 위해서였다. 헤론 선교사 부부는 선교사들이 모두 피서를 떠난 뒤에도 남아서 환자들을 돌보는 등 자신의 몸을 아끼지 않고 일하였다고 한다. 결국 헤론은 600여 리나 떨어진 시골 마을에 가서 병자를 치료해 주다 이질에 걸려 1890년 7월 26일 소천하고 말았다. 그의 나이 33세, 한국에 온 지 불과 5년 만의 일이었다.

그는 의료 선교뿐 아니라 우리나라에서 병원사업과 성서번역사업을 비롯해 기독교 문서선교사업에 기여했으며 1890년 설립된 '기독교 서회' 설립자였다. 또한 헤론의 부인 헤티는 남편이 소천한 뒤 본국

1908년에 배유지 목사가 설립한 수피아 여학교의 초기 학생들

으로 돌아가지 않고 남편이 못다 한 선교를 계속하고자 조선에 남았다. 조선의 첫 선교사가 되기를 소망했던 헤론의 묘비에는 "하나님의 아들이 나를 사랑하시고 나를 위하여 자신을 주셨다"(The Son of God Loved Me, And Gave Himself for Me)라고 쓰여 있다. 그와 모든 일을 함께했던 헤티는 결핵으로 1908년 3월 8일 서울에서 소천, 헤론이 묻힌 뒷자리에 안장되었다.

■ 노라복(Knox Robert, 1888-1959) 선교사

노라복 선교사는 1888년 미국에서 출생하여 미국 남장로회 소속 선교사로 1906년 조선에 입국하여 목포선교부에서 선교 활동을 시작하였다. 이후 광주선교부에 소속된 그는 1919년 6월 19-26일 전주에서 회집한 미국 남장로교 한국 선교회 제28차 회의에서 북문안교회 제3대 목사로 결정되어 광주 숭일학교의 교장직을 맡으면서 북문안교회를 섬기게 되었다.

녹스 선교사

1919년에 전남노회 노회장으로 피선되어 전남 지방의 강진군, 화순군, 보성군, 함평군 등에서 선교 활동을 하며 수많은 교회를 설립하였다. 노라복 선교사는 순천노회가 설립되기 전에 광양 지역의 도서 벽지를 순회하며 1919년 광양 진상면에 학동교회를 설립하였다.

노라복 선교사와 그의 부인 버든 선교사도 다른 선교사들처럼 일제 강점기 일본 신궁의 신사들을 우상숭배로 인정하고 신사참배를

거부하여 조선에서 쫓겨나게 되었다. 본국에 귀임한 후 조선을 위하여 기도하던 그는 일본의 패전으로 인하여 1948년 내한하여 다시 선교 활동을 재개하였다. 특히 농어촌 지역인 함평, 무안, 화순, 나주, 보성, 광양 등 도서 벽지를 순회하며 복음을 전하여 전남 지역에 수많은 교회를 세운 예수의 참 제자로서 본분을 다한 선교사이다. 1948년에는 광주고등성경학교에서 교수로 섬기면서 교회 전도사 교육과 지도자 양성에 헌신을 다하였다. 광주고등성경학교는 현재 호남신학대학교로 발전하였다. 노라복 선교사 부인 버든 선교사도 어린이 선교와 전도, 선교, 교육사업을 펼쳤고 수피아여고에서 한국의 여성 지도자 교육 양성에 헌신하였다.

노라복 선교사 부부는 1952년 은퇴하고 본국으로 귀국하여 1959년 미국에서 소천하였다.

■ 마로덕(Luther McCutchen) 선교사

마로덕 선교사

미국 남장로교 한국 선교회의 전주 선교부 소속으로 전라북도 지역에 커다란 발자취를 남긴 마로덕 선교사는 1875년 2월 21일 미국 사우스캐롤라이나의 비숍빌(Bishopville)에서 태어나 데이비슨 대학과 대학원에서 공부한 후 다시 남장로교 계통인 버지니아의 유니언 신학교와 컬럼비아 신학교를 졸업하고 남장로교 목사가 되었다. 그리고 1년 후인 1902년 한국에 온 마로덕은 서울에서 한국어 연수를 받고, 그해 연말에 군산 선교부에 잠시 있다가 목포 선교부로 내려가서 활동하였다. 그 후 1904년에 전주 선교부에 부임하였다. 1908년 그는 미국 감리교 선교사인 하운셀(Miss Hounshell)과 결혼하였고, 1940년 일제 경찰에 의해 강제로 추방될 때까지 전북 선교를 위하여 헌신하였다.

그는 멀고 먼 험한 오지를 마다하지 않고 순회하며 전도를 하였다. 전주에 부임한 이래 마로덕 선교사는 동북부 지역의 교회 설립은 물론이고 전라북도 곳곳에서 활동하였다. 특히 교회 지도자 양성에도 큰 공을 세웠다.

또한 그는 서문교회 설립자 테이트(한국명 최의덕) 선교사와 함께 사역하면서 청소년 교육에도 힘썼다. 마로덕 선교사는 먼저 교회를 설립한 다음 반드시 그곳에 보통학교를 설립하였다. 이는 학교가 없어서 교육의 기회가 어려운 농촌 지역 청소년들에게 배움의 길을 열어 주고 장래의 꿈을 안겨 주고자 함이었다. 다시 말해서 마로덕 선교사는 교회를 세우고 복음 선교만 한 것이 아니라 교육 선교에도 힘을 기울인 것이다. 당시 전주군 봉동면 낙평리에 영흥학교를 위시하여 금산읍에 심광학교, 진산면에 육영학교를 세운 것이 이를 증명해 준다.

마로덕 선교사는 선교 여행 시 하루 평균 20여 리 이상은 걸었고, 지나는 마을마다 거리와 공터에서 말씀을 전하였으며, 전도지를 나누어 주며 책자를 저렴한 가격으로 판매하였다. 그의 선교 구역이었던 전북 무주, 진안, 장수, 남원, 익산(일부)과 충남 금산 등에서 그의 영향력은 넓고 깊었다.

해가 거듭할수록 교회가 늘어났고 이에 따라 교인 수도 많아졌다.

이에 마로덕 선교사는 교회를 이끌어 갈 한국인 지도자를 교육하는 일이 중요하다고 생각하여 교회의 지도자 교육 계획을 세웠다. 교회의 지도자를 잘 훈련하여 그들이 자신들의 교회로 돌아가 교회를 관리하면 교회 발전에 더욱 효과적일 것이라는 확신 하에 교회 지도자 훈련 양성 프로그램을 마련하고 시행하였는데 이것이 '달' 성경공부인 것이다. 일제 말기 강제 추방령에 의해 한국을 떠난 그는 잠시 하와이에서 선교하다가 고향으로 돌아가 1960년에 소천하였다.

■ **구애라**(Miss Anna Mcqueen) **선교사**

광주 수피아여자고등학교는 광주광역시 남구 양림동에 위치한 개신교 계열의 사립 일반계 고등학교이다. 1908년 4월 1일 미국 남장로교 배유지 선교사가 설립 개교하여 초대 교장으로 엄언라 선교사가 취임하여 봉직하였다. 1911년 9월 11일에 제2대 구애라 선교사가 교장으로 취임하여 수고하였다.

1911년 가을 미국의 스턴스 여사가 세상을 떠난 동생 제니 수피아(Jennie Speer)를 기념하기 위해 미화 5천 달러를 희사하여 그 기금으로 회색 벽돌로 된 3층 건물인 교사(Speer Hall)가 준공되어 이때부터 학교명을 수피아 여학교(Jennie Speer Memonal School

수피아 여학교 교사들과 학생들(1913년 3월)

for girls)라고 부르게 되었으며, 그 당시 학생은 68명이었다.

■ 변마지(Margaret F. Pritchard) 선교사

변마지 선교사는 1900년 1월 1일 미국 버지니아 주 웜 스프링스에서 출생하여 1914년 웨스트 버지니아 던 모아 초등학교를 졸업하였으며, 1920년부터 1925년까지 공립학교 교사로 근무하였고, 주님께 받은 소명이 있어 1926년 버지니아 주 리치몬드 장로교 신학대학에서 기독교 교육학과를 졸업하였다. 그리고 1926년부터 1929년까지 뉴욕 컬럼비아 대학 간호학과에서 공부, 1930년 뉴욕 주 등록 간호사 시험에 합격하여 정식 RN이 되어 1930년 8월 한국 광주에 있는 그레엄기념병원 간호과장으로 부임하여 근무하였다.

1940년부터 1945년까지 광주병원 간호학교가 폐교함으로 미국으로 돌아갔으나 1947년 1월 세계 2차 대전 후 폴 크레인 박사와 함께 한국에서 다시 선교를 시작하였다. 1948년 전주에 예수병원(The Presbyterian Medical Center)이 개원되고, 1952년 1월 2일 간호학과가 개교되고, 1954년 미국 민간인 협력회가 선정하는 한국에서 가장 훌륭한 간호학교로 변마지 선교사의 학교가 선정되는 영예를 얻게 된다.

하나님의 은혜로 1955년 전주 예수병원과 간호학교에서 변마지 선교사의 한국 봉사 25주년을 기념하였고, 1970년 1월 1일에 은퇴하였다. 그 후 주의 부르심을 받아 1988년 2월 14일 새벽 2시 15분 소천하였다.

■ 유서백, 니스벳(Nisbet John Samuel, 1869-1947) 선교사

유서백 선교사

　미국 남장로교 한국 선교사(한국명 유서백)로, 본국에서 신학교 졸업 후 8년간 목회를 하다가 1906년 조선으로 내한하였다. 전주 선교부에 소속되어 활동을 했고, 특히 전주 신흥학교의 발전에 중요한 역할을 했다. 이어 1911년부터는 목포로 활동지를 옮겨 영흥학교 교장으로 지냈다. 현재 한국 교회 역사의 기록을 인용할 때 니스벳 선교사의 기록물을 많이 참고로 하고 있다.

　그는 1938년에 은퇴하였고, 1940년 일제 강점기에 선교사를 추방할 때 미국으로 귀국하였다.

국가기도운동 남장로교 호남 선교 이야기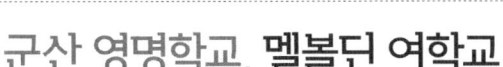

군산 영명학교, 멜볼딘 여학교

　미국 남장로교 한국 선교부는 구한말 일제 강점기에 군산과 목포 등 호남의 5개 도시에 선교부(station)를 두어 선교의 거점으로 삼았다. 하나의 선교부 구내에는 으레 교회와 병원, 그리고 남녀 학교가 세워졌다. 군산 지역에는 영명학교와 멜볼딘 여학교가 설치, 운영되었다.

　영명학교는 1902년 전킨 선교사의 부인인 메리 레이번에 의해 시작되었다. 물론 실질적으로 군산 선교부의 책임자였던 전킨이 학교의 설립과 경영을 주도하였다. 선교부는 1903년 9월 전킨을 영명의 책임자로 임명하여 학교 운영을 공식화했다. 당시 영명학교는 초등 과정의 기숙학교였다. 그리고 1904년 해리슨이 부임하여 중등 과정을 설치하였다.

　멜볼딘 여학교는 1903년 스트래퍼에 의해 주간학교 체제로 시작하였다가 그 후 1906년 겨울 불 부인에 의해 점차 정규 학교의 모습을 갖추어 갔다.

영명학교는 1908년 무렵 교육 수요가 폭발적으로 팽창하였는데 미국 유학에서 돌아온 오긍선의 가담으로 도약의 계기가 마련되었다. 기존의 초등 과정은 구암교회가 안락소학교라는 이름으로 인가를 받아 운영하게 되었고, 중·고등 과정은 영명중학교라는 이름으로 4년제 고등과와 2년제 특별과가 설치되었다.

선교부는 영명중학교의 지원에 집중하여 운영비와 교사 인건비를 부담하였다. 1912년 헌당된 지상 3층의 웅장한 석조 교사도 선교부의 특별 지원으로 건축된 것이다. 특별과는 1911년 7명의 1회 졸업생을 배출하였고, 고등과는 1913년 40명의 첫 졸업생을 냈다. 특히 영명학교의 특별과는 전북 지역의 기독교 인재 양성의 산실이 되었다. 지역 최초의 근대식 학교로서 일제 강점기에 전북 서부 지역의 대표적

1912년 군산 영명학교 석조교사

인 교육기관이라는 영명의 명성은 이때 쌓아진 것이다.

멜볼딘 여학교는 1908년 발전의 기틀이 마련되었다. 멜볼딘은 1912년 석조 건물이 완공되고 고등과가 설치되면서 더욱 발전하기 시작했다. 1913년에는 정부의 인가도 받았다.

영명과 멜볼딘의 민족운동은 우국지사형의 교사들에 의해 그 기풍이 갖추어졌다. 영명학교와 멜볼딘 여학교 교사 대부분은 신앙을 통해 시대의 위기를 극복하고자 했던 전형적인 기독교 민족주의자였다. 그리고 그 항거의 정신은 학생들에게 계승되었다. 영명과 멜볼딘 학생들이 주도적으로 참여한 1919년 3월 5일의 군산 만세 시위는 호남 최초의 3·1 운동으로 그 의미가 깊다. 거의 모든 교사와 학생들이 거사에 나섰던 영명과 멜볼딘은 3·1 운동 이후 큰 상처를 입게 되었다. 1923년 일제의 정책에 따라 영명은 이후 6년제의 보통과를 중심으로 운영되었다. 잠깐씩 개설되었던 2년제의 고등과 학생들은 5년제로의 승격을 시도했지만 선교부의 재정난으로 목적을 달성하지는 못했다. 1920년 멜볼딘은 기존의 2년제 고등과가 2년이 연장되어 4년제 고등과가 되었다. 1922년부터는 6년제 보통과와 2년제 고등과로 재편되었다. 멜볼딘의 고등과는 1927년 잠정 중단되었다가 1930년부터 4년제 학제로 재개되어 그 후 지속되었다.

1936년부터 일제의 신사참배 강요가 심해지자 모든 남장로교 계통의 미션 스쿨이 잇따라 폐교를 선택했다. 영명학교 역시 고등과는 1938년을 마지막으로 문을 닫았고, 보통과는 1940년 10월 폐교되었다. 1937년까지 영명학교에는 보통과 290명, 고등과 120명 재학 중이었다. 멜볼딘 여학교 역시 1940년 10월 8일 선교사들이 전격적으로 철수하면서 폐쇄되었다. 그 후 1952년 10월 3년제 3학급 90명 군산 영명고등학교로 설립 인가를 받아 개교하였으며, 1975년 10월 2일 학칙 변경 인가 및 교명 변경으로 군산 영명고등학교에서 군산 제일고등학교로 바뀌었다.

1940년 군산 영명학교 전경

국가기도운동 남장로교 호남 선교 이야기 *14*

목포 영흥학교, 정명여학교

목포 영흥학교는 1903년 9월 9일 미국 남장로교 소속 유진 벨(한국명 배유지) 선교사가 목포 선교부 개설과 함께 목포시 양동 86번지에 '영흥서당'으로 설립하면서 시작되었다. 2년 후 초대 교장으로 프레스톤 선교사가 부

초기 영흥학교 전경

임하고 영흥소학교로 개칭하면서 기독교 복음을 전파하는 민족사학으로 자리 잡았다.

그러나 1937년 9월 일제 강점기에 신사참배 거부로 일제에 의해 강제 폐교되었다가 6·25 동란이 한참이던 1952년 3월 21일 영흥중학교로 복교하였고, 다시 2년 뒤에는 중학교와 고등학교로 체제가 개편되

었다. 1980년대에는 현, 목포시 상동 55번지로 이전하면서 학교법인 유집학원으로 변경되었다. 그해 취임한 홍순기 이사장이 현재까지 봉직하고 있다. 올해 2월까지 영흥중학교는 총 77회 1만 2,939명의 졸업생을, 영흥고등학교는 총 45회 1만 785명의 졸업생을 배출했다.

정명여학교(목포 정명여자고등학교)는 1903년 9월 15일 미국 남장로교 한국 선교회에서 목포여학교로 설립 개교하여 1911년 3월 3일 정명여학교로 개칭하고, 1911년 3월 25일 보통과(4년제) 제1회 졸업생을 배출(4명)하였다. 1914년 3월 시립 정명여학교로 설립을 인가 받고, 1914년 3월 25일 고등과(중학교) 제1회 졸업생을 배출하였다. 그러나 1937년 9월 6일 일본의 신사참배 강요를 거부하고 자진 폐교를 하였다.

해방 후 1947년 9월 2일 재개교(4년제 목포 정명 중학원으로 복교)하여 1950년 3월 30일 목포 정명여자중학교로 정식 인가(문보 제63호)를 받았다. 1962년 7월 20일에는 학교법인 호남기독학원으로 조직 변경하였으며, 1962년 12월 31일 고등학교로 설립 인가(인문과 2학급, 가정과 2학급)를 받음(문보 제8811호)으로 1963년 3월 1일 목포 정명여자고등학교로 개교(이봉환 교장 겸임)하였다.

목포 정명여자학교

1966년 1월 20일 고등학교 제1회 졸업생(225명)을 배출한 것을 시작으로 2010년 2월 11일 제45회 졸업생을 배출하였다(졸업생 총수 1만 6,121명). 목포 정명여자고등학교는 현재 전남 목포시 양동 86-1에 위치해 있다.

국가기도운동 남장로교 호남 선교 이야기 *15*

순천 매산학교, **매산여학교**

　순천 매산학교는 1910년 3월 미국 남장로회 선교사 변요한, 고라복 목사가 순천시 금곡동 사숙에서 개교하여 1911년 순천시 매곡동 신축 교사로 이전하였다. 1916년 6월 당시 조선총독부에서 성경을 정식 과목으로 가르치는 것을 불허하므로 자진 폐교하였다. 1921년 4월 15일 미국 남장로회 선교부 주신으로 성경을 정식 과목으로 가르치는 학교로 인가를 받아 매산학교와 매산여학교가 개교하였다. 그러나 1937년 9월 일제의 신사참배 강요에 불복하여 자진 폐교하였다.

　해방과 함께 1946년 9월 3일 조선 예수교 장로회 순천노회 유지 재단으로 매산중학교(남녀공학)를 개교하고 9월 24일 정식 인가를 받았다. 1950년 5월 17일 교육법 개정에 따라 매산중학교를 중·고교로 분리하여 고등학교는 은성고등학교로 변경하였다.

1956년 8월 3일 은성고등학교를 순천 매산고등학교로 명칭 변경을 인가받았다. 2005년 순천시 고입 평준화를 실시하였고, 2012년 3월 1일 제19대 교장으로 정창용 장로가 취임하였다. 2014년 2월 12일, 제63회 졸업생 379명을 배출하였다(총 2만 5,774명). 현재 순천 매산고등학교는 전남 순천시 매곡동 163-1에 위치해 있다.

　매산여학교는 1984년 3월 7일 순천 매산여자고등학교로 분리하여 (김홍규 장로 교장 취임) 2013년 2월 8일 제62회(여고 27회) 졸업생 332명을 배출하였고, 2014년 2월 11일 제63회(여고 28회) 졸업생 323명을 배출하였다.

순천 매산고등학교

국가기도운동 남장로교 호남 선교 이야기 **16**

제주도 초대 선교사 이기풍 목사

이기풍 목사(1865-1942)는 1865년 평양에서 출생했다. 어려서부터 1883년까지 개인 사숙에서 한학을 수학했다. 괄괄한 성격으로 싸움과 술을 좋아해서 젊은 날을 허송세월하며 서양 선교사들을 박해했나. 특히 그는 1890년 어느 날 평양 서문동 네거리에서 노방 전도를 하던 마펫 선교사에게 돌을 던져 크게 다치게 한 것으로 유명하다.

초대 제주도 선교사
이기풍 목사

그 후 청일전쟁이 일어나자 원산으로 피난을 했다. 그러던 차에 놀라운 변화가 일어났다. 그는 전군보라는 전도인의 전도를 받고는 자신의 지난날의 잘못을 회개하며 기독교인이 되기를 결심한 것이다. 그 후에 마펫 선교사를 찾아가 지난날 자신의 잘못을 고백하며 용서를 구했다. 1894년 그는 스왈슨 선교사에게 세례를 받고 기독교에 입교했다. 1898년부터 1901년까지 매서인으로 함경남북도를 순회하면서 복음을 전파했다. 이어 1902년부터 1907년까지는 황해, 안악, 문화, 신천, 해주 등지를 돌며 조사로 시무했다.

한편 이때 마펫 목사의 권고를 받아 1903년 평양신학교에 입학했다. 이때 길선주, 양전백과 함께 최소연자 신학생으로 입학하여 학업에 열중했다. 그가 졸업하던 해 독노회가 조직되었다. 여기서 서경조, 길선주, 양전백, 한석진, 방기창, 송린서 등과 함께 목사 안수를 받았다.

목사 안수를 받은 이기풍 목사는 이 독노회의 결의에 따라 우리나라 최초의 외지 선교사로 임명되어 제주도로 떠났다. 부인 윤씨와 함께 인천항을 출발하여 목포를 경유해 제주도로 가려고 했다. 목포에 도착해 보니 마침 풍랑이 너무 심하여 목포에 가족을 남겨 두고 홀로 제주도로 향해 떠나 난항을 거듭한 끝에 1908년 봄에야 제주도에 도착했다.

한편 그의 부인 윤씨는 선교사 이길함의 양녀이며 숭의여학교 제1회 졸업생으로 당시로서는 엘리트 여성이었다. 한편 이때는 이미 정

조선 야소교 총회 첫 목회자 7인

조선 야소교 장로회 1907년 9월 독노회

부가 기독교의 선교를 허락한 때였지만 1899년의 신축교란으로 제주도 주민들이 기독교에 대해 품은 편견은 여전히 가혹하기 그지없었다. 그래서 그는 수차례 주민들로부터 위협을 당한 것은 물론이고 굶주림과 생활고까지 견뎌야 했다. 그러나 그는 이런 모든 어려움을 극복하며 오직 복음 전파에만 전심전력을 다했다. 뒤이어 총회에서도 그를 돕기 위해 전도인 이관선, 김홍련을 제주도에 보내 제주도 선교는 본격화되기 시작했다.

1911년 전라노회가 결성되어 제주도는 1912년부터 전라노회 관할이 되었다. 이기풍 일행은 주민들의 온갖 핍박과 방해 공작 속에서도 성내교회를 비롯해 심양, 내도, 금성, 한림, 협제 등지에서 복음을 전파했다.

1918년 그는 전라노회의 부름에 따라 광주 북문안교회 2대 목사로 전임되었다. 이곳에서 그는 초창기 교회 발전에 전심전력을 다했다. 한편 그는 1920년에 전라노회장 및 총회 부총회장, 1921년 제10회 총회장을 역임했다. 막중한 책임과 왕성한 활동 중에 그는 신병으로 고생하게 되었다. 성대가 막혀서 말이 잘 나오지 않는가 하면 관절염, 귓병으로 심한 고생을 하였다.

1924년에 고흥교회로 전임되었고, 1927년에는 다시 제주도 성내교회 위임목사로 청빙되어 재차 부임하였다. 1933년에 전남 벌교교회로 파송되었다. 1934년 그는 칠순의 노구를 이끌고 아무도 가고 싶어하지 않는 도서 벽지인 여수군 남면 우학리의 작은 섬에 복음을 전파하러 들어갔다.

이외에도 이기풍은 돌산, 완도 등지의 도서 지방으로 순회 전도하면서 교회 개척에 필사의 노력을 기울였다. 일제의 치하에서 민족교회가 심한 박해와 시련을 겪을 때에는 과감히 일제에 대항하여 교회를 굳건히 지켰다.

그러던 중 1936년을 기점으로 일제는 신사참배를 강요했다. 그는 이에 맞서서 극렬히 반대했다. 이에 일제는 그에게 미제의 스파이라는 죄목을 씌워 순천노회 산하 오석주, 나덕환, 김상두, 김순배 목사들과 함께 1938년 체포하였다.

칠순의 노구를 지탱하기도 힘든데 일경의 심한 취조와 고문까지 더해지니 그에게 정말 견디기 힘든 일이었다. 그래서 광주형무소로 압송되기 전에 졸도하여 병 보석으로 출감하였다. 그러나 이기풍은 과로와 고문 등으로 이미 건강이 심히 약화되어 있었다. 게다가 칠순의 나이라는 것을 감안한다면 회복되기가 거의 불가능한 상황이었다.

그는 그의 마지막 사역지인 우학리교회 사택에서 1942년 6월 20일 주님의 부르심을 받고 소천했다. 그의 유해는 우학리에 안장되었다. 그러다 11년 후에 1953년 전남노회 주선으로 광주제일교회 묘지에 이장되었으며, 1959년 대한예수교장로회 제44회 총회에서는 그의 부인 윤씨에게 표창장을 주었다. 신여성으로서 평생 이기풍 목사의 사역을 도와 헌신한 부인 윤씨도 1962년 12월 25일 향년 84세로 별세했다. 유족으로 딸 하나가 있다.

이기풍 목사의 목회자로서의 삶을 조명해 보면 다음과 같다.

이기풍 목사 가족

첫째로 진취성, 개방성, 도전성이다.

조선 예수교 장로회 제1회 독노회에서 목사 안수를 받은 7명 가운데 이기풍 목사가 제주도 선교사로 지원한 이유는 무엇일까? 이기풍 목사의 목회관은 첫 출발부터 그의 삶의 여정에서 찾아볼 수 있듯이 집안의 무인 기질을 발휘하여 진취적이며 도전적이었다고 말할 수 있다. 다시 말해서 동기생 목회자들은 출신 지역 혹은 연고가 있는 지역의 담임목사 혹은 전도목사로 파송 받았는데 이기풍 목사는 출신 지역과는 전혀 다른 무연고 지역으로, 그것도 교회가 하나도 없는 황무지로 떠났다. 그것도 자신을 후원하는 단체나 연고가 전혀 없는 미국 남장로교회와 전라대리회 소속 교회들의 후원을 받으면서 말이다.

이러한 결단은 무엇을 말하는가? 그는 7명의 동기 목회자 가운데에서 사명에 대한 빚을 가장 크게 느끼고 있었다고 평가할 수 있다. 그는 쉽고 편한 길보다는 힘들고 어려운 길을 자원하는 희생자였다. 이 정신과 힘들고 어려운 길을 자원하는 마음은 그의 목회자의 삶에서 일생 동안 지속된다.

둘째로, 낮아짐이다.

이기풍 목사를 위시하여 광주의 최흥종(1888-1966) 목사에 이르기까지 이 공통된 특징은, 나이가 더할수록 큰 교회보다는 작은 교회로 낮추어 갔다는 사실이다. 이들은 한결같이 "큰 교회는 힘 있고 젊은 목회자에게 맡기고 나는 힘에 맞게 작은 교회로 가야 한다"면서 지속적으로 옮겨 다녔다. 다시 말하여 제주도 선교 사역을 마치고 전라남도 광주 양림교회 담임목회자(1916-1918)로 사역하다가 병이 재발함으로 목회 사역을 중단하고 광주기독병원 전도목사(1919년 후반)로 잠시 사역하다가 순천읍교회(1920-1924)로 옮겼으며, 고흥읍교회에서 (1925-1927) 다시 제주 성내교회(1927-1931), 벌교읍교회(1931-1937), 그리고 여천군 남면 우학리교회(1938-1942)로 옮겼다.

이러한 목회의 여정이 보여주는 것은 크게 3가지로 들 수 있다. 첫째, 나이가 더할수록 평안하고 안정적인 목회를 할 수 있는 자리에 안주하는 것이 아니라 항상 자신을 새롭게 가다듬기 위한 자기 훈련의 일환으로 자리를 옮긴 것이다. 둘째, 나이가 들면서 육체적으로 쇠약해지기 때문에 큰 교회는 젊은 목회자에게 맡기고 자신은 작은 규모의 교회로 옮긴 것이다. 셋째로, 새로운 세대의 젊은 층이 주류를 이룬 교회에서는 과거에 배운 신학과 신앙이 어울리지 않는다는 판단에서 젊은 층에게 교회를 자발적으로 이양하려는 마음이었다.

이렇게 항상 낮은 교회를 옮김으로써 나타나는 현상은 자녀들의 정신적 고통이었다. 다시 말하여, 한 교회에서 졸업하지 못하고 옮겨 다님으로 동창생이 없고, 고향이 없고, 선생이 없어 마음 둘 곳이 없었다. 그리하여 이기풍 목사의 아내와 자녀의 삶은 무척이나 고달프고 힘들었을 것이다.

셋째로, 올곧음이다.

이기풍 목사의 목회는 항상 진리에 바르게 서려는 마음, 하나님께 충실하려는 마음이었다. 이것은 곧 올곧음이라 말할 수 있을 것이다. 이기풍 목사의 올곧음은 가족력에 이미 있었으며(할아버지가 홍경

래의 난에 가담함), 그가 이러한 기질을 그대로 물려받았다고 말할 수 있다. 그리하여 그는 마펫 선교사에게 돌을 던진 것이다. 이러한 그의 올곧음은 제주도 선교사로 자원하는 태도에서 알 수 있으며, 제주도민의 반대에도 불구하고 끝까지 버티어내는 인내력에서도 나타났다고 하겠다.

이기풍 목사의 이 올곧음 정신은 한국의 전통적인 충(忠)과 연결되었다고 볼 수 있다. 개종 이전에는 조선이라는 국가에 대한 충의 정신과 민족주의적 입장에 서서 마펫 선교사에게 돌을 던졌다. 그러나 개종 이후에는 충의 대상이 하나님으로 바뀌었다. 그리하여 그는 하나님께 충성의 표현으로써 한 분 하나님 이외의 다른 신을 섬길 수 없었으며, 이 정신을 지님으로써 선교사로서 제주도 초기 박해를 이겨낼 수 있었다. 그는 이러한 충의 정신에서 목회지를 낮추어 갈 수 있었으며, 신사참배를 이겨낼 수 있었을 것이다.

물론 이기풍 목사가 1938년 4월 순천노회의 신사참배 결정에서부터 반대한 것은 아니었다. 그는 이 시기에 노회에 참석하여 그대로 지켜보았으나 시간이 지나면서 자신의 묵인에 대한 반성으로 가득 찼을 것이다. 그리하여 1938년부터 줄기차게 신사참배를 반대하는 태도를 취하였으며, 1940년 11월 15일 제2차 예비 검속으로부터 거의 시체가 되다시피 하여 병 보석으로 풀려나고 2개월쯤 지나 1942년 6월 20일에 사망하기까지, 올곧게 신사참배를 거부하고 하나님께 대한 충을 강조하였다. 그리하여 이기풍 목사는 십계명 제1계명을 지킨 사람이었으며, 하나님과 세상 가운데에서 하나님께 대한 올곧은 충성을 끝까지 유지하였다고 할 수 있다.

넷째로, 이기풍 목사는 평안도 출신으로서 자신의 삶의 절반을 전라도에서 보냈으며, 그의 자녀들도 전라도 사람이 되었다.

이기풍 목사는 가끔 출신 지역에서 청빙이 없었던 것은 아니지만 끝까지 거절하고 평생 전라도에서 목회에 전념하였다. 그 이유는 무엇이었을까? 당시 전라도 선교는 서북 지방에 비하면 너무나도 미약한 상태였다. 이러한 차이로 인하여 이기풍 목사는 북장로교 선교 구역인 서북 지방 혹은 서울의 여러 목회지로 이전하지 못하고 전라도에서 목회자의 삶을 마감하였다. 그렇지만 이기풍 목사의 이러한 헌신적인 목회 활동이 시간이 지나면서 보상받기 시작하였으며, 오늘날에는 전라도가 전국에서 가장 높은 개신교 기독교인 비율을 보이고 있다.

다섯째로, 이기풍 목사는 목사로 재직하는 기간에 여러 기관에서 다섯 차례에 걸쳐서 책임자 역할을 하였다.

1916년 전라노회 부노회장, 1920년 조선예수교 장로회 총회 부총회장, 1921년 조선예수교 장로회 총회 총회장, 1930년 11월 제주노회 초대 노회장, 1933년 6월 순천노회장에 피선되었다. 이상의 다섯 차례에 걸친 노회장과 총회장 등의 직함을 지녔지만 이러한 이력은 거의 타천에 의한 것이었으며, 교계의 원로목사로서 당연히 맡아야 할 봉사적이었다. 제주노회장을 맡은 것은 제주도 교회와 목회자들이 전남노회에 출석하는 데 소요되는 여행의 어려움과 경비 등을 감안하여 제주도민들의 연민의 정에서 비롯된 것이지, 노회를 새롭게 분립시켜 노회장을 맡으려는 정치적인 의도는 전연 없었다. 이러한 의미

제주노회 창립 기념 촬영(1930. 11. 14)

에서 이기풍 목사는 교계의 정치적인 인물이라기보다는 교회의 행정을 위하여 자신의 노력을 아끼지 않았던 봉사적 교계 지도자였다고 말할 수 있다. 물론 당시에는 목회자가 부족하였기 때문에 교계 책임을 서로 맡지 않으려는 분위기 때문이었을지라도 그렇기 때문에 이기풍 목사의 교계 책임 수임은 봉사적이었다고 말할 수 있다.

글을 마치면서, 이기풍 목사는 전라도에시 뿌리를 내린 타 지방 신앙인으로서 전라도 신앙의 형성에 크게 영향을 끼쳤던 목회자 가운데 첫 번째 인물이었다. 물론 이기풍 목사보다 앞서 장로 두 사람이 전라도 신앙 형성에 크게 영향을 끼쳤다. 김윤수 장로(1860-1919)는 목포와 광주에서, 김영진 장로(1865-1950)는 목포, 제주도, 순천에서 크게 영향을 끼쳤다.

이기풍 목사의 제주도 선교사 사역으로 인하여 평안도 출신의 많은 협력자들이 제주도에 함께 동거하기 시작하면서 이들도 또한 전라도 사람이 되기 시작하였다. 그 가운데 강병담 목사, 이선광 전도사가 대표적인 인물이다.

　이제는 이기풍 목사에 대한 각종 자료를 재정비하고 그에 대한 신학적 조명이 필요한 단계에 이르렀다고 생각한다. 다시 말하면, 그의 제주도 선교 활동이 오늘날 제주도 교회 성장에 어떠한 영향을 주었는지 등에 관한 적극적인 연구가 필요하다.

국가기도운동 남장로교 호남 선교 이야기 *17*

제주도 선교사 **최대진 목사**

최대진은 1879년 10월 15일 전북 정읍군 덕천면에서 출생했다. 7세부터 14세까지 한문 사숙에서 한문을 익힌 그는 학업 후 집안일을 도왔다. 최대진을 기독교 신앙에 입문하도록 직접적인 영향을 준 사람은 그의 형 최중진이었다. 1899년경 개종한 최중진은 어머니와 동생을 전도하여 믿게 했다. 최대진은 1901년 봄에 세례를 받았다.

최대진 목사

최대진이 전도인으로서 공식적인 활동을 시작한 것은 1904년이었다. 이때 마로덕(L. O. McCutchen) 선교사의 조사로 발탁되어 사역했다. 그의 전도 구역은 전라북도 북동 지방인 진안, 무주, 장수, 금산, 연산, 고산, 여산 등이었다. 그는 1908년 평양신학교에 입학하여 1912

년 6월 제5회로 졸업했다. 졸업 후 목사 안수를 받은 최대진 목사는 1912년부터 1914년까지 전북 김제 금산교회에서 목회를 했으며, 1914년 10월부터 1915년 8월까지 전남 강진에 있는 백양교회와 병영교회에서 사역했다.

그는 전라노회의 지시에 따라 이기풍 목사의 공백을 메우기 위해 파송되어 1915년 9월에 제주도 전도목사로 부임하였다. 산북 지방 선교사로 선정된 최대진 목사는 성내교회의 담임을 맡으면서 동북으로 조천, 한동, 대정, 모슬포, 중문 등의 교회를 돌보았다. 최대진 목사는 개척 선교에 특별한 관심을 가지고 있었다. 그는 1913년 제3회 전라노회 시 제주 선교를 위하여 지지 발언을 했고, 전도국장으로서 제주 선교에 실무를 책임지고 있던 1914년 제4회 전라노회에서 제주도 선교사의 수를 2명으로 늘리자고 결의하기도 했다.

제주도 산북 지방의 선교가 안정을 되찾아 전진하고 있을 때 최대진 목사의 선교를 뒷받침하고 있던 전라노회의 재정적 지원에 이상이 생겼다. 산북과 산남으로 분리되어 선교하는 새로운 국면에 돌입한 제주도 선교에 대하여 전라노회는 1916년 다음과 같이 결의하였다.

"최대진 씨는……전도국 관할하에 두고 산북면에서 1년 동안 자업 생활을 하면서 전도케 하였나이다."

최대진 목사는 담임목사로서 성내교회 목회 사역과 함께 자비량 선교사로서 산북 지역 전도에 전념하였다. 하지만 그의 자비량 선교는 만 5개월을 넘기지 못했다. 친인척이 단 한 사람도 없는 섬에서 생존의 위협까지 받는 상황에서 더 이상 제주도 체류가 어려웠다. 최대진 목사는 1917년 5월 전라노회 임시노회를 통하여 제주 전도목사직 사임서를 제출하였다(전라노회 제7회 노회록, 1917년). 그 후 전라북도 익산군 신덕리교회로 목회지를 이전하였다.

국가기도운동 남장로교 호남 선교 이야기 *18*

제주도 선교사 김창국 목사

제주도 선교사 김창국 목사

김창국 목사는 1884년 1월 28일 전주에서 한의사인 김제원 씨의 2남으로 태어났다. 소년 시절에는 사숙에서 한문 공부를 하였다. 그의 조모와 모친이 매티 테이트의 전도로 전주 최초의 신자가 되었기 때문에 그도 일찍부터 기독교 교인이 되었다

그는 당시 선교사인 테이트 목사의 사동으로 있으면서 주일날에는 해리슨 목사와 레이놀즈 목사의 부인이 경영하는 주일학교에 참석할 아이들을 불러 모으는 책임을 맡아 봉사하였다. 선교사들이 경영하는 소학교(최초의 신흥학교)에 출석하면서부터는 선교사들을 도와 장날마다 시장에 나가 사람들에게 전도지를 나누어 주는 등 전도 활동에 힘썼다.

앞서 언급한 대로 그는 1897년 7월 17일 전주에서 최초로 세례를 받은 5명의 신자 중 한 사람이었으며, 그때 그의 나이 만 13세였다. 1900년 9월 9일에는 레이놀즈 선교사의 사랑방에서 전주에서 최초로 근대식 교육을 받기 시작함으로써 그는 최초의 신흥인이 되었다. 그는 주로 해리슨 목사의 부인에게 교육을 받았으며, 선교사 매티 테이트는 그를 아주 훌륭한 아이(Good Child)라고 평하고 있다.

그 후 그는 해리슨 부인의 주선으로 평양에 있는 숭실중학교에 진학하여 1907년에 졸업을 하였다. 그 후 그는 성직자가 되기로 결심하고 평양신학교에 진학하여 1915년에 졸업(평양신학교 8회)함으로써 전주 지방 최초의 신학교 졸업생이 되었으며 그해 목사가 되었다.

그는 목사가 되기 이전에 여러 해 동안 교단에 서기도 하였는데, 군산에 있는 영명학교에 3년간 근무한 적이 있었으며 금산에 있는 심광학교에서도 3년 동안 근무하였다. 기전학교 졸업생이며 중앙대학교 설립자인 임영신 여사는 그가 심광학교 재직 중에 가르친 제자이기도 하다. 또한 그는 1910년부터 전북 익산시에서 4년간 전도사로 시무하였으며, 1915년 목사가 된 후에도 익산시에서 네 교회를 맡아 2년간 봉직하였다.

1917년 전라노회는 그를 제주도 전도목사로 임명하여, 이로부터 6년에 걸쳐 김창국 목사는 제주도에서 전도에 심혈을 기울여 제주도를 복음화하는 데 선구적인 역할을 담당하였으며 제주 내도교회, 삼양리교회 등을 설립하기도 하였다.

최근 발간된 북제주 문화원의 《제주 항일인사 실기》(김찬흡 편저)에

전 북제주문화원 원장 김찬흡

는 제주 기독교 초기 목사 중에 군자금 모금 사건과 관련되어 있는 김창국 목사의 행적을 소개하였다.

1919년 기미 독립운동과 더불어 조천리에도 만세운동이 일어났다. 그해 5월 상해 임시정부의 연락원 김창규가 임시정부 포고문과 해외 통신문 등을 가지고 제주에 들어와 김창국 목사와 조봉호 전도사, 최정식, 김창언 등과 접촉하면서 제주에도 독립희생회를 조직해 줄 것과 회원은 1인당 2원(당시 쌀 1가마니 값 4원)을 헌납해 줄 것을 요구했다.

당시 기독교계 지도자들은 이 요구를 즉석에서 수락했고, 이에 최정식은 제주 법원의 고용인으로 있던 김창언을 통하여 법원의 등사기를 밤중에 몰래 옮겨와 임시정부 선포문과 해외 통신문을 등사한 다음 교회 조직을 통하여 제주 전역에 배포했다.

제주 성내교회 김창국 목사는 구좌면 세화리에서 한림면 수원리까지, 대정교회 윤식명 목사는 한림리로부터 중문리까지, 정의교회 임정찬 목사는 서귀포, 남원, 표선, 성산을 담당하여 배포했다. 이에 4,450여 명이 호응하여 단시일에 1만 원을 모금하여 송금할 수 있었다. 그러나 이 일은 결국 일제 경찰에게 발각이 나서 그해 7월 조봉호 등 60여 명이 체포 구속되는 엄청난 사건으로 비화한다.

1919년 9월 25일 광주지법 제주지청에서 소위 정사법 및 출판법 위반으로 김창국 목사는 징역 10월에 집행유예 2년 6개월을 선고받았으나 항소하지 않아 형이 확정될 때까지 옥고를 치렀다. 일제하에서 우리나라 독립을 위하여 독립군 군자금 모금에 앞장서서 헌신하신 김 목사님의 모습은 그가 교회를 넘어 민족 독립을 위한 애국자이었음을 볼 수 있는 대목이다.

1990년에 발간된 《제주 성안교회 90년사》에 따르면, 김창국 목사가 제주에 와서 지금 성내교회와 성안교회의 전신인 서문교회에서 시무한 것이 1917년부터 1922년까지 5년간으로 되어 있다. 《제주 성안교회 90년사》의 김창국 목사에 대한 기록을 보면, 전라노회에서 전주, 삼례, 익산 등지에서 목회를 하고 있던 김 목사를 제주 선교사 겸 제주 성내교회 담임목사로 보냈다(그 당시 초대 이기풍, 김창국 목사에 대해 '선교사'라는 칭호를 쓰고 있음에 주의할 필요가 있다).

김 목사는 그해 8월 24일 성내교회 3대 목사로 부임한다. 그는 1908년 최초 제주 선교사로 왔던 이기풍 목사, 2대 최대진 목사에 이어 3대 목사로 성내교회를 목회하면서 성내에서 한림읍 수원리까지 선교 구역을 할당 받았다.

김 목사가 부임하여 나름대로 목회를 구상하며 열심히 선교하기 시작한 것은 1918년부터였다. 전남노회로부터 지원을 받아 부흥회를 열고 세례를 베풀며 교회의 종을 구입하여 예배 시간을 알리는 일도 시작했다. 당시 교회들은 목사, 의사, 교사를 갖춤으로 선교의 지속적인 효과를 얻으려는 노력을 했는데, 이에 따라 성내교회도 그해에 사숙 영흥학교 6년제 보통과를 신설하여 1924년까지 운영하였다.

그는 열심히 선교하여 후일 외도로 옮긴 내도교회를 설립하고 금성, 한림, 삼양 교회를 세우고 그곳 교회들을 돌보았다. 그리고 당시 성내교회는 많이 부흥하여 성도가 230여 명으로 증가한 것이 노회의 보고서에 나와 있기도 하다.

김 목사는 제주에 학교 설립을 위하여 모금운동을 전개하던 중 1922년 3월 광주 남문밖교회로 이명하기 위해 성내교회를 사임하였다.

남궁혁 목사가 미국으로 유학을 떠나게 되매 1922년 김창국 목사가 부임한 것이다. 당시 남문밖교회 위치가 선교부와 학교들이 위치해 있던 양림동에서 개천을 넘어 있던 관계로 교회 출석이 매우 불편하였고, 또 남문밖교회 하나만으로는 전 광주를 복음화하는 것이 무리라는 판단 아래 북문밖교회(현 광주중앙교회)가 세워졌다. 1924년 9월에 남문밖교회가 자연스럽게 양림교회를 양분시키는 형국이 되었다. 양림교회 개척목사로 김창국 목사가 선임되었다. 교회 양분 당시 남문밖교회 교인 500여 명 중 300여 명 가량이 양림교회로 가게 되었는데, 예배당 신축이 급선무이므로 교인들의 형편을 제일 잘 아는 김 목사가 맡는 것이 좋겠다는 의견에 따른 것이다.

당시 양림교회는 예배당이 없어 오원기념각에서 임시로 예배를 드렸다. 그리고 금정교회(현 광주제일교회)는 노회장 최흥종 목사가 맡아 두 교회가 안정적으로 발전하도록 했다. 그 당시 양림교회의 출발을 제일 기뻐한 것은 양림동에 거주하던 선교사들과 숭일학교 기숙생, 수피아 여학교 학생들, 제중원 의사와 간호사들이었다. 모두 광주천을 건너야만 남문밖교회의 예배에 참석할 수 있었는데 이제는 굳이 개천을 건널 필요가 없어졌기 때문이었다. 그는 1924년 광주 양림교회를 설립하여 25년간 이 교회에서 봉직하였다.

김창국 목사는 1918년, 1928년, 1935년 3차에 걸쳐 전남노회장을 역임하였으며, 1949년 3월 16일에 전남노회 주최로 '김창국 목사 성역 40주년 기념식 및 공로목사 취임식'이 광주 남부교회에서 거행되었다. 그는 평생 동안 전국 각처 각지에서 102회에 걸쳐 부흥회를 인도하기도 하였다.

김창국 목사는 광주의 초대 YWCA 회장을 역임한 부인 양응도 여사와의 사이에 4남 2녀를 두었는데, 장남 김현정 씨는 평양신학교(32회)를 졸업하고 목사로서 일생을 마쳤고, 차남 김현승 씨는 숭실대학교 교수로 지냈으며 "가을의 기도"를 쓴 시인으로도 유명하다. 3남 김현택 씨는 신흥학교 지정 2회 졸업생으로 전북대학교 교수를 역임하고 미국에서 남은 생애를 보내다가 소천하였다. 4남 김현구 씨는 전남여자고등학교 교장으로 정년을 맞았으며 광주중앙교회 장로로 시무를 마치고 은퇴장로이다. 현재 생존해 있는 김창국 목사의 자손은 모두 154명으로 그중 84명은 미국에 살고 있다고 한다.

지금까지 전주 지방에서 처음으로 현대 교육을 받은 최초의 신흥인 김창국 목사의 생애와 그 가족들에 대하여 살펴보았다. 전주 땅의 개회의 물결과 함께 기독교기 들어오고, 그 복음이 기독교 교육이라는 토양 위에 심기어 얼마나 많은 열매를 맺었는가를 우리는 생생하게 볼 수가 있다. 이 시대를 살아가는 우리 한국교회가 특별히 우리 목회자들이 이분들의 삶과 섬김과 봉사의 정신을 배웠으면 하는 마음 간절하다.

다음은 《제주 성안교회 100년사》에 기록되어 있는 김창국 목사에 대한 내용을 옮겨 본다.

김창국 목사가 제주도에 파송되던 시기의 상황은 섬을 떠나는 주민들이 급증할 때였다. 또한 최대진 목사가 제주도 전도목사 직을 사임하고 전라북도 익산군 심덕리교회로 이전할 때였다. 전라노회는 김창국 목사를 제주 선교사 및 성내교회 당회장으로 파송을 하였다. 그리하여 김창국 목사는 1917년 8월 24일 성내교회 제3대 목사로 부임하였으며, 제주 성내에서 수원까지의 선교 구역을 할당 받았다.

제주읍 원동에 거소를 정하고 성내교회를 중심으로 산북 지방 선교 사역을 시작한 김창국 목사는 주변의 수원교회, 삼양교회, 금성교회를 돌아보았다. 김창국 목사는 잃었던 신도들을 심방하는 한편 전도에 힘써 삼양교회의 오주명, 신평식, 문명욱 가족들을 얻었고 신평식의 집에서 기도회를 인도했다. 6개월 후 오주명이 은혜를 받고 나서 자신의 집 초가삼간을 감사히 바침으로써 예배당이 마련되었고 성안, 금성, 수원교회의 협력 연보로 예배당 봉헌식을 거행할 수 있었다. 그리하여 김창국 목사는 1918년 10월 자신의 명의로 포교설립계를 제출하여 삼양리교회를 정식 교회로 발족시켰다.

특별한 일은, 1908년에 시작한 금성교회가 아직 예배당이 없어 사가에서 집회하고 있었는데, 김창국 목사 부임 후에 교회가 건축되었다는 것이다. 금성교회는 김창국 목사의 돌봄을 받으면서 이덕련 집사를 중심으로 예배당을 위하여 얼마간 돈을 저축하였고, 교인들과 함께 좋은 예배당을 주시기를 밤낮 간구하는 일에 힘쓰면서 예배당 갖기를 희망하고 있었다. 이 교회의 이덕련 집사는 훗날 제주도 출신으로 제1호 목사가 된 이도종의 부친이다. 처음에 그는 아들의 신앙생활을 핍박한 장본인이었으나 아들의 끈질긴 권면을 받아

연약한 교회를 돌보며 끝까지 충성한 주의 일꾼이 되었다.

또한 제주 성내교회의 특별한 일은 교회의 종을 구입한 일이었다. 그동안 종이 없어 대단히 곤란하던 차에 본 교회 홍영진 성도가 금 50원을 내어 종을 사게 하므로 미국으로 주문을 하였다. 그동안 성내교회는 건물이 있었지만 종이 없어서 예배 시간을 알리는 데 어려움이 있었으나 이제 교우들과 온 성안을 깨울 수 있게 되었다. 이 기회에 성내교회는 종각을 수리하였다.

김창국 목사는 제주 선교가 3분 되는 시기에 제주도 전도목사(선교사)로 부임하였다. 당시 전라노회는 1917년 8월 제7회 노회를 기점으로 전남노회와 전북노회로 분립되어 전남노회는 윤식명 목사를 지원하였으며 김창국 목사는 전북노회 파송목사로 사역하게 되었다. 따라서 김창국 목사에 대한 일체의 선교비 지원은 전북노회에서 전담하였다. 분립 후 양 노회는 '전라남북 노회 연합 협의회'를 구성하여 상호 긴밀한 협력하에 제주 선교를 진행하자는 데 의견의 일치를 보았다.

그런데 이 무렵 황해노회가 제주 선교에 동참의 뜻을 표하고 전라노회에 선교 구역 분할을 요구해 왔다. 전라노회는 이를 수락하고 제주도 내 12면 중 신좌면에서 우면까지 합 6면을 분할하여 이곳을 황해노회 선교 구역으로 이양해 주었다. 이를 위해 임정찬 목사는 1917년 12월 황해노회에서 전남노회로 이명하였고, 제주 동면, 신좌, 구좌, 동중, 서중, 정의, 우면에서 선교 활동을 전개했다. 그리하여 1919년 9월부터 제주 선교는 전남노회, 전북노회, 그리고 황해노회의 분담 선교 시대로 접어들었다. 다만 제주 법환리는 황해노회 전도구역에 속하였으나 윤식명 목사 지역에서 돌보는 것이 지리상 편리하기로 윤식명, 최흥종 양씨를 위원으로 택하여 황해노회에 교섭하게 하기로 결정했다. 이렇게 하여 제주 선교는 다음과 같이 진행되었다.

성내(서문)교회를 중심으로 한 산북 지방 선교 - 전북노회, 김창국 목사
모슬포교회를 중심으로 한 산남 지방 선교 - 전남노회, 윤식명 목사
성읍리교회를 중심으로 한 동부(정의) 지방 선교 - 황해노회, 임정찬 목사

김창국 목사가 목회하던 시기는 시대적인 고통에서 몸부림치며 섬을 떠나는 교인들이 많았다. 이런 상황에서도 제주도 선교는 세 노회의 분담 선교 체제로 인하여 보다 밀도 있게 전개되었다.

1917년 9월부터 1921년 5월까지의 당회록을 살펴보면, 김창국 목사는 이 기간 동안 58명에게 세례를 베풀었고 81명의 학습교인을 세웠다. 또한 목회행정을 체계적으로 구성하였다. 성내교회에 부임하여 첫 당회를 여는 자리에서 그는 '성내(서문)교회의 각 명부들을 다 교정키로 결정'하였다. 이때부터 비로소 성내교회는 교회와 관련된 문서를 정확하게 기록하고 보관하기 시작하였다. 또한 김창국 목사는 교회의 거룩성을 세워 나갔다. 교회의 질서를 바로잡기 위하여 엄하게 치리하고 권징을 행하였다.

제주도 3·1 만세운동

1910년 일본 제국주의의 강제 병합 이래로 10여 년 동안 한국인들은 일본인들에 비해 심한 차별을 받았다. 동일한 노동에 지급되는 급여는 절반 수준에 머물렀으며, 해외여행을 위한 여권 발급의 제한, 취직과 공무원 등용의 차별 등은 이루 표현하기 어려웠다. 특히 1911년부터 1918년까지 실시한 토지조사로 인하여 땅을 빼앗긴 유랑민들의 서러움은 이루 말로 다할 수 없을 정도로 어려웠다.

일본 제국주의는 1913년 10월부터 대대적인 지방제도 개혁을 단행하였다. 지방행정의 일원화를 기한다는 명분으로 종전의 일본 거류민단이 가지고 있던 재산 중 수익성이 있고 실리적인 것은 모두 일본인 조합에 승계하고, 일본 거류민단이 안고 있던 부채 중의 많은 부분을 지방정부에 승계케 함으로써 일본인의 부담을 크게 줄여 주는 한편 이를 한국인의 부담으로 전가하였다. 노골화되던 일제의 경제적 수탈로 인해 농지, 토지 등을 빼앗기고 소작농으로 전락한 수많은 한국인들이 일감을 찾아 만주, 연해주, 그리고 일본의 고베와 오사카를 중심으로 하는 일본의 관서 지방으로 이주하였다.

이런 상황에서 일본 유이민들은 제주 성내, 서귀포, 성산포, 한림, 추자 등지에 집단 거주하면서 구유지로 된 광대한 전토를 불하받아 어장 및 임항 토지로 사용해 막대한 부를 형성하고, 광주 농공은행 제주지점 혹은 식산은행에서 이윤을 증식하여 본국으로 송금하였다. 제주도 주민들은 일본인이 경영하는 업체의 고용인으로 전락하였으며, 국유지 소유의 증폭으로 제주도 농어민이 개간할 가능성이 있는 토지는 점차 좁아졌다. 또 화전민의 자유 개간권도 상실되었다.

이와 같은 일본 제국주의의 불법적인 한국 강점과 무단통치에 항거하여 일어난 3·1 만세운동은 한 민족의 결연한 독립 의지를 국내외에 천명한 역사적 사건이었다. 항거의 방법으로 채택된 '비폭력 무저항'은 세계의 이목을 끌기에 충분했다. 1919년 3월 1일부터 전개된 만세 시위는 일제 치하에서 나라의 독립을 열망하는 민족의 염원이 담긴 전국적 규모의 독립운동이었다. 전국적 독립운동인 만큼 제주에서도 만세 시위는 펼쳐졌다.

제주도 만세운동은 제주도 출신으로 서울 휘문고 학생이었던 김장환에 의하여 제주도에 전달되었다. 김시학의 아들인 김장환은 독립선언서를 가슴에 품고 귀향하자마자 당숙인 김시범과 김시은을 찾아가 거사의 뜻을 설명하였다. 이 3명이 3월 21일 조찬리 미밋동산(지금의 만세동산)에서의 거사를 발의하였다. 거사를 위하여 김형배가 대형 태극기 4본을 제작하고 김시범, 백응선이 소형 태극기 300여 장을 준비하였다. 김장환 동지들은 22일 조찬리에서, 23일에는 장터에서, 24일에는 함덕리에서 연일 독립만세를 외쳤다.

이때 만세운동 주모자들이 검거되어 4월 26일에는 광주 지방법원을 거쳐 5월 29일 대구 복심법원에서 최종적인 확정 판결을 받았다. 김시범·김시은 1년, 이문천·김연배·박득규·김희수·황진식·김필원·김장환은 8개월, 김경희·김용한·백응선·고재윤·김형배는 6개월이었다. 이 가운데 6개월간의 복역을 마친 백응선은 일제의 참혹한 고문과 옥고로 인하여 출옥한 후 4개월을 넘기지 못하고 1920년 3월 28일에 사망하였다.

전국적으로 일어난 만세운동에 있어서 기독교의 역할과 참여도는 높았다. 이 시기에 한국교회는 민족의 현실에 동참하는 교회였다. 교회는 풍전등화의 위기에 처한 나라를 위해 기도하며 지도력을 발휘하여 안으로 봉건성을 극복하는 문제와 밖으로 국가의 독립성을 견지하는 민족사적 문제에 깊이 관계하게 되었다.

제주도 조천리 만세동산

그렇다면 제주도 만세운동에서 교회의 역할은 어떠했는가?

《3·1 운동 비사》에는 제주 기독교인들의 역할이 전혀 언급되지 않는다. 1919년 4월 26일 광주 지방법원 제주지청의 3·1 만세운동 관계 기소인 종교인 분포에 의하면, 기소된 29명 중 무종교인 28명, 종교인 1명이었다. 그러나 독립운동사 편찬위원회가 펴낸 《독립운동사》는 이미 제주도 선교를 담당하고 있던 산북 지방 김창국 목사, 대정 지방 윤식명 목사, 동제주 지방 임정찬 목사가 교회 조직을 이용하여 만세시위운동을 계획하고 있었다고 밝히고 있었다. 이와 같이 제주도 만세운동은 교회와 밀접한 함수관계를 맺고 있음을 알 수 있다.

또한 훗날 모슬포교회의 광숙의숙 교사가 된 중문의 강규언과 모슬포의 정동규는 3·1 만세운동에 가담하여 군산에서 검거되어 군산 재판소에서 보안법 위반으로 강규언은 8개월, 정동규는 6개월을 선고 받았다. 이들은 대구 복심법원에 공소하였으나 기각되었고 다시 상고하였으나 기각되어 대구형무소에서 복역하였다. 중문교회 강문호는 군산에서 시위에 참여하다 체포되어 1년 6개월 형을 언도 받고 대구에서 복역했다. 그는 나중에 목사가 되어 대한예수교장로회(통합) 제주노회장을 역임하였다. 제주 기독교인들도 당시 여느 지역 못지않게 독립운동과 저항운동에 적극적으로 동참했다.

이처럼 만세운동은 기미년 3월 21일부터 3월 24일까지 연 4일간에 걸쳐 제주도 신좌면 조천리 일대를 중심으로 전개되어 함덕리, 신흥리, 신촌리 등 4개 마을의 청년들이 합세하였다. 특히 3월 23일과 24일에는 김연배와 이문천 등의 조천리교회 출석교인들, 그리고 그들과 관련된 제주 읍내의 청년 교인들로 각 지역의 청년들까지 가세하여 조천 장터로 모여들어 만세시위에 합세하였다. 또한 서당의 학동, 주민, 장꾼, 소상인, 교사, 그리고 부녀자와 아동에 이르기까지 연 인원 약 8천 명이 참가한 만세시위였다.

조천 만세운동의 여파는 곧바로 서귀포로 전해져 서귀포 삼매봉 만세운동과 서귀포 해상 만세 시위로, 그 이후 제주 해녀 항일운동 등으로 그 맥이 이어졌다. 제주도 만세운동은 비폭력, 비무장 저항이었다.

독립희생회 군자금 모금사건

교역자의 역할

《조천교회 90년사》는 김연배를 비롯한 조천교회 청년들이 만세운동에 적극 참여한 사실과 1919년 3월 중순경에 있었던 성내교회 사경회와 연관성을 주목하였다. 조천교회 청년들은 이 사경회를 통하여 영향을 받는데, 청년들에게 권면한 임정찬 목사와 성내에 거주하던 김창국 목사의 애국적인 가르침에 감화를 받은 것이다. 즉 1919년 3월 중순경에 열린 사경회는 제주도의 조선독립 만세운동과 깊은 관련성이 있다고 보았다.

'독립운동사'가 당시 제주 선교를 담당하고 있는 김창국, 윤식명, 임정찬 목사에 의해 만세운동이 계획되었다는 언급에 의하면, 조선독립 만세운동의 참여 문제를 김연배가 조천 지역의 담당 교역자에게 당연히 숙의하였을 것이다. 그러나 초기 선교사들의 정교분리의 원칙 고수 때문에 목사들이 표면으로 나타내지 못했을 뿐이지, 세 분 목사의 영향력과 전혀 무관하지는 않았을 것이다. 이 사실을 입증할 수 있는 근거가 제주의 만세운동이 곧바로 군자금 모금사건으로 연결되었다는 것이다. 세 분의 목사들이 주도하였던 군자금 모금사건에서 볼 수 있듯이 《조천교회 90년사》는 목사들의 대리인으로서 평신도들이 만세운동의 전면에 참여하였을 것이라고 보았다.

1919년 4월 13일 수립된 대한민국 임시정부는 독립군 육성 군자금을 모금하여 줄 것을 국내외에 요청하였고, 제주 지역에서도 이에 호응하여 군자금을 모았다. 1919년 5월 독립희생회 연락원 김창규가 임시정부 선포문 해외 통신문과 제반사항 등을 가지고 성내교회 김창국 목사, 조봉호, 최정식, 김창언과 접촉하면서 제주도에도 독립희생회를 조직하여 줄 것과, 전국적으로 군자금을 모금하고 있으니 회원은 1인당 회비 2원(당시 쌀 한 가마니 4원)씩을 납부해 줄 것을 요청하고 승낙을 받았다. 이에 최정식은 법원에 근무하던 김창언을 통하여 법원의 등사기를 밤중에 운반하여 임시정부 선포문과 해외 통신문을 등사한 다음에 교회 조직을 통하여 제주도 전역에 배포하였다.

성내교회 김창국 목사는 구좌면 세화리에서 한림읍 수원리까지, 대정교회 윤식명 목사는 한림리로부터 중문리까지, 정의교회 임정찬 목사는 서귀포, 남원, 표선, 성상을 담당하여 배포하였다. 이에 4,450명이 호응하여 1만 원을 송금할 수 있었다.

그러나 철저한 비밀 속에서 진행된 군자금 모금 사건은 1919년 7월에 발각되고 말았고 조봉호, 최정식, 김창국, 문창래 등 관련자 60여 명이 구속되었다. 이때 조봉호는 '사건의 중대성을 감안하고 동지들의 희생을 최소화하기 위하여' 모든 책임을 지기로 결심하고 자신이 제주도 내 군자금 모금 총책임자라고 자처하였다. 조봉호는 1919년 9월 15일 광주 지방법원 제주지청 판결로 징역 2년을 선고 받았으나 대구 복심법원에 항소하여 징역 1년으로 감형 받았다. 대구형무소에서 옥고를 치르던 중 가혹한 고문의 여독으로 출옥 10일을 앞두고 1920년 4월 28일 37세로 순국했다. 고 조봉호에 대한 상훈과 추모 사항으로는 1963년 3·1절에 대통령 표창 건국 공로 훈장이 수여되었고, 1977년 건국표장, 1990년에 건국훈장 애국장이 추서되었다. 1977년 제주시 건입동 사라봉 산자락에 도민의 이름으로 모충사가 건립되었으며, '순국지사 조봉호 기념비'가 세워졌다.

조봉호 순국열사

군자금 모금 사건으로 실형을 언도받고 복역한 사람은 조봉호 외에도 성내교회의 최정식이 있다. 최정식은 임시정부 선포문과 해외 통신문을 등사하여 제주도 전역에 배포한 인물이다. 그는 군자금 모금 사건으로 광주 지방법원 제주지청 판결로 징역 3년을 선고 받았다. 그 후 항소하여 대구 복심법원 형사 제

2부 판결로 징역 1년 6월을 선고 받았다.

이 사건으로 김창국 목사는 징역 10개월 집행유예 2년 6월로, 윤식명 목사는 징역 6개월 집행유예 2년 6월로, 성내교회 집사로서 제직회 서기를 맡았던 이인환과 조사 조창권은 각각 징역 6개월 집행유예 2년 6월로, 모슬포교회 청년인 김치백은 징역 6개월 집행유예 6월에 선고된 후 공소하지 않아 풀려났다.

제주도에서 만세운동과 군자금 모금 건은 같은 해에 일어났다. 그리고 이 두 사건은 교회 지도자들의 민족애에서 출발했다. 특별히 군자금 사건은 교회의 조직과 제주 기독교인들의 민족의식이 없었다면 불가능한 '거사'였다. 제주도의 교회들과 목사들이 독립운동에 가담함으로써 실형을 언도받았다는 사실은 기독교와 교회의 위상을 높이고 교역자에 대한 지역적 신뢰를 얻는 데 크게 기여하였다.

만세운동과 군자금 사건으로 인해 한국교회는 제주도 교회에 대한 관심과 걱정이 많았다. 1919년 9월 2일 제5회 전북노회에 보고된 "감사할 것은 제주 전도목사 김창국 씨의 가족 일동과 온 교회가 삼위의 보호하심으로 무고하옵고 신령한 수양을 받아 전도하오니 감사하오며"라는 내용은 이런 염려를 잘 드러내 준다.

1920년 9월 14일 전주 서문밖예배당에서 열린 제7회 전북노회는 제주 전도목사 김창국 씨를 환영하였다.

"전도부 보고 - 감사할 것은 제주 전도목사 김창국 씨 혼권이 주의 은혜로 평강하신 것과 교회가 점점 진흥하고 그 지방 동족이 복음의 말씀을 잘 듣사오며."

혹독한 시련 속에서도 성내교회에 새로 믿기로 작정한 신자들이 수십 명이 되었다. 만세운동과 군자금 사건 이후 성내교회는 제주도 독립운동 중심지 가운데 한 곳으로 일제의 지속적인 감시와 핍박의 대상이 되었지만 교인들은 서로 의지하면서 흩어지지 않았고 교회를 지켰다. 당시 김창국 목사는 총회에서 성내교회의 교인 수를 230명으로 보고하였다(대한예수교장로회, 총회록 제2권 제8회 회의록).

총회의 진흥운동에 보조를 맞추어 성내교회는 김창국 목사를 중심으로 교회의 진흥에 대해 깊이 숙고하였다.

당시 한국교회가 3·1 운동으로 좌절한 민족에게 커다란 위로가 되었듯이 성내교회 역시 제주 주민들에게 위로를 전하며 영적인 삶을 제시하기를 원했다. 성내교회는 교회가 부흥할 방침에 대하여 논의하였으며, 제직들은 다음과 같은 사항들을 결의하였다.

1. 본 교회가 진흥할 방법에 대하여 제직 등이 가정예배를 드리기를 전보다 더욱 힘쓰기로 하다.
2. 교회에서 〈기독신문〉을 구하기로 하다.
3. 성경 5책과 찬송가 5책 합 10책을 교회 소유로 구입하고 보관은 홍순현으로 하기로 하다.
4. 성경과 찬송가는 처음 오시는 형제에게 보시도록 하다.
5. 학교실을 수리하여 일반 청년에게 대여할 서류 잡지를 설비하고 또 여자 야학과를 설립하기로 하다.
6. 학교 수리 계금과 대변소 수리 계금은 교회 재정으로 소용하기로 하고 수리 감독 위원은 홍순현, 김신학, 고재만으로 택정하다.

(제직회의록 1919년 11월 6일)

이 같은 결의는 김창국 목사의 목회와 선교 활동에 분수령이 되었던 만세운동과 독립군 군자금 모금 사건의 영향이라고 할 수 있다. 제주도 주민들의 분위기는 복음에 보다 더 개방적이 되었고, 특히 많은 청년들이 교회로 몰려왔다. 1920년이 되자 분위기는 더욱 호전되어 이전보다 전도를 잘 수용하는 적극적인 모습으로 나타났다. 김창국 목사는 변화된 사회 분위기를 활용하여 서북 지방에 있는 교회들의 부흥과 선교의 필요성을 절감했다.

김창국 목사는 교회의 부흥을 위하여 교육의 강화, 전도책자의 쪽복음서의 배부, 심방과 순회전도 등 가능한 모든 방법을 동원하였다. 변화된 사회 분위기에 맞춰서 성내교회 교인들이 전도를 위해서 구상한 교회 부흥책은 3가지로 압축될 수 있다.

첫째는, 가정예배의 회복이며

둘째는, 새신자에 대한 배려이고

셋째는, 영흥 야학부 시설이었다.

유대인이 소수 민족임에도 수천 년 동안 신앙을 유지하고 2천 년 만에 나라를 되찾은 것은 가정예배로 다져진 독실한 신앙심 때문이리고 할 수 있다. 유대인뿐 이니리 종교 개혁자 마르틴 루터, 감리교를 세운 존 웨슬리 등 개신교의 선구자들 역시 가정예배의 전통을 지켰다. 성내교회는 모든 신앙의 기본 단위가 가정임을 전제하고 조부모와 부모, 자녀 세대가 함께 모여 자주 예배를 드린다면 올바른 신앙을 기를 뿐 아니라 가정과 사회가 바로 설 것이라고 믿었다.

그리고 매년 음력으로 새해 혹은 봄철을 전후하여 사경회와 전도회를 개최했다. 그러나 이때 증가된 교인들은 얼마 지나지 않아 교회를 떠났다. 이에 새신자 양육을 위하여 교육을 하며 교인들은 석간에 성경반을 조직하여 새신자들과 더불어 친교하고, 저들의 가정에서 기도회를 개최하며, 그전 생활에서 변화되는 삶을 경험할 수 있도록 돕고 교회의 예배 생활에 힘쓰도록 독려하면서 새신자에 대한 배려를 첨가하였다.

1908년 성내교회 기도처에서 시작하였던 남녀소학교는 1910년 영흥학교(사숙)로 발전되었다. 그리고 당시의 시대적 상황을 고려해 볼 때 영흥학교의 교육 내용은 자주적인 민족의식 함양과 예배의식과 종교 교육 등이었다. 이 학교는 교사를 마련하면서 힘차게 교육 활동을 펼쳤다. 그런데 재정적인 어려움을 인하여 1918년에 폐지되고 말았다.

그러나 성내교회는 여자 사숙 폐지 이후에 전국적으로 전개된 3·1 만세운동을 통하여 교회를 통한 민족교육의 중요성을 더욱 새롭게 인식하게 되었다. 그리하여 성내교회는 1920년대를 맞이하면서 신년도 교회의 계획으로 여자 야학과를 설립하기로 하였다. 먼저 학교로 사용되는 교실과 화장실을 수리하기로 하였다. 여기에 소요된 경비는 교회 재정으로 감당하고, 공사를 감독할 위원으로 홍순현, 김신학 집사를 선정했다. 또한 수리된 학교에는 일반 청년들이 참조할 수 있는 잡지 등을 비치하고 대여하기로 하였다.

그러나 학교를 수리하는 비용과 운영비가 만만치 않았다. 성내교회는 1920년 신년부터 학교 수리를 위한 연보를 여러 차례 했다. 결국 김창국 목사는 대외적으로 제주 전도사업과 학교사업에 대한 지원을 위한 모금운동에 앞장섰다. 모금 결과 1920년 4월 6일 제6회 전북노회 '제주 전도사업에 대한 강연회'에서 모금된 연보액이 1,335원 50전이었다.

1921년 8월 29일 제9회 전북노회는 제주에 학교를 설립하는 문제를 놓고 헌금하였고, 당석에서 출영된 금액이 329원이었다. 부족액 200원은 전도목사 김창국이 '중요 지방에서 모금함을 허락' 받아 모금운동을 전개하였다. 1922년 3월 제10회 전북노회는 성내교회의 학교를 위하여 150원을 지원하였다.

1920년 1월부터 교회의 부흥을 위해 열심히 달려온 김창국 목사와 교인들은 한 해를 마감하면서 김익두 목사 초청 사경회를 준비하였다. 교인들은 기도로 마음을 모으고 힘껏 연보하였다. 그리하여 성내교회는 1920년 12월 3일(금)부터 13일(월)까지 김익두 목사를 강사로 모시고 부흥회를 개최하였다.

당시 한국교회 부흥운동은 요원의 불길처럼 번져 나갔다. 부흥운동을 주도한 사람은 길선주 목사, 김익두 목사였다. 특히 김익두 목사의 부흥회는 한국사회에 많은 영향력을 주었다. 그는 1920년 조선예수교 장로회 제9회 총회장이었는데, 그가 인도하는 부흥회는 3·1운동으로 좌절한 민족에게 커다란 위로가 되었다. 약 400여 명이 참석한 성내교회 부흥회에서도 놀라운 성령의 역사가 임했다. 이렇게 성내교회를 포함하여 인근 지역 교회 교인들은 1920년에 일어난 신유를 수반한 김익두 목사의 놀라운 부흥운동을 경험하였다.

김익두 목사의 부흥회는 제주 선교에 큰 힘이 되었고, 이로 인해 교회가 한층 든든히 서 가고 교인들의 심령이 회복되었다. 무엇보다 이 부흥회는 성내교회의 예배당 건축을 위한 집회가 되었다. 신유의

김익두 목사

증거가 뚜렷하고 참석한 사람들의 은혜가 넘쳐서 성심껏 연보하여 2,800여 원의 금액이 모였다. 이런 열기는 계속 이어졌다. 1921년 8월에 개최된 전북노회의 회록에 의하면 기존 교인 수가 무려 3분의 1이 증가했다. 이는 제주도 교회의 급성장을 말해 준다. 더욱 고무적인 것은 1921년 봄에 외포교회가 설립되어 25명이 예배드리게 되었다는 사실이다.

1922년 2월 여러 방면에서 제주 선교에 박차를 가하던 시기에 김창국 목사가 광주의 모교회인 남문밖교회로부터 부름을 받고 성내교회를 사임하게 되었다. 1922년 3월 14일 제10회 전북노회는 '제주 전도목사' 김창국의 사면원을 받고 그 후임은 전남노회원 곽우영으로 선정하였다.

김창국 목사가 이임하자 성내교회 임시 제직회장은 김재원 장로가 맡았고, 곽우영 목사가 임시 당회장직을 맡으면서 1922년 가을 노회를 맞았다.

1922년 8월 22일 제11회 전북노회에서 제주 선교 형편에 대하여 시찰위원의 상황 보고를 들은 후 제주 예배당 건축을 위하여 당석에서 연보한 금액이 140원이었다. 성내교회는 새로운 꿈을 가지고 예배당을 신축하기로 하고 건축에 전념하였다.

김창국 목사는 제주도 시무 당시 1918년 7월 6일 강진군 병영교회에서 열렸던 제2회 전남노회에서 전남노회장으로 피선되어 신생 전남노회의 기초를 다지는 데 기여했다. 뿐만 아니라 제주 성내교회가 자립 교회로서 기반을 잡는 데 전력투구하였다. 이런 노력이 밑거름이 되어 김창국 목사가 떠난 뒤 1924년 성내교회 예배당이 건축되었고 뒤를 이어 재임한 김정복 목사의 사례비를 교회가 감당하게 되었다.

김재원 장로

김창국 목사의 자녀 가운데 유일한 생존해 계시는 막내아들 김현구 장로를 만나 뵙고 아버지 김 목사의 목회에 관한 이야기를 듣기 위해 몇 차례 연락을 드렸으나 건강상 이유로 만나지 못했다. 그러다가 지난 5월 국가기도운동 제1회 국제대회 참석차 한국 방문 길에《더러는 옥토에 떨어지는 눈물이고저》책을 보냈는데 받으시고 아래와 같은 내용의 편지를 보내 주셨다.

1) 존경하는 임형태 목사님

《더러는 옥토에 떨어지는 눈물이고저》라는 목사님의 하서를 받고 깜짝 놀랐습니다.

첫째는, 이 책이 저희 가정을 위한 저서인 줄 알고 놀랐고요.

둘째는, 이렇게 이 많은 자료를 수집하셨는지 놀랐고요.

셋째는, 뒤표지 가족사진을 보고 또한 놀랐습니다.

잠깐 이 사진 내용을 설명드리면, 부모님 60주년(회갑) 사진이며 뒷줄 중앙이 큰형님 김현정 목사이며(총회 정치부 서기 10년간), 보듬고 있는 아이가 명배(전 브라질 대사), 그 왼쪽이 김현승 시인, 품에 안고 있는 아이가 선배 목사, 그 왼쪽이 셋째 형 김현택(전 전북대 교수), 맨끝이 불초 현구입니다.

현재 생존해 계시는 김창국 목사의
막내아들 김현구 장로와 함께

그리고 뒷줄 오른쪽이 둘째 형수, 그 옆이 큰형수, 그리고 오른쪽 서 있는 아이가 원배(소망교회 원로장로), 그 앞에 앉아 있는 여자아이가 옥배, 둘째 형의 큰딸(시인, 미국 거주), 그 옆이 인배(셋째 형의 큰 아들, 시애틀, 사업), 그리고 저(현구)는 스물한 살이었지요.

넷째는, 제가 교직 43년 퇴직할 때 낸 교단 수상집 제자가 '옥토에 떨어지는 씨앗이고저'였습니다.

2) 선친의 생존 후손

남 : 72명 여 : 82명 합 : 154명 내국 : 70명 외국 : 84명

〈불초 소생의 직계 가족〉

장남-민배(순천대 대학원장), **자부--우희정**(광주대 교수), 종선-미국 박사과정, 종윤-전남대 석사과정

차남-한배(호남대 학장), **자부-이미정**(광신대 교수)

김창국 목사님 60주년 회갑 사진

장녀-연배(서울 ENC 부사장), 사위-조원일(서울세안산업(주) 부사장, 서울후암교회 원로장로)

외손(정현-서울외국어대 로스쿨 교수), 외손부(유다연-전 뉴욕 대학 조교수), 증손녀(수아-뉴욕, 초등4년), 증손남(이안-서울 초1), 증손녀(하나-서울, 유치원)

외손(정미-전 숙명여대 교수), 외손부(이효종-부산 동아대 교수)

차녀-숙배(광주 숭일 교감, 명퇴), 사위-박해천(조선대 부총장)

외손(은미-전남여상 교사), 외손부(김정태-전남대 박사과정)

불필요한 소생의 가족 현황민 늘이놓아 죄송하기 그지없습니다.

3) 서서평 선교사님에 대해서는, 경영하시던 이일성경학교가 양림동산 안에 있었고, 양림동 거주 성도님들이 많이 다니게 되어 선친 아버님이 마치 전임인 양 매일 출근하셨고 입학, 졸업 사진도 많이 찍었으며, 서서평 선교사님과는 아주 친밀하게 지내신 것을 목격한 기억이 납니다. 그리고 집에 사진도 여러 장 있는 걸 본 기억이 납니다.

1926년에 건축한 광주 양림교회에서 개최한
제25회 조선 예수교 장로회 총회

4) 끝으로 아버님에 대한 자료를 말씀하셨는데, 아시는 바와 같이 광주 양림교회에서만 25년을 봉사하셨고, 제주 선교사로 가셔서 두 곳 교회를 개척하셨으며, 전라노회에서만 35주년 봉사하시어 공로목사로 추대 받으셨으며, 광주 금정교회에 첫 부임하시어 광주 양림교회(지금은 윗교회)를 분리 개척하셨고, 그 당시 선교사(노라복 목사, 남대리 목사, 탈마지 목사, 이아각 목사, 유하례 선교사, 어비슨 선교사, 도마리아 선교사……수피아 여학교 학생 및 교사 숭일학교 학생 및 교사) 등으로 광주 양림교회가 일취월장 부흥했으며, 제25회 조선 예수교 장로회 총회(총회장-이승길 목사, 약 750명 모임)도 양림교회에서 모였으며, 그 외 광주중앙교회, 동명교회를 비롯한 많은 도내 교회의 부흥집회에 102회 인도하셨으며, 1년 사시 계절마다 선교사님을 모셔 낮예배 설교를 부탁하셨으며, 사택에서 어머님이 준비하신 점심을 기쁘게 맛있게 대접하시던 모습도 기억이 납니다.

매주 월요일이면 지방에 계시는(담양, 화순, 나주, 남평, 영산포, 송정

등) 목사님들이 자전거로 우리 집까지 오셔서 환담하시며 점심을 맛있게 드시고 가시는 '센터' 역할도 하셨던 생각이 납니다. 그리고 부흥회 인도를 하시고 오시면 반드시 고등계 형사가 와서 무슨 내용의 말로 인도했는가 하는 심문 아닌 심문을 하곤 했습니다.

5) 소생의 모친(양응도)에 대해 몇 말씀 전언코저 합니다. 광주 YWCA 초대 회장을 1922년부터 1929년까지 7년간 역임하셨습니다.

또 한 가지 어머님 자랑을 하고저 함은, 각 노회마다 조력회(지금의 여전도회)가 교회 부흥 발전에 큰 역할을 할 때의 일입니다. 전국 여전도회에서 각 노회 대항 성경 암송대회가 서울에서 있었습니다. 제 모친이 지금의 호남노회 대표로 출전하여 '로마서', '고린도전서', '고린도후서', '갈라디아서', '에베소서'까지 아주 유창하게 암송하여 전국 회원들을 놀라게 하였습니다. 그리하여 최고상 1등을 획득하여 돌아오신 적이 있습니다. 교회적으로나 노회적으로 큰 기쁨이 된 적이 있었습니다.

끝으로 존경하는 임 목사님의 건강과 시모님, 그리고 슬하의 자녀손들께 하나님의 축복이 충만하시기를 비옵고 이만 졸필을 줄이겠습니다.

2015년 9월 24일 광주에서 불초 현구 올림.

첨부. 학림 김현구 장로 93회 생신 축하 가족 감사예배
    때: 2015년 5월 23일(토) 10시 30분
    장소: 광주시 북구 운암동 현대빌딩 9층 만리장성

김창국 목사님 묘소(광주제일교회 묘원)

김창국 목사님의 생존해 계시는 유일한 아드님 김현구 장로님의 편지 내용이 역사적인 자료가 된다고 판단했기에 김현구 장로님의 허락을 받지 않고 책에 올렸지만 필자가 요청한 자료에 응답하신 것으로 이해하여 주시리라 믿는다.

끝으로, 안타깝게도 김창국 목사님의 광주 양림교회에서 목회 사역의 자료가 6·25 동란 중에 유실되었다는 사실이다. 교회의 중진 되시는 어느 분이 교회 당회록 및 역사적 기록물들을 안전한 장소에 보관하여 숨겨 놓았는데 어떻게 되었는지 오늘에 와서는 그 기록물들을 찾지 못했다는 것이다. 매우 아쉽고 안타까운 부분이 아닐 수 없다. 김창국 목사님의 설교문이라든가 교회의 중요한 결의사항이 담겨 있을 당회록 등은 양림교회가 흘러 내려온 역사물이기 때문에 그 안타까움이 비단 나만의 심정은 아니리라 생각한다.

■김창국 목사 생존 후손

남 : 72명 여 : 82명 합 : 154명 내국 : 70명 외국 : 84명

■김창국 목사 가족 가운데 목사, 선교사, 전도사

번호	이 름	직 위	관 계
1	김 창 국	목 사	평신 8회
2	김 현 정	목 사	장남 평신
3	양 응 수	목 사	처남 평신
4	김 윤 배	선교사	김현정 삼남, 인도네시아
5	김 선 배	목 사	김현승 장남, 미국 장로교회 총무
6	이 춘 자	목 사	김현승 자부, 부부 목사
7	최 선 재	목 사	김현구 처남, 여수
8	고 병 학	목 사	김현구 동서, 광주
9	최 복 남	목 사	김현구 처조카, 여수
10	송 한 욱	선교사	김현승 손부
11	이 주 연	선교사	김현정 자부
12	김 종 연	전도사	김현승 손녀
13	김 형 진	전도사	김현택 손자
14	최 진 영	전도사	김현택 손자
15	최 인 선	목 사	김현구 처남, 여수

여기에 김창국 목사님의 제주 독립희생회 군자금 사건을 다룬 기록물을 소개하고자 한다.

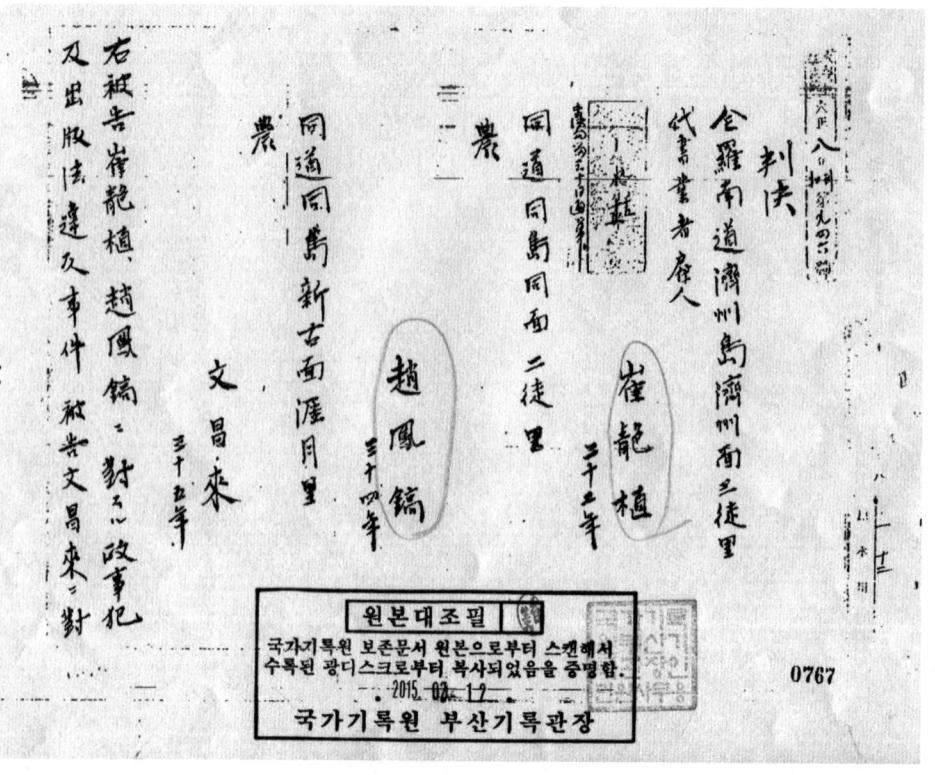

スル政事犯事件ニ付大正八年九月三十五日光州地方法院濟州支廳ニ於テ言渡シタル判決ニ對シ被告三名ヨリ控訴ノ申立アリタルニ因リ本院ハ朝鮮總督府檢事野田鞠雄立會審理ヲ遂ケ判決スルコト左ノ如シ

主文

原判決ヲ取消ス

被告崔瓚植ヲ懲役一年六月ニ處ス
被告趙鳳鎬ヲ懲役一年ニ處ス
右被告兩名ニ對シ未決拘留日數三十日ヲ
各本刑ニ算入ス
被告文昌來ヲ無罪トス
押收物件中宣布文九枚、海外通信ト
諸般事項一枚、通信事項七枚ハ之ヲ
沒收シ、其他ノ押收物件ハ差出人ニ還

付ク

理由

被告崔龍植、趙鳳鏞ハ大正八年五月中
京城ノ金昌圭ナル者ノ宣布文ト題シ
臨時政府閣員諸位トシテ執政官総裁
李承晩以下數名ノ氏名ヲ掲ケ約法
第一條トシテ國体ハ民主制ヲ採用ス云々
臨時政府令第一號トシテ我國民ハ我敵
ノ奴隷ニ非ス堂々タル獨立朝鮮民族ナ
リ秋毫タリトモ敵ノ支配ヲ受クヘカラス
ト記載シタル文書、海外通信ト諸般事
項ト題シ朝鮮人二百萬人ハ朝鮮獨立
請願書ニ連名捺印シ米國政府ニ提
出シタルニ米國政府ハ外交大臣ニ委任シ
巴里講和會議ニ提出セリトナシ記載シ
タル文書、通信事項ト題シ海外通

信ニ依ルモ巴里ニ於テ朝鮮獨立ノ承認
トリ之日本ハ強硬ニ反對セシニ對シ我
軍政府ヨリハ最後ノ通牒ヲ發シ云ヘ
我軍政府ハ軍士六百萬ノ準備セリ云ヘ
軍器ハ米國ヨリ軍糧ハ支那ヨリ買擔
セシヲ戰費ノ不足金五千萬圓ナリ是ヲ
朝鮮内ニ於テ員擔スベキモノナリト記
載シ其ノ文書ヲ携帯シテ濟州島ニ來ル

朝鮮ヲシテ獨立國タラシメントノ企圖ヲ宣
傳スルニ隙ンジ之ニ贊同シ同島濟州面
三徒里ナル被告崔龍植方ニ於テ謄
寫版ヲ使用シテ如上ノ文書約百五十
枚ヲ印刷シ以上被告崔龍植ハ其
一部ノ同島新左面、舊右面、大靜
面、東中面ノ各面事務所ニ配布シ

被告趙鳳鎬ハ其一部ノ濟州面城内

附近ニ配布シ以テ現時ノ政治變革ヲ目的トシテ多數共同シテ安寧秩序ヲ妨害センコトヲ煽動シ尚祖共趙鳳鎬ト同月以後七月ニ至ルノ間濟州面一徒里南長老派牧師金羽國其他ノ者ニ對シ朝鮮ノ假政府ハ上海ニ建立セラレ我ガ朝鮮人ハ之ヲ授助スルコト為メ出金セサルヘカラス斯ノ宣傳ヲ以テ現時ノ政治變革ヲ目的トシテ多數共同シテ安寧秩序ノ妨害センコトヲ煽動シタルモノト以上事實ハ左記ノ證憑ヲ綜合シテ之ヲ認定ス

一濟州警察署ニ於ケル被告趙鳳鎬ニ對スル訊問調書中本年五月中金昌圭ノ濟州島ニ來リ京城ニハ朝鮮獨立ノ犠牲會ナリ云々トテ朝鮮獨立ヲ計畫

セリ 今ハ其ノ會ノ役員トシテ各地方ヲ巡囘シ其主義ヲ宣傳シ又支會ヲ設置セシメ會員タル者ヨリ二圓ツヽ徴收シモノナリ 朝鮮獨立ニ付テハ上海ニ假政府ヲ設立シアリ貴君モ濟州島ニ支會ヲ設ケ各會員ヨリ會費トシテ二圓ツヽ徴收シ取纏ノ送付シ呉レトノコト私ハ集會ヲ試ミルヘシト答ヘ同人ノ高誠ヲ持チ來

リシ宣布文ヲ謄寫版ニテ一百五十枚位印刷シ各地ヘ配布シタリ 五十枚ハ城内附近ニ於テ私カ各鮮人ニ配布シ殘部ハ崔然穆カ地方ニ配布シ私ハ濟州城内又ハ新右兩附近ニ於テ金昌主ヨリ傳ヘラレシ趣旨ニ從ヒ會員タルヘキコトヲ勸シ一百圓ヲ集メシ者ノ

記載

一、同警察署ニ於テ南岳先鳳牧師金昶國ニ對スル訊問調書中趙鳳鎬ノ私ニ對シ假政府ハ上海ニ建立シ獨立運動ヲ爲ルニハ吾レハ朝鮮人ノ之ヲ援助スルヲ爲メニ金ヲ出スカ(アラスト)申スニ依ヲ私ハ信徒等ニ其話シ爲シク且ツ同人ハ私ニ對シ信徒等ヨリ金ヲ集メ呉レト申スニ依ヲ七月中信徒等ヨリ金ヲ集メルニ吉ノ記載

一、同警察署ニ於ヲ心李道宰ニ對スル訊問調書中本年七月初旬私ハ濟州城内ニ來ヲ道路ニ於ヲ趙鳳鎬ニ出會ヒトモニシヲ同人ハ私ニ對シ朝鮮ハ獨立スル樣ニヨリ費用ノ要スルニ付朝鮮人ハ何人ニヨリ貳二圓ツヽ差出スヘトシ申シスル吉ノ記載

一、同警察署ニ於テハ金昌奎ニ對シ訊
問調書中、本年五月二十日頃趙鳳鎬ハ私
方ニ來リ今回朝鮮獨立ノ計畫ン獨
立協贊會ナルモノヲ組織シ其ニ加入
スル希ハ會費二圓ヲ出スコトニナリ居ル
ニ付去ト宣布文其他印刷物三枚ヲ受取
リタルコトアル旨ノ記載

一、同警察署ニ於テハ洪基瑛ニ對スル訊問
調書中、本年五月下旬三從里崔龍
植ノ家ニ行キシニ崔龍植、趙鳳鎬
金昌奎ハ謄寫版ヲ以テ印刷ヲ爲シ居
リタリ其ノ印刷シタルモノハ朝鮮獨立ニ關ス
ルモノニシテ差押ノ宣布文、通信事項、
海外通信ト題シタル文書ナリシ旨ノ記載

一、本院公廷ニ於ケル被告崔龍植ノ本年
五月中金昌奎ガ宣布文、海外通信事

項、通信事項ト題スル文書ヲ持參シ　　　　　　　　　　　　　　　　　　　　　　　
タリ、私方ニ於テ私ハ謄寫版ノ使用ヲ
右文書各壹七十枚宛ヲ印刷シ同月中
之ヲ新左面、舊右面、雜義面、東中
面ノ各面事務所ニ配布シ~~~吉ノ供述
判示ニ適合シル趣旨ノ記載アル證第五號
宣布文、證第六號海外通信ト諸般事
項、證第七號通信事項ノ存在
竝ニ

之ヲ法律ニ照スニ被告崔龍植、趙
鳳鎬ノ許可ヲ得スシテ國憲ヲ紊
亂スル文書ヲ印刷シタル行爲ハ陸軍
三年法律第六號出版法第十一條
第二項、第一項第一號ニ之ヲ頒布シ
タル行爲ハ同條第一項、第十一條第
一項第一號ニ該當シ朝鮮刑事令第
四十二條、依リ刑名ノ變更シ印刷行

為ト領布行為トノ間ニハ手段結果ノ関係
アルヲ以テ刑法第五十四條第一項後段
第十條ニ依リ何レモ重キ領布行為ニ對
スル刑ニ従ヒテ誡行為ニ因リ安寧秩
序ヲ妨害セントノ煽動シタル點及ヒ趙
鳳鎬、金昶國其他ノ者ヲ煽動シタル行
為ハ大正八年制令第七號第一條第一項
第一項ニ該當シ趙鳳鎬ニ對シタル刑法
第五十五條ヲ適用シ領布行為ト割合
違反ノ行為トハ一個ノ行為ニシテ二個ノ罪
名ニ觸ルルモノニシテ以テ同第五十四條第
一項前段第十條ニ依リ何レモ重キ割
令第七號所定ノ刑ニ従ヒ被告崔龍
趙鳳鎬ヲ懲役一年六月ニ被告趙鳳鎬、
金昶國ヲ懲役一年ニ處シ押收ノ證第五號同
六號、同七號ノ文書ハ同第十九條ニ依リ

之ヲ没收シ其他ノ押收物件ハ没收ニ係ルモノヲ除キ刑事訴訟法第二百二條ニ依リ差出人ニ還付スヘキモノトス

被告文昌來ハ祕告趙鳳鎬ノ主唱ニ朝鮮獨立犧牲會ノ趣旨ニ贊同シ文昌淑其他ノ者ヲ勸誘シ出金ヲ爲サシメ之ヲ趙鳳鎬ニ支付シタリ等事狀ヲ妨害シタリトノ公訴事實ハ犯罪ノ證憑十分ナラサルニ依リ刑事訴訟法第二百二十四條ニ照シ無罪ノ言渡ヲスヘキモノトス

前示ノ如ク被告崔龍植、趙鳳鎬ノ不法出版物頒布ノ行為ハ一面ニ於テ安寧秩序ノ妨害ヲ爲シタリト雖動レニセヨ從トシテ原判決ニ於テ之ヲ認定シタルニ失當アリトセス

狗ニ罪刑ノ適用ニ於テ失當アリトセス
一、押收ノ金錢ハ刑令第七條遵友行

一、押收ノ金錢ハ刑令第七條

為ノ用ニ供セントシタリトノ事實ハ之ヲ
認メ難キヲ以テ拘禁犯處罰令ニ於テ之ヲ擬
定シ刑法第十九條ヲ適用セサルハ言渡
ヲ爲シタルハ失當ナリ又被告文昌來ハ犯罪
ノ證憑十分ナラサルニ拘ラス原判決ニ於テ
其證憑十分ナリト認定シ有罪ノ判決ヲ
ナシタルハ失當ナリト云フニ在リト雖原判決ハ何
レモ其理由アリ依テ刑事訴訟法第二
百六十一條第二項ニ則リ主文ノ如ク判決
ス

大正八年十一月十二日

大邱覆審法院刑事第二部

裁判長　朝鮮總督府判事　前澤成美　㊞

朝鮮總督府判事　東茂信太

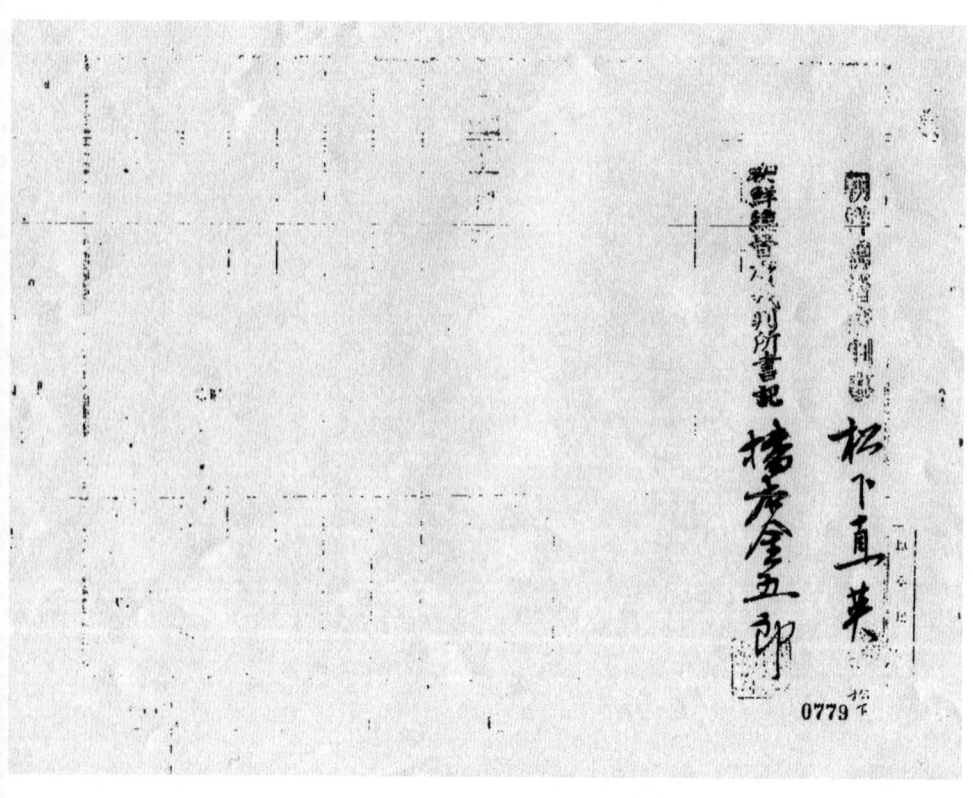

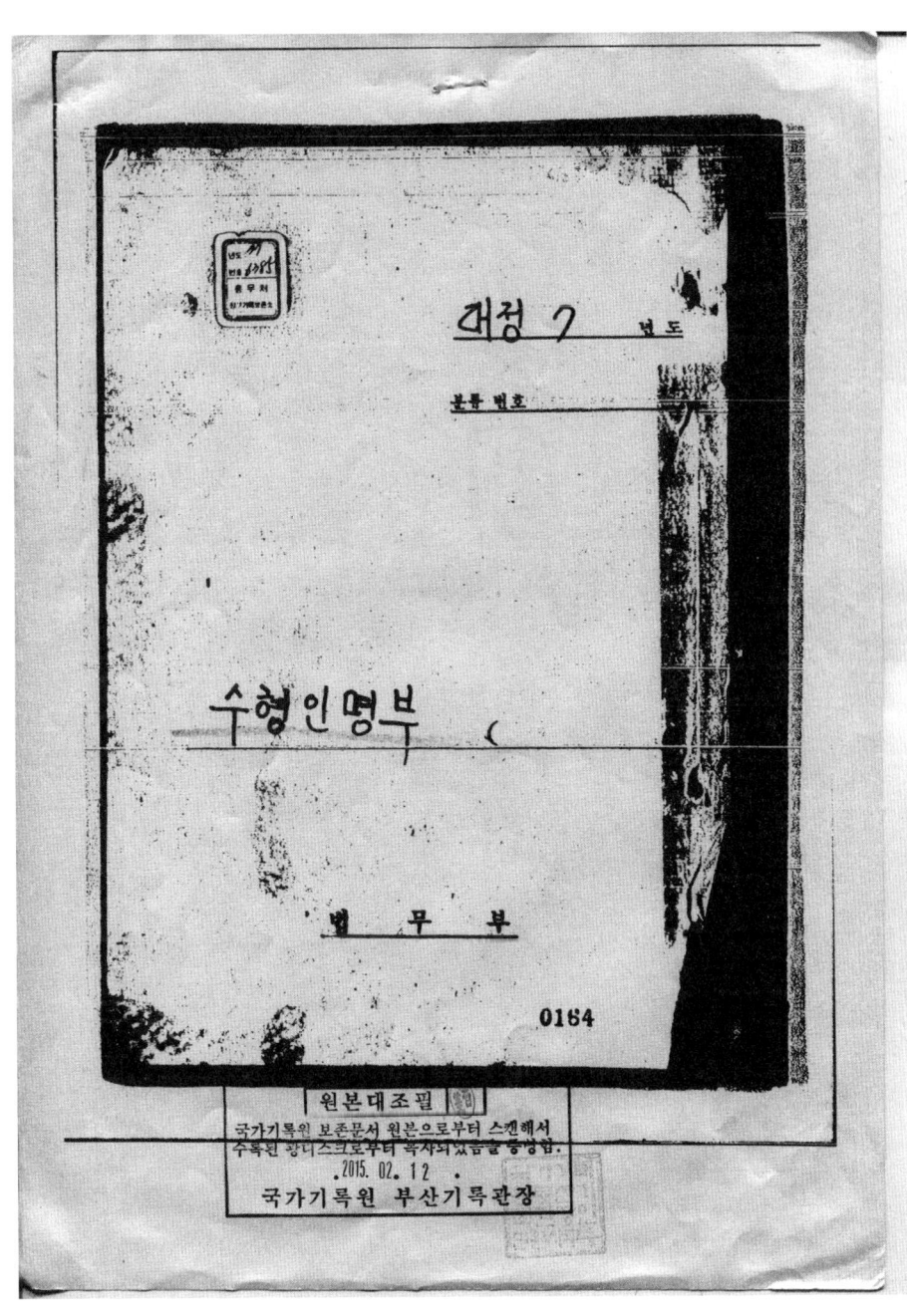

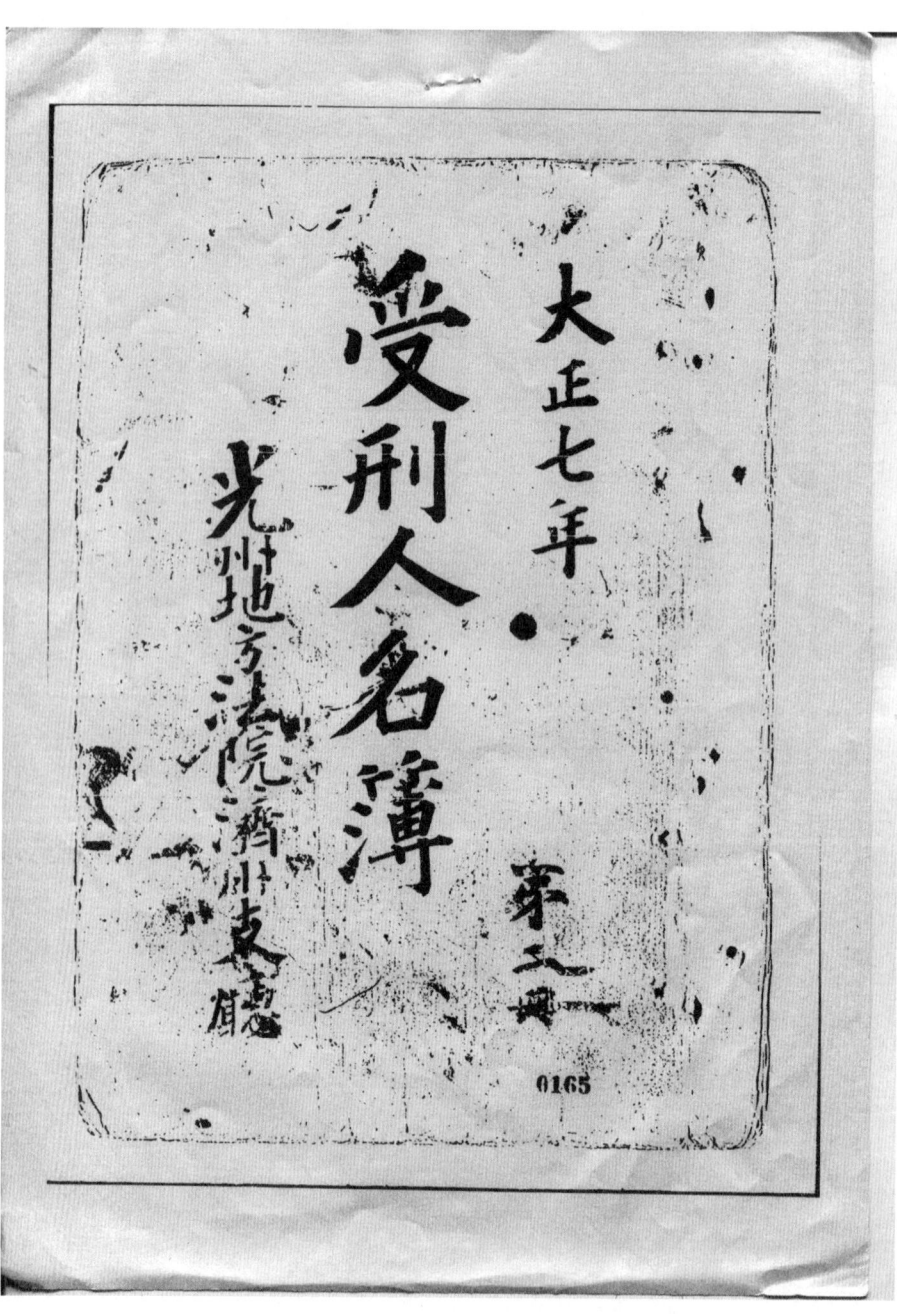

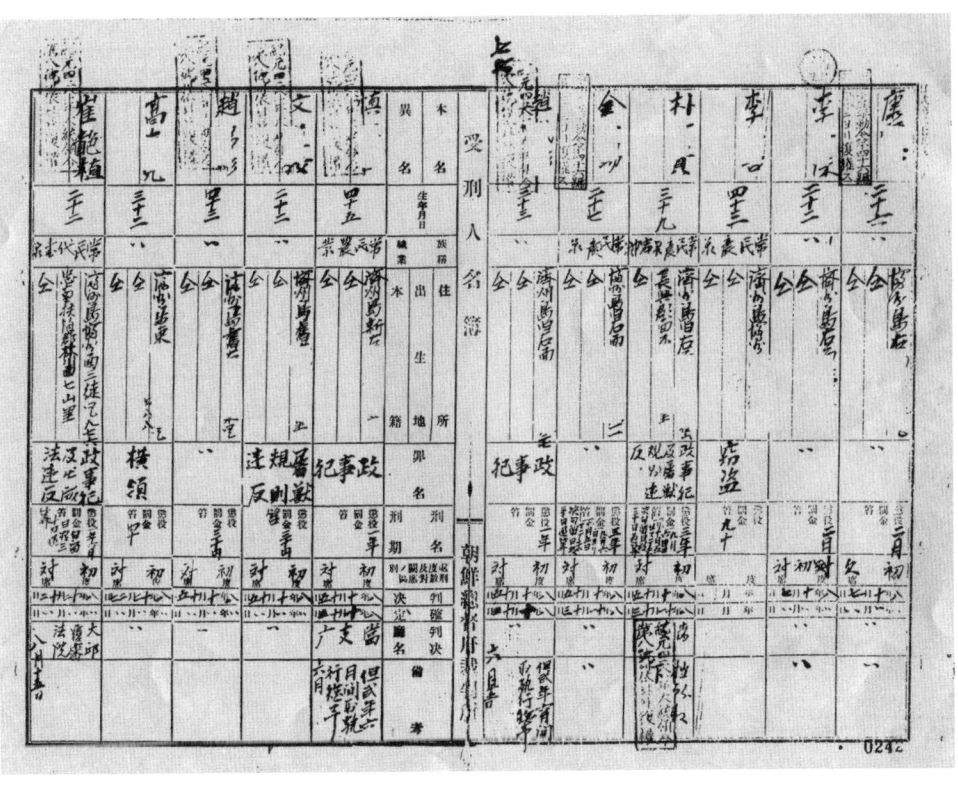

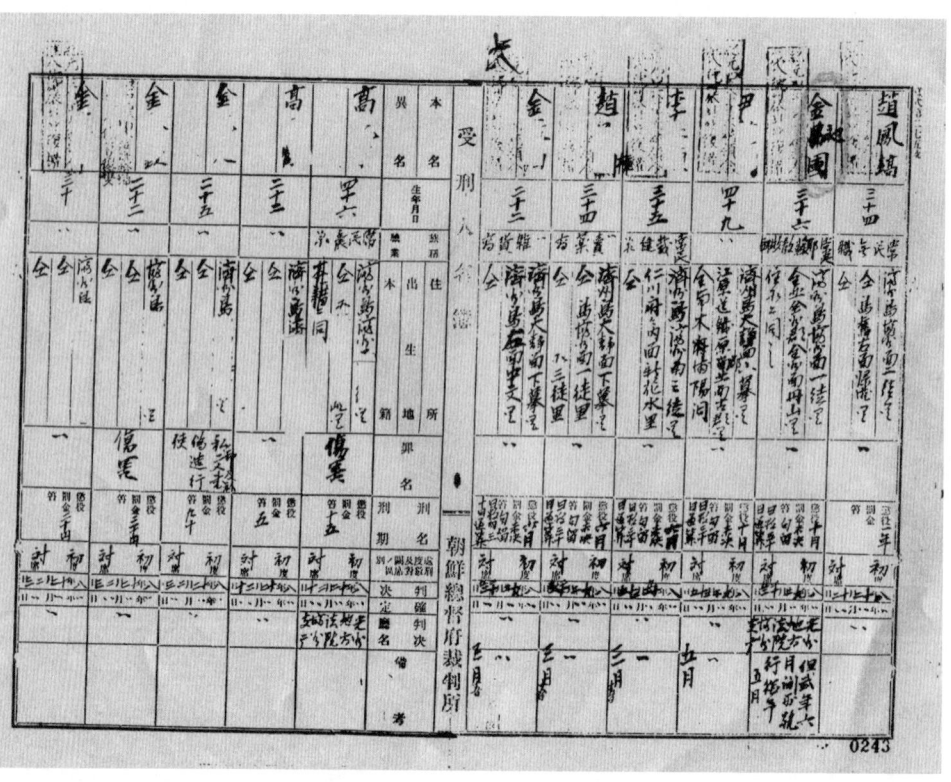

관리번호 : CJA000749 문서번호 : 771808 성명 : 최정식 외 2명 쪽번호 : 767-779

위 피고 최정식, 조봉호에 대한 정사범(政事犯) 및 출판법 위반 사건, 피고 문창래에 대한 정사범 사건에 대해 대정 8년 9월 25일 광주 지방법원 제주지청에서 언도한 판결에 대해 피고 3명으로부터 공소를 신청함에 따라 본원은 조선총독부 검사 야전 병웅(野田鞆雄) 입회 심리를 마치고 판결함이 다음과 같다.

주문

원판결을 취소한다.

피고 최정식을 징역 1년 6월에 처한다.

피고 조봉호를 징역 1년에 처한다.

위의 피고 두 명에 대하여 미결 구류 일수 30일을 각 본형에 산입한다.

피고 문창래를 무죄로 한다.

압수 물건 중 선포문 9매, 해외 통신과 제반 사항 1매, 통신 사항 7매는 이것을 몰수하고, 기타 압수 물건은 제출 인에게 환부한다.

이유

피고 최정식(崔靜植), 조봉호(趙鳳鎬)는 대정 8년(1919년) 5월 중 경성(京城)에 있는 김창규(金昌圭) 라는 자가 「선포문」이라는 제목으로 '임시정부 각원 여러분' 이라 하면서 '집정관 총재(執政官 總裁) 이승만(李承晩) 이하 여러 명의 성명을 게재한 약법(約法) 제1조 '국체는 민주제를 채용' 운운한 임시정부 령 제1호와, '우리 국민은 적의 노예가 아닌 당당한 독립조선민족으로 추호라도 적의 지배를 받지 말고' 운운한 문서와, 「해외통신과 제반사항」이라는 제목으로 '조선인 삼백만 명은 조선독립청원서에 서명 날인하여 미국 정부에 제출하자 미국 정부는 외교대신에게 위임하여 파리 강화회의에 제출토록' 운운한 문서와, 「통신사항」이라는 제목으로 '해외통신에 의하면 파리에서 조선독립을 승인하려해도 일본의 강경한 반대에 처해 있어 이에 대하여 아군정부(我軍政府)는 최후의 통첩을 발표 운운' 하는 문서의, '아군정부는 군사 600만을 준비했다.' 운운, '군기(軍器)는 미국으로부터, 군량(軍糧)은 중국으로부터 지원받아도 전비(戰費) 부족분인 5,000만원은 조선 내에서 부담하지 않으면 안 된다.' 라고 기재한 문서를 휴대하고 제주도(濟州島)에 와서 조선을 독립국으로 만들어야한다고 선전할 때 이에 찬동하여 제주도 제주면 삼도리 피고 최정식의 집에서 멋대로 등사판을 사용하여 위 문서를 약 150매를 인쇄하여 피고 최정식은 그 일부를 제주도 신좌면, 구우면, 정의면, 동중면 등 각 면사무소에 배포했다.

피고 조봉호는 그 일부를 제주면 성내 부근에 배포하여 지금의 정치의 변혁을 목적으로 다수 공동으로 안녕질서를 방해하도록 선동했다. 또 피고 조봉호는 그달 이후 7월까지 제주면 일도리 남장로파 목사 김창국(金昌國)과 기타의 사람들에게 '조선의 임시정부는 상해에 세워졌으며 우리 조선인은 이를 원조하기 위하여 돈을 내놓아야 한다.'는 뜻을 선전하며 지금의 정치변혁을 목적으로 다수 공동으로 안녕질서를 방해하도록 선동한 자이다.

이상의 사실은 다음의 증빙을 종합하여 이를 인정한다.

1. 제주경찰서에서 피고 조봉호에 대한 신문조서 중,

'올해 5월 중 김창규가 제주도로 와 경성에서는 조선독립희생회(朝鮮獨立犧牲會)라는 것이 있어 조선독립을 계획했다. 자기는 그 회의 임원으로 각 지방을 순회하여 그 주의를 선전하고, 또 지회를 설치시켜 회원이 된 자에게서 2원씩 징수하는 것이다. 조선독립에 대해서는 상해에 임시정부가 설립되어 있다. 그대도 제주도에 지회를 설치하고 각 회원에게 회비로써 2원씩을 징수 집계해서 송부해 달라고 말하고 나는 집회를 시도해 보겠다고 대답하고 동인이 경성에서 가지고 온 선포문을 등사판으로 1백 50매 가량 인쇄하여 각지에 배포했다. 50매는 성 내 부근에서 내가 각 조선인에게 배부하고, 잔부(殘部)는 최정식이 지방에 배부했다. 나는 제주 성 내와 신우면 부근에서 김창규에게서 전해들은 취지에 따라 회원이 될 것을 권하고 100원을 모았다.'는 내용의 기재.

1. 동 경찰서에서 남장로파 목사 김창국(金昌國)에 대한 신문조서 중,

'조봉호는 나에게 임시정부는 상해에 건립되어 독립운동을 하고 있으므로, 우리들 조선인이 이를 원조하기 위하여 돈을 내지 않을 수 없다고 하므로 나는 신도들에게 그 말을 했다. 그리고 동인은 내게 신도들에게서 돈을 모아달라고 했으므로 7월 중 신도들에게서 돈을 모았다.'는 내용의 기재.

1. 동 경찰서에서 이도종에 대한 신문조서 중,

'올해 7월 초순, 나는 제주 성내에 와서 길가에서 조봉호를 만나 동인은 나에게 조선은 독립하게 되어 비용이 필요하므로 조선인은 누구를 불문하고 각 2원씩 돈을 내야 한다고 말했다.'는 내용의 기재.

1. 동 경찰서에서 김창언(金昌彦)에 대한 신문조서 중,

'올해 5월경, 조봉호는 우리 집에 와서 금번 조선독립을 계획하고 독립희생 회라

는 것을 조직했는데, 그 회에 가입하는 자는 회비로써 2원을 내게 되어 있다고 말하고, 선포문 기타 인쇄물 3매를 받은 일이 있다는 내용의 기재.

1. 동 경찰서에서 홍기담(洪其琰)에 대한 신문조서 중,

'올해 5월 하순 삼도리 최정식의 집에 갔더니 최정식, 조봉호, 김창규는 등사판으로 인쇄를 하고 있었다. 인쇄한 것은 조선독립에 관한 것으로 차압한 선포문, 통신사항, 해외 통신이라는 제목의 문서였다는 내용의 기재.

1. 본원 공정에서 피고 최정식이,

'올해 5월 중 김창규가 선포문, 해외 통신 사항이라는 제목의 문서를 지참했다. 우리 집에서 나는 등사판을 사용하여 상기 문서 각 50매씩 인쇄하여 그달 중 이를 신좌면, 구우면, 정의면, 동중면의 각 면사무소에 배부했다는 내용의 공술.

1. 판시에 적합 하는 취지가 기재되어 있는 증제5호 선포문, 증제6호 해외 통신과 제반사항, 증제7호 통신 사항의 존재.

이것을 법률에 비추어보니

피고 최정식, 조봉호가 허가 없이 국헌을 분란하게 하는 문서를 인쇄한 행위는 융회 3년 법률 제6호, 출판법 제11조 제2항 제1항 제1호에, 이를 반포한 행위는 동법 제1조, 제11조 제1항 제1호에 해당하고, 조선형사 령 제42조에 의하여 형명을 변경하고 인쇄 행위와 반포 행위 사이에는 수단 결과의 관계가 있음으로써 형법 제54조 제1항 후단, 제10조의 의하여 모두 무거운 반포 행위에 대한 형에 따라야 한다.

이 행위로 말미암아 안녕 질서를 방해하기 위하여 선동한 점 및 조봉호가 김창국 기타를 선동한 행위는 대정 8년 제령 제7호 제1조 제2항 제1항에 해당하고, 조봉호에 대하여는 형법 제55조를 적용하고 반포 행위와 제령 위반 행위와는 1개의 행위로 2개의 죄명에 저촉됨으로써 동 제54조 제1항 전단, 제10조에 의하여 무거운 제령 제7호 소정의 형에 따라 피고 최정식을 징역 1년 6월에, 피고 조봉호를 징역 1년에 처하고, 미결구류 일수 30일을 형법 제21조에 의하여 각 본형에 산입해야 한다.

압수한 증 제5호, 동6호, 동7호의 문서는 동 제19조에 의하여 이를 압수하고, 기타 입수물선은 몰수와 관세없으므로 형사소송법 제202조에 따라 제출 인에게 환부하기로 한다.

피고 문창래가 피고 조봉호가 주창하는 조선독립회생회의 취지에 찬동하고 문창숙 기타 사람을 권유하여 출금을 시켜 이를 조봉호에게 교부하여 안녕 질서를 방해했다는 공소 사실은 범죄 증빙이 충분하지 못하므로 형사소송법 제224조에 비추어 무

죄를 언도할 것으로 한다.

전시와 같이 최정식, 조봉호의 불법출판물 반포 행위는 일면에서 안녕 질서를 방해할 것을 선동한 것임에도 불구하고 원판결에서 이를 인정하지 않고, 따라서 제령 제7호를 적용하지 않은 부당함이 있을 뿐 아니라, 압수한 금전은 제령 제7호 위반 행위에 공용하려고 했다는 사실은 이를 인정하기 어려움에도 불구하고 원판결에서는 이를 인정하여 형법 제19조를 적용하여 몰수 언도를 내린 것은 부당하고, 또 피고 문창래는 범죄 증빙이 충분하지 못한데도 불구하고, 원판결에서 그 증빙이 충분하다고 인정하고 유죄 판결을 내린 것은 부당함으로 피고 3명의 공소는 모두 그 이유 있으므로 형사소송법 제261조 제2항에 의하여 주문과 같이 판결한다.

국가기도운동 남장로교 호남 선교 이야기 *18*

제주 4·3 사건 진상조사 보고 결론
제주 4·3 사건 진상 규명 및 희생자 명예회복위원회

　미 군정기에 제주도에서 발생한 제주 4·3 사건은 한국 현대사에서 한국전쟁 다음으로 인명 피해가 극심했던 비극적인 사건이었다. 그럼에도 사건 발생 50년이 지나도록 구체적이고 종합적인 진상 규명이 이루어지지 않아 민원이 그치지 않다가 2000년 1월 12일 제주 4·3 특별법이 제정 공포되면서 비로소 정부 차원의 진상 조사에 착수하게 되었다.

　사건의 배경은 극히 복잡하고 다양한 원인이 착종되어 있어서 하나의 요인으로 설명할 수가 없다. 동북아 요충지라는 지리적 특수성이 있는 제주도는 태평양전쟁 말기 미군의 상륙을 저지하기 위해 일본군 6만여 명이 주둔했던 전략기지로 변했고, 종전 직후에는 일본군 철수와 외지에 나가 있던 제주인 6만여 명의 귀환으로 급격한 인구 변동이 있었다. 광복에 대한 초기의 기대와는 달리 귀환 인구의 실직난, 생필품 부족, 콜레라에 의한 수백 명의 희생, 극심한 흉년 등의 악재가 겹쳤고 미곡정책의 실패, 일제 경찰의 군정 경찰로의 변신, 군정 관리의 모리 행위 등이 큰 사회문제로 부각되었다.

이런 분위기 속에서 1947년 3·1절 발포 사건이 터져 민심을 더욱 악화시켰다. 3·1절 발포 사건은 경찰이 시위 군중에게 발포해 6명 사망, 8명 중상을 입힌 사건으로, 희생자 대부분이 구경하던 일반 주민이었던 것으로 판명되었다. 바로 이 사건이 4·3 사건을 촉발하는 도화선이 되었다. 이때 남로당 제주도당은 조직적인 반경 활동을 전개했다. 경찰 발포에 항의한 '3·10 총파업'은 관공서, 민간기업 등 제주도 전체의 직장 95% 이상이 참여한, 한국에서는 유례가 없는 민관 합동 총파업이었다.

사태를 중히 여긴 미 군정은 조사단을 제주에 파견해 이 총파업이 경찰 발포에 대한 도민들의 반감과 이를 증폭시킨 남로당의 선동에 있다고 분석했다. 그러나 사후 처리는 '경찰의 발포'보다는 '남로당 선동'에 비중을 두고 강공 정책을 추진했다. 도지사를 비롯한 군경 수뇌부들이 전원 외지사람들로 교체되었고, 응원 경찰과 서청단원들이 대거 제주에 내려가 파업 주모자 검거 작전을 전개했다. 검속 한 달 만에 500여 명이 체포되었고, '4·3' 발발 직전까지 1년 동안 2,500여 명이 구금되었다.

테러와 고문이 잇달았다. 1948년 3월에는 일선 지서에서 잇따라 3건의 고문 치사 사건이 발생했다. 제주 사회는 금방 폭발할 것 같은 위기 상황으로 변해 갔다. 이때 남로당 제주도당은 조직 노출로 위기 상황을 맞고 있었다. 수세에 몰린 남로당 제주도당 신진세력들은 군정 당국에 등 돌린 민심을 이용해 두 가지 목적, 곧 하나는 조직의 수호와 방어의 수단으로써, 다른 하나는 당면한 단독 선거와 단독 정부를 반대하는 구국투쟁으로써 무장 투쟁을 결정했다.

  1948년 4월 3일 새벽 2시, 350명의 무장대가 12개 지서와 우익단체들을 공격하면서 무장봉기가 시작되었다. 이들 무장대는 경찰과 서청의 탄압, 단독 선거, 단독 정부 반대, 통일정부 수립 촉구 등을 슬로건으로 내걸었다. 미 군정은 초기에 이를 '치안 상황'으로 간주, 경찰력과 서청의 증파를 통해 사태를 막고자 했다. 그러나 사태가 수습되지 않자 주한 미군사령관 하지 중장과 군정장관 딘 소장은 경비대에 진압 작전 출동 명령을 내렸다. 한편 9연대장 김익렬 중령은 무장대 측 김달삼과의 '4·28 협상'을 통해 평화적인 사태 해결에 합의했다. 그러나 이 평화 협상은 우익 청년단체에 의한 '오라리 방화사건' 등으로 깨졌다.

  미 군정은 제20연대장 브라운 대령과 24군단 작전참모 슈 중령의 제주 파견, 경비대 제9연대장 교체 등을 통해 5·10 선거를 성공적으로 추진하려고 노력했다. 그러나 5월 10일 실시된 총선거에서 전국 200개 선거구 중 제주도 2개 선거구만이 투표수 과반수 미달로 무효 처리되었다. 그러자 미 군정은 브라운 대령을 제주지구 최고 사령관으로 임명, 강도 높은 진압 작전을 전개하며 6월 23일 재선거를 실시하려고 시도했으나 실패했다. 5월 20일에는 경비대원 41명이 탈영해 무장대 측에 가담하는 사건이 생겼고, 6월 18일 신임 연대장 박진경 대령이 부하대원에 의해 암살당한 사건이 발생해 충격을 주었다.

그 이후 제주 사태는 한때 소강 국면을 맞았다. 무장대는 김달삼 등 지도부의 '해주대회' 참가 등으로 조직 재편의 과정을 겪었다. 군경 토벌대는 정부 수립 과정을 거치면서 느슨한 진압 작전을 전개했다.

그러나 소강 상태는 잠시뿐이었다. 남한에 대한민국이 수립되고 북쪽에 또 다른 정권이 세워짐에 따라 이제 제주도 사태는 단순한 지역 문제를 뛰어넘어 정권의 정통성에 대한 도전으로 인식되었다. 이승만 정부는 10월 11일 제주도 경비 사령부를 설치하고 본토의 군 병력을 제주에 증파시켰다. 그런데 이때 제주에 파견하려던 여수의 14연대가 반기를 들고 일어남으로써 걷잡을 수 없는 소용돌이에 휘말리게 된다.

11월 17일 제주도에 계엄령이 선포되었다. 이에 앞서 송요찬 연대장은 해안선으로부터 5km 이상 들어간 중산간 지대를 통행하는 자는 폭도배로 간주해 총살하겠다는 포고문을 발표했다. 이때부터 중산간 마을을 초토화시킨 대대적인 강경 진압 작전이 전개되었다. 이와

제주 4·3 희생자 북촌리 주민 명단

관련해 미군 정보 보고서는 '9연대는 중산간 지대에 위치한 마을의 모든 주민들이 명백히 게릴라 부대에 도움과 편의를 제공하고 있다는 가정 아래 마을 주민에 대한 대량 학살 계획(Program of mass slaughter)을 채택했다'고 적고 있다.

계엄령 선포 이후 중산간 마을 주민들이 많은 피해를 입었다. 중산간 지대에서뿐만 아니라 해안변 마을에 소개한 주민들까지도 무장대에 협조했다는 이유로 죽임을 당했다. 그 결과 목숨을

제주 4·3 희생자 북촌리 위령비

부지하게 위해 입산하는 피난민이 더 늘었고, 이들은 추운 겨울을 한라산 속에서 숨어 다니며 잡히면 사살되거나 형무소 등지로 보내졌다. 심지어 진압 군경은 가족 중에 한 사람이라도 없으면 '도피자 가족'으로 분류, 그 부모나 형제를 대신 죽이는 '대살'을 자행하였다.

12월 말 진압부대가 9연대에서 2연대로 교체되었지만 함병선 연대장의 2연대도 강경 진압을 계속하였다. 재판 절차도 없이 주민들이 집단으로 사살되었다. 가장 피해가 많았던 '북촌 사건'도 2연대에 의해 사행되었다. 1949년 3월 제주도 지구 전투사령부가 설치되면서 진압 선무 병용 작전이 전개되었다. 신임 유재흥 사령관은 한라산에 피신해 있던 사람들이 귀순하면 모두 용서하겠다는 사면 정책을 발표했다. 이때 많은 주민들이 하산하였다. 1949년 5월 재선거가 성공리에 치러졌다. 그해 무장대 총책 이덕구의 사살로 무장대는 사실상 궤멸되었다.

그러나 한국전쟁이 발발하면서 또다시 비극이 찾아왔다. 보도연맹

가입자, 요시찰자 및 입산자 가족들이 대거 예비 검속되어 죽음을 당하였다. 또 전국 각지 형무소에 수감되었던 4·3 사건 관련자들도 즉결 처분되었다. 예비 검속으로 인한 희생자와 형무소 재소자 희생자는 3,000여 명에 이른 것으로 추정된다. 유족들은 아직도 그 시신을 대부분 찾지 못하고 있다. 잔여 무장대들의 공세도 있었으나 그 세력은 미미하였다.

1954년 9월 21일 한라산 금족 지역이 전면 개방되었다. 이로써 1947년 3·1절 발포사건과 1948년 4·3 무장봉기로 촉발되었던 제주 4·3 사건은 실로 7년 7개월 만에 막을 내리게 되었다.

따라서 제주 4·3 사건은 '1947년 3월 1일 경찰의 발포 사건을 기점으로 하여 경찰, 서청의 탄압에 대한 저항과 단독 선거와 단독 정부 수립 반대를 기치로 1948년 4월 3일 남로당 제주도당 무장대가 무장봉기한 이래, 1954년 9월 21일 한라산 금족 지역이 전면 개방될 때까지 제주도에서 발생한 무장대와 토벌대 간의 무력 충돌과, 토벌대의 진압과정에서 수많은 주민들이 희생당한 사건'이라고 정의할 수 있다.

이번 진상조사 과정에서 쟁점이 되는 다음의 사항들이 집중적으로 조사되었다.

• 발발 원인은 복합적인 요인이 작용했다. 우선 1947년 3·1절 발포 사건을 계기로 제주 사회에 긴장 상황이 있었고, 그 이후 외지 도지사에 의한 편향적 행정 집행과 경찰·서청에 의한 검거와 테러, 고문 치사 사건 등이 있었다. 조직의 노출로 수세에 몰린 남로당 제주도당

이 이런 긴장 상황을 5·10 단독 선거 반대 투쟁에 접목시켜 지서 등을 습격한 것이 4·3 무장봉기의 시발이라고 할 수 있다.

• 무장대는 남로당 중앙당의 직접적인 지시가 있었다는 자료는 발견되지 않았다. 그런데 남로당 제주도당을 중심으로 한 무장대가 군·경을 비롯하여 선거관리요원들과 경찰 가족 등 민간인을 살해한 점은 분명한 과오이다. 그리고 김달삼 등 무장대 지도부가 1948년 8월 해주대회에 참석해 인민민주주의 정권 수립을 지지함으로써 유혈사태를 가속화시키는 계기를 제공했다고 판단된다.

• 무장대는 남로당 제주도당 군사부 산하 조직으로서 정예부대인 유격대와 이를 보조하는 자위대, 특공대 등으로 편성되었다. 4월 3일 동원된 인원은 350명으로 추정된다. 4·3 사건 전 기간에 걸쳐 무장세력은 500명 선을 넘지 않았던 것으로 판단된다. 무기는 4월 3일 소총 30정으로부터 시작해 지서 습격과 경비대원 입산 사건들을 통해 보강되었다.

• 4·3 사건에 의한 사망, 실종 등 희생자 숫자를 명백히 산출하는 것은 매우 어렵다. 본 위원회에 신고된 희생자 수는 14,028명이다. 그러나 이 숫자를 4·3 사건 전체 희생자로 판단힐 수는 없다. 이직도 신고하지 않았거나 미확인 희생자가 많기 때문이다. 본 조사에서는 여러 자료와 인구 변동 통계 등을 감안해 잠정적으로 4·3 사건 인명 피해를 25,000-30,000명으로 추정했다. 1950년 4월 김용하 제주도지

사가 밝힌 27,719명과 한국전쟁 이후 발생한 예비검속 및 형무소 재소자 희생 3,000명도 감안한 숫자이나 향후 더욱 정밀한 검증작업이 필요하다고 판단된다.

- 본 위원회에 신고된 희생자의 가해별 통계는 토벌대 78.1%(10,955명), 무장대 12.6%(1,764명), 공란 9%(1,266명) 등으로 나타났다. 가해 표시를 하지 않은 공란을 제외해서 토벌대와 무장대와의 비율로만 산출하면 86.1%와 13.9%로 대비된다. 이 통계는 토벌대에 의해 80% 이상이 사망했다는 미군 보고서와 그 맥을 같이하고 있다. 특히 10세 이하 어린이(5.8%, 814명)와 61세 이상 노인(6.1%, 860명)이 전체 희생자의 11.9%를 차지하고 있고, 여성의 희생(21.3%, 2,985명)이 컸다는 점에서 남녀노소 가리지 않은 과도한 진압 작전이 전개되었음을 알 수 있다.

- 제주도 진압 작전에서 전사한 군인은 180명 내외로 추정된다. 또 경찰 전사자는 140명으로 파악되고 있다. 4·3 사건 당시 희생된 서청, 대청, 민보단 등 우익단체원들은 '국가유공자'로 정부의 보훈 대상이 되고 있다. 보훈처에 등록된 4·3 사건 관련 민간인 국가 유공자는 모두 639명이다.

- 서청단원들은 4·3 발발 이전에 500-700명이 제주에 들어와 도민들과 잦은 마찰을 빚었고, 그들의 과도한 행동이 4·3 발발의 한 요인으로 거론되었다. 4·3 발발 직후에는 500명이, 1948년 말에는 1,000명 가량이 제주에서 경찰이나 군인 복장을 입고 진압 활동을 벌였

다. 제주도청 총무국장 고문 치사도 서청에 의해 자행되었다. 서청의 제주 파견은 이승만 대통령과 미군이 후원했음을 입증하는 문헌과 증언이 있다.

• 1948년 11월부터 제9연대에 의해 중산간 마을을 초토화시킨 강경 진압 작전은 가장 비극적인 사태를 초래하였다. 강경 진압 작전으로 중산간 마을 95% 이상이 불타 없어졌고 많은 인명이 희생되었다. 4·3 사건으로 가옥 39,385채 등이 소실되었는데, 대부분 이때 방화되었다. 결국 이 강경 진압 작전은 생활의 터전을 잃은 중산간 마을 주민 2만 명 가량을 산으로 내모는 결과를 빚었다. 이 무렵 무장대의 습격으로 민가가 불타고 민간인들이 희생되는 사건도 있었는데, 대표적인 피해 마을은 세화, 성읍, 남원으로 주민이 30-50명씩 희생되었다.

• 9연대에 이어 제주에 들어온 2연대도 공개적인 재판 절차도 거치지 않은 채 즉결 처분을 하기는 마찬가지였다. 대표적인 집단 총살 사건인 '북촌 사건'은 2연대 군인들이 남녀노소 가리지 않고 한 마을 주민 400명 가량을 총살한 사건이다. 위원회에 신고된 사료에 의하면 100명 이상 희생된 마을이 45개소에 이른다.

• 1948년 12월(8/1명)과 1949년 6월(1,659명) 등 모두 두 차례 2,530명을 대상으로 실시했다는 '4·3 사건 군법회의'는 다각적인 조사 결과 재판서, 공판조서 등 기록이 발견되지 않은 점, 재판이 없었거나 형무소에 가서야 형량이 통보되는 등 형식적인 절차에 불과했다는 관

계자들의 증언, 하루에 수백 명씩 심리 없이 처리하고 사흘 안에 345명을 사형 선고했다는데 이런 사실이 국내 언론에 전혀 보도되지 않은 점, 그 시신들이 암매장된 점, 당시 제반 정황을 볼 때 법률이 정한 정상적인 절차를 밟지 않았다고 판단된다.

• 1948년 11월 17일 선포되어 그해 12월 31일 해제된 '4·3 계엄령'에 대해서는, 계엄법이 제정되기 이전에 법적 근거 없이 발효되었기 때문에 불법이라는 측과 일제 계엄령이 계속 효력을 갖고 있기에 적법하다는 측의 다툼이 있다. 여기서는 계엄의 법적 근거 여부를 떠나서 제주도에서의 계엄령 집행이 법의 테두리를 벗어나 이탈했음을 지적하고자 한다. 계엄령 하에서 재판 절차 없이 즉결 처분이 빈번하게 진행되었기 때문이다. 특히 당시 군지휘관들조차 계엄령을 잘 알지 못했는데, 심지어 계엄령 해제 후인 1949년 제주 작전에 참여한 2연대 대대장이나 독립대대 대대장은 그때까지도 계엄령이 지속된 것으로 알고 있었다고 증언하고 있다.

• 집단 인명 피해 지휘 체계를 볼 때 중산간 마을 초토화 등의 강경 작전을 폈던 9연대장과 2연대장에게 1차 책임을 물을 수밖에 없다. 이 두 연대장이 작전 기간인 1948년 10월부터 1949년 3월까지 6개월 동안에 전체 희생 80% 이상을 발생시켰기 때문이다. 그러나 최종 책임은 이승만 대통령에게 돌아갈 수밖에 없다. 이승만 대통령은 계엄령을 선포하고 1949년 1월 국무회의에서 "미국 측에서 한국의 중요성을 인식하고 많은 동정을 표하나 제주도 전남 사건의 여파를 완전

히 발본색원하여야 그들의 원조는 적극화할 것이며 지방 토색, 반도 및 절도 등 악당을 가혹한 방법으로 탄압하여 법의 존엄을 표시할 것이 요청된다"라고 발언하며 강경 작전을 지시한 사실이 이번 조사에서 밝혀졌다.

• 4·3 사건의 발발과 진압 과정에서 미 군정과 주한 미군사 고문단도 자유로울 수 없다. 이 사건이 미 군정하에서 시작되었으며 미군 대령이 제주 지구 사령관으로 직접 진압 작전을 지휘했다. 미군은 대한민국 수립 이후에도 한미 간의 군사협정에 의해 한국군 작전 통제권을 계속 보유하였고, 제주 진압 작전에 무기와 정찰기 등을 지원하였다. 특히 중산간 마을을 초토화시켰던 9연대의 작전을 '성공한 작전'으로 높이 평가하는 한편, 군사 고문단 로버츠 준장이 송요찬 연대장의 활동상을 대통령의 성명 등을 통해 널리 알리도록 한국 정부에 요청한 기록도 있다.

• 연좌제에 의한 피해도 극심하였다. 죄의 유무에 관계없이 4·3 사건 때 군경 토벌대에 의해 죽임을 당했다는 그 이유 하나만으로 희생자의 가족들은 연좌제에 의해 감시당하고 사회 활동에 제약을 받았다. 제주 공동체에 엄청난 상처를 주었던 4·3의 상흔들이 그 유족들에게까지 대물림된 것이다. 제주도민들과 유족들은 법적 근거도 없는 연좌제로 인하여 레드 컴플렉스에 시달렸다. 1981년 연좌제가 폐지되면서 그 굴레에서 벗어났지만 유족들이 당하는 정신적 고통은 아직도 계속되고 있다.

• 1948년 제노사이드(genocide, 집단 학살) 범죄의 방지와 처벌에 관한 국제협약에서, 제노사이드는 유엔의 정신과 목적에 위배되고 문명세계에 의해서 단죄되어야 하는 국제법상 범죄임을 명시했다. 1949년 제네바 협정은 전시에서도 민간인에 대해서 ▶고의적인 살인 ▶고문 등 비인간적인 행위 ▶고의적인 괴롭힘이나 신체 상해 ▶군사적 목적으로 정당화될 수 없는 대량 파괴와 약탈 등을 금하도록 규정했다. 더 나아가 모든 재판상의 보장을 부여하는 재판에 의하지 않은 판결 및 형의 집행을 인정할 수 없다고 명시했다. 따라서 1948년 제주에서는 이런 국제법이 요구하는 문명사회의 기본 원칙이 무시되었다고 할 수 있다. 특히 법을 지켜야 할 국가 공권력이 법을 어기면서 민간인들을 살상하기도 했다. 토벌대가 재판 절차 없이 비무장 민간인들을 살상한 점, 특히 어린이와 노인까지도 살해한 점은 중대한 인권 유린이며 과오이다. 결론적으로 제주도는 냉전의 최대 희생지였다고 판단된다. 바로 이 점이 4·3 사건의 진상 규명을 50년 동안 억제해 온 요인이 되기도 했다.

이 보고서는 다각적인 노력에도 불구하고 4·3 사건의 전체 모습을 드러냈다고 볼 수 없다. 경찰 등 주요 기관의 관련 문서 폐기와 군 지휘관의 증언 거부, 미국 비밀문서 입수 실패 등이 아쉬움으로 남는다. 정부는 이 불행한 사건을 기억하고 교훈을 삼아 다시는 이러한 비극이 일어나지 않도록 노력해야 할 것이다. 특히 국가 공권력에 의해 피해를 입은 희생자와 그 유족을 위로하고 적절한 명예 회복 조치를 취할 것을 기대한다.

국가기도운동 남장로교 호남 선교 이야기 20

제주 4·3 이야기

2003년 10월의 마지막 날, 마침내 정부는 4·3 영령들 앞에 머리를 숙였다. 4·3으로 엄청난 고통을 당한 제주도민과 유족들의 마음에 차갑게 덮여 있던 살얼음이 비로소 조금은 풀리는 날이었다.

"저는 국정을 책임지고 있는 대통령으로서 과거 국가 권력의 질못에 대해 유족과 제주도민 여러분에게 진심으로 사과와 위로의 말씀을 드립니다."

노무현 대통령이 4·3 당시 국가 권력에 의해 대규모 희생이 이뤄졌다는 것을 인정하고 제주도민에게 공식 사과한 것이다. 해방 이후 우리나라 과거사에 대해 대통령이 사과한 것은 처음 있는 일이었다. 대통령은 2006년에 열린 제58주년 4·3 위령제 추도사에서도 그랬다.

"국가 권력은 어떠한 경우에도 합법적으로 행사되어야 하고 일탈에 대한 책임은 특별히 무겁게 다뤄져야 합니다. 또한 용서와 화해를 말하기 전에 억울하게 고통받은 분들의 상처를 치유하고 명예를 회복해 주어야 합니다. 이것은 국가가 해야 할 최소한의 도리입니다. 그랬을 때 국가 권력에 대한 국민의 신뢰도 확보되고 상생과 통합을 말할 수 있을 것입니다."

이것은 한국 현대사의 어두운 과거를 청산하며 역사의 한 페이지를 열어 놓은, 60년 가까이 제주도민들을 옭아매어 온 '이념의 굴레'에서 해방시킨 대사건으로 역사에 기록되었다. 대통령의 사과는 한국전쟁 전후 민간인 학살사건 등 과거 국가 권력이 가행한 폭력의 실상을 밝혀내고 왜곡된 역사를 바로잡기 위한 길을 터놓았다는 큰 의미를 지닌 것이었다.

이 감동은 제주도민의 힘으로만 얻어진 것이 아님을 알아야 한다. 진실 찾기, 그것은 바로 인류가 그토록 갈구하던 기본적인 가치 인간의 존엄성 생명과 평화를 찾기 위한 대장정이었으므로 어떻게 거쳐 온 여정이었는지 한번 돌아보자.

그 길의 출발점은 한국전쟁과 이승만 독재체제 아래서 신음하던 민중의 울분이 분출되었던 1960년의 4·19 혁명이었다. 한라산 금족령이 해제된 지 6년만의 일이었다. 이때 4·3도 조금씩 말문을 트기

제주 4·3 사건 진상 규명 동지회

시작했다.

"법의 절차도 없이 어떻게 사람들이 집단학살을 당할 수 있느냐?" 며 제주 대학생 7명(고순화, 고시흥, 박경구, 양기혁, 이문교, 채만화, 황대정) 도 이때 4·3 사건 진상 규명 동지회를 결성해 현장 조사에 나섰다가 구금당하기도 했다. 모슬포에서는 진상 조사를 촉구하는 궐기대회가 열렸고, 1960년 6월 21일 재경 제주 학우회는 국회 앞에서 4·3 진상 규명을 촉구하는 시위를 벌였다.

서울과 제주도의 대학생을 망라한 제주도민 학살사건 진상규명대책위를 조직하는 등 열기가 뜨거워졌다. 하지만 기대했던 그해 국회 양민 학살 사건 조사단의 제주 현장 조사는 단 하루 만에 반짝 행사로 끝나 버렸다. 특히 다음해 터진 5·16 군사 쿠데타로 인해 제주 4·3은 또다시 금기의 언어가 되고 말았다. 국가보안법과 연좌제를 들고 나온 군사정권은 제주 사람들을 반공의 이름 아래 족쇄를 채웠고, 4·3을 남로당 세력이 대한민국의 건국을 방해하기 위하여 일으킨 폭동 사건으로 국정 교과서에서 가르치도록 했다.

제주말로 '속솜허라이'(조용히 하라). 우리 교육의 현대사 대목에서 4·3은 한 줄짜리 '폭동'이었다. 그러나 진실과 인권에 대한 열망은 사그라지지 않고 들불처럼 타올랐다. 그것이 1987년 6월 항쟁이었다. 이는 정치권에서 4·3을 주목하는 분수령이 되었고, 4·3의 진실을 향한 온 도민의 비원에 힘을 실어 주었다. 이후 4·3 문제 해결은 너 나 없이 선거의 단골 공약이 되었으며 소설과 시, 마당극, 노래, 그림도 그 아픈 영혼들에 꽃을 던졌다.

1988년 광주 5·18 청문회를 자신의 아픔처럼 지켜보던 4·3 체험자들과 유족들은 마침내 용기를 냈다. 마치 목에 걸린 가시 같던 그 기억을 꺼냈다. 명예 회복을 위해 기꺼이 자신의 상처난 몸을 열어 보이기 시작했다. 이러한 바람을 타고 1989년 민간단체인 4·3 연구소가 발족돼 4·3 진상 규명 운동에 한 획을 긋는 많은 연구물을 쏟아내기 시작했다. 정부의 '4·3 특별법'은 이름 없는 묘비처럼 어둠에 묻혀 있던 무고한 죽음에 대한 하나의 위무였다. 1989년 시민단체가 주축이 된 '제1회 4·3 추모제'가 열렸다. 억울한 원혼들을 위로하는 예술작품이 형상화되어 나왔다.

언론의 끈질긴 진상 규명도 있었다. 지역 언론인 〈제민일보〉는 장장 10여 년을 그 어둠의 터널을 뚫어가며 매몰된 기억을 살려냈다. 살아남은 자들의 말문을 열게 했던 《4·3은 말한다》(전 5권)를 통해 그 왜곡된 진상을 끈질기게 바로잡아 갔다. 지역 방송 또한 10년 동안 4·3의 진실과 대면할 것을 촉구했다.

진실 찾기 운동이 더욱 불이 붙었던 1990년대 제주도 의회는 '4·3 특별위원회'를 설치해 피해자 신고를 받아 '4·3 피해 조사 보고서'를 내놓았고, 서울에서도 제주 4·3 진상 규명 운동을 벌여 나갔다. 일본에서도 온갖 어려움을 극복하고 제주 출신 재일 동포가 주축이 되어 도쿄에서는 '4·3을 생각하는 모임'이 생겨났고, '오사카 4·3 유족회'가 결성되어 해마다 4·3 추모제를 열고 있다.

물론 이 과정에서도 4·3을 왜곡하고 진실을 가로막는 암초와 맞서는 우여곡절을 겪었고 그것을 넘어야 했다. 이미 훨씬 이전의 역사부터 제주 민중은 저항하는 힘이 있었고 좌절하다가도 언젠가는 다시 일어나는 존재였다고 생각한다. 4·3의 진상 규명에 대한 제주도민의 열망을 막을 수 없었던 것이다.

20세기의 끄트머리의 1999년 12월 16일은 역사 전환의 날이었다. '제주 4·3 사건 진상 규명 및 희생자 명예 회복에 관한 특별법'(4·3 특별법)이 통과되면서 한국 현대사를 다시 쓰게 된 것이다. "그날의 눈물을 잊을 수 없구나. 이제는 마음 놓고 울 수 있느냐?" 하며 울먹이던 그들, 광풍의 시절을 살아낸 사람들, "이제야 숨을 쉬고 살 수 있구나" 했다던 여인, 남편이 산에서 죽었다고 죄인처럼 낯을 들지 못하고 살았나는 할머니, 쿵쾅 하는 소리만 나도 심징이 벌떡거렸다는 그들은, 자신들이 겪었던 엄청난 상처에 대하여 입을 열려고 하지 않았던, 겁에 질려 비명조차 못 내던 사람들이었다. 그로부터 4년 후 2003년 10월 '제주 4·3 사건 진상 규명 및 희생자 명예 회복 위원회'

(위원장 국무총리)는 '제주 4·3 사건 진상 조사 보고서'를 세상에 내놓을 수 있었다.

4·3 특별법의 취지대로 과거 인권 유린의 실태를 낱낱이 드러낸 이 진상 보고서는 위원회가 4년여에 걸쳐 일궈낸 방대한 진실 규명의 결실이었으며, 역사 바로 세우기의 기념비적인 일이었다. 오늘 이 이야기 역시 이 보고서를 근거로 했음을 밝힌다. 그리고 아직도 산 자들의 진실 캐기 작업은 계속되고 있다. 4·3 평화 재단에서는 2010년 4월부터 4·3 추가 진상 조사 사업단이 꾸려져 산 자들의 마을을 찾아 마지막 한 잎의 증언도 모아내고 있다.

4·3 평화기념관의 백비

2008년 3월 쌀쌀했던 이른 봄 제주시 봉개동 거친오름 자락 아래 역사적인 기념관이 문을 열었다. '제주 4·3 평화 기념관'이다. 분열과 갈등의 시대를 접고 제주를 화해와 상생의 터전이자 동북아 시대 진정한 평화와 인권의 성지로 자리매김하기 위해서다. 4·3 평화 기념관 안으로 들어서면 아직도 4·3의 이름을 제대로 새기지 못해 하얀 비석, 그대로 누워 있는 백비를 만나게 된다. 거기에는 "언젠가 이 비에 4·3의 이름을 새기고 일으켜 세우리라"고 적혀 있다. 결국은 가파른 분단의 시대를 넘어서 진정한 통일의 그날 새 이름을 새길 수 있을 것이다.

군사 재판과 일반 재판에 의해 육지 형무소에서 행방불명되고, 한국전쟁 시기에 예비 검속되고 행방불명되었으며 그리고 토벌대의 진압 작전과 충돌 과정에서 무수한 도민들이 제주 들판에서 희생됐으나 시신을 찾지 못한 경우가 허다했다. 4·3 당시 희생된 분들 중에 4·3 희생자로 신고된 13,903명의 이름이 각각 새겨진 '각명비'를 2009년 제주 4·3 제61주년에 공개하자 유족들은 다시 한 번 비를 쓰다듬으며 흐느꼈다.

같은 해 10월 27일 안개가 자욱한 날 새벽, 제주 4·3 평화공원에 또다시 주름 깊은 얼굴의 유족들의 오열이 터져 나왔다. 어둡고 막막했던 4·3 당시 고향을 떠나 다시는 돌아오지 못했던 아들과 시아버지와 남편과 동생들의 묘비가 세워졌다. 행방불명된 희생자의 제단을 봉행하는 날이었다. 정성껏 제물을 준비해온 유족들의 눈물이 땅을 적셨다. 그렇게 돌아오지 않은 자식을, 남편을 기다리다 백발이 된 이들의 눈은 아직도 지워지지 않는 기억의 바다를 건너고 있었다.

4·3이 발발한 지 66년, 2014년에 마침내 국가가 응답했다. 그동안 제주도민들의 오랜 바람이었다. 4·3 국가 기념일이 제정된 것이다. '4·3 희생자 추념일'이 공식 이름이나. 역사가 흘러온 만큼 기다려 왔던 4·3이었다. 4·3 국가 기념일은 4·3 특별법이 정한, 4·3 해결을 위한 새로운 의미다. 서로가 서로를 위로하고 살리기 위한 4·3의 부활이 시작됐다. 이 추념일의 제정은 무엇보다 억울하게 희생된 이들의 명예 회복이란 점에서 큰 의미가 있다. 하지만 이 땅에 사는 사람들은 아직도 국가 공권력에 의해 큰 희생이 벌어졌던 이 역사를 너무도 모른다.

한국 현대사에서 제주는 핍박받은 당사자였다. 이 때문에 길고 긴 외세의 파고를 타고 넘어오면서 섬 사람들이 유산처럼 물려받았던 것은 자연에 순응하고 외압에 저항하는 정신이었다. 그러면서도 고결하게 지켜온 것은 아름다운 섬 공동체였다. 함께 힘을 모으고 스스로를 키우는 것, 그것은 어떤 어려움도 한꺼번에 극복할 수 있게 하는 동력이었으며 생존 방식이었다.

지금 우리는 통일시대의 길을 열고 있다. 4·3의 저항정신은 봄날 아지랑이처럼 스멀거리는 옛 흉터를 딛고 이 시대 이 지구상의 유일한 분단국가에서 통일 거름으로 바쳐질 것이라고 믿는다. 4·3은 다시 말하거니와 살아 있는 사람들의 역사다. 과거를 모르고 어떻게 오늘의 나를 찾겠는가? 오늘도 4·3은 너무도 오래 침묵했던 사람들인 우리에게 기억을 일깨운다. 산 자인 우리는 죽을힘을 다해 진실을 파내야 한다. 통일로 가는 도정에서 이제 우리는 기어이 불행했던

제주 4·3 평화공원 전경

과거의 힘으로 평화와 인권의 역사를 다시 써야 할 때가 되었다.

  1947년 3월 1일 꽃샘추위 속에서 한기가 살금살금 뼛속을 파고들었던 날, 하늘은 맑았다. 사람들이 제주북국민학교 운동장으로 밀물처럼 몰려들고 있었다. 3·1절 기념 제28주년 제주도 대회였다. 사람과 사람 사이로 발 디딜 틈이 없었다. 연단 위의 연사가 무슨 말을 하는지도 들리지 않았다. 그렇게 많은 사람이 모여든 광경은 처음 보는 것이었다. 이 허가 받은 집회에 모여든 사람은 대략 2만 5천 명에서 3만 명이라고 했다. 그때 제주 사람이 23만여 명이었으니 10분의 1이 넘는 제주 사람이 모인 셈이었다. 제주읍은 물론 애월면, 조천면 등지에서 걸어서 온 학생과 주민도 많았다.
  어떻게 이 많은 군중들이 모였을까? 3·1절 행사 준비위원회는 각 면단위로 기념식을 갖되 제주읍 애월면, 조천면 지역민은 제주북국민학교에서 함께 모여서 대대적인 기념식을 갖자는 계획을 세우고 독려하여 모인 것이다. 이 기념식에서 3·1절 기념행사 준비위원장 안세훈은 "3·1 정신을 계승하여 외세를 물리치고 조국의 자주 통일 민수국가를 세우자!"라고 외쳤다. 이어 각계 대표들이 나와 발언하면서 대회는 후끈 달아올랐다. 이날 집회 후 행진은 군정당국의 반대로 허가 받지는 않았으나 평화로웠다. 이날 미 군정이 서둘러 내려보낸 충남·북 응원 경찰 100명과 제주 경찰 330명이 만일의 사태를 대비하고 있었다.

  그때였다. 말을 탄 경관의 말발굽에 한 어린아이가 채어 쓰러진 것은 시위 대열이 관덕정 광장을 벗어난 시점인 오후 2시 45분께였다. 그런데도 기마 경관은 마치 아무 일 없다는 듯이 유유히 가려고 했다. 성난 군중은 "저놈 잡아라" 하면서 쫓아갔고 당황한 경관은 군중에 쫓기며 관덕정 옆 경찰서 쪽으로 말을 몰았다. 바로 그 순간 '팡팡' 몇 발의 총성이 하늘을 찢었다. 총소리에 놀란 군중은 와당와당 동요하기 시작했다. 총소리는 관덕정 앞에 배치했던 무장 경관과 경찰서 내 꼭대기 망루 위 어딘가로부터 일제히 울려 퍼졌다.

관덕정이 날아갈 듯한 총성과 함께 구경하던 6명의 주민이 외마디 비명과 함께 그 자리에서 쓰러졌고 8명은 중상을 입었다. 이들은 제주 4·3의 첫 번째 희생자가 되었다. 희생자 가운데는 젖먹이를 안고 쓰러진 스물한 살의 젊은 어머니 박재옥, 그리고 북국민학교 6학년 허두용은 그때 가장 어린 죽음이었다. 한 달 뒤면 중학생이 될 아이였다. 이날 총성은 단순히 겁을 주려 했던 공포탄이 아니었다. 발포는 위협 수준을 넘어선 것이다. 부검 결과 희생자 1명을 빼고 다른 5명은 모두 등에 총을 맞은 것으로 판명이 났다.

이날 총은 본토에서 온 응원 경찰에 의해서 발포되었고, 희생된 이들은 시위대가 아니라 단순한 관람 군중이었다. 명백한 경찰의 과잉 반응이었다. 군중이 기마 경관을 쫓아 몰려가는 것을 본 경찰이 경찰서를 습격하는 것으로 알고 쏜 것이었다. 그랬다. 제주 4·3의 도화선이라 불리는 '3·1 사건'은 이렇게 시작된 것이다. 관덕정 광장을 울렸던 총성, 그것은 비극의 전주곡이었다. 이때부터 제주사회는 잿빛 급물살로 빨려 들어가기 시작했다.

경찰은 곧바로 통행 금지령을 내렸다. 이날 오후 7시부터 다음 날 오전 6시까지 제주 경찰서장은 경무부에 긴급 지원 요청을 하였었고, 이 사건을 '경찰서 습격 사건'으로 규정하고 사람들의 마음을 수습하려 하기보다 오히려 강경 대응 쪽으로만 몰아가려 했다.

사건이 일어난 바로 그날, 목포 경찰 100명이 아주 발빠르게 제주를 향해 출발하고 있었다. 제주 경찰은 다음날부터 3·1절 기념행사 준비위원회 간부와 학생들을 잡아들였다. 총을 쏜 행위는 애써 외면한 채 경찰은 배후에서 이날 대회를 이끌어 간 행사 관계자들의 선동 부문에만 온갖 관심을 집중하면서 2일 동안 학생 25명을 연행했다. 잡히면 무조건 구타와 고문을 한다는 소문이 바람처럼 횡횡 나돌았다. 경찰은 "시위 군중이 경찰서를 습격할 태세를 보여 불가피하게 발포를 했다"는, 발포가 정당했다는 것을 내세운 성명을 발표했다. 민심은 더 이상 억누를 수 없는 폭발 직전이었다. "3·1 사건 진상을 규명하라!" "3·1 사건 발포 책임자를 처벌하라!" 민중의 목소리는 점점 파도처럼 높아만 갔다.

초기에 인민위원회와 어느 정도 좋은 관계를 유지하던 미 군정 그들의 태도는 3·1 사건을 기점으로 완전히 틀어져 버렸다. 그해 3월은 그렇게 시작되었다. 그날 이후 민중의 분노는 극에 달했다. 이로 인해 엄청난 대비극이 일어날 줄은 아무도 몰랐다.

그로부터 10일 후였다. 1947년 3월 10일, 온 섬이 꽁꽁 문을 닫았다. 주민은 물론 공무원까지 나섰던 총파업! 국내외에서 보기 드문 대규모 민관 총파업이 일어난 것이다. 제주도 사람들은 물일도 밭일도 모두 손을 놓았다. 도내의 156개 기관 단체가 여기에 동참했다. 모든 은행, 교통, 공장, 통신기관, 교육, 식량 배급 등의 업무도 멈춰섰다. 심지어는 미 군정청 통역단, 그리고 구멍가게까지 모두 참여했다. 모든 행정 기관이 일을 놓았다. 도내 각급 학교는 무기한 휴교에 들어갔다. 섬은 마비 상태였다.

도대체 어떻게 이런 총파업까지 가게 되었을까? 3·1 사건 이후 경찰은 발포 사건에 대해 아무런 대책도 세우지 않았다. 가만히 당하고만 있을 것인가? 참다못한 도민들은 "3·1 사건 진상을 규명하라. 발포 책임자를 처벌하라"고 격렬하게 목소리를 높이기 시작했다. 각 단체별로 3·1 사건 대책위원회가 결성되었다. 또 미 군정청과 경찰의 만행을 폭로하며 제주의 언론 〈제주신보사〉 등에서는 희생자 유족 조의금 모금에 돌입, 도민의 동참이 이어졌다.

'왜 3·1절 발포 사건에 대해 군정 당국과 경찰은 납득할 만한 조치를 취하지 않고 있는가?' 제주도청 직원들도 3·1 사건 진상 조사단에 진상 보고를 요청했다. 그러나 한마디로 거부당했다. 분노한 그들은 '발포하는 현장을 목격한 관공리(공무원)로서 방관할 수 없다'며 '제주도청 3·1 대책위원회'를 구성한다.

대책위는 투쟁에 들어가면서 제주도 민정 장관 스타우드 소령과 주한 미군 사령관 하지 중장에게 다음과 같은 요구 사항을 내놓았다. 우선, '경관의 무장을 즉시 해제하고 고문을 즉시 폐지할 것', '발포 책임자 및 발포 경관을 즉각 처벌할 것', '경찰 수뇌부는 책임을 지고 사임할 것', '희생자 유가족의 생활 보장 및 부상자에 대한 충분한 치료비와 위로금을 즉시 지불할 것', '3·1 사건 관련 애국인사를 검속하지 말 것', '일본 경찰의 잔재를 청산할 것' 등 6가지였다. 그러나 이 건의문은 철저히 무시되었다. 사태는 급격하게 소용돌이쳤다.

총파업! 그것은 3월 1일 경찰의 발포와 이에 저항하는 민중의 의사표시였다. 총파업은 평화적이었고 별 탈 없이 진행되었으나 곧 후폭풍이 휘몰아 오고 있었다. 경찰은 눈에 불을 켜고 총파업 주모자를 잡아들이기 시작했다. 청년들은 이리저리 숨어 다녀야 했다. 쫓는 자와 쫓기는 자의 질주가 이어졌다. 우순과 중문, 종달리 등 제주 섬 곳곳에서는 주민과 경찰의 크고 작은 충돌 사건으로 요동쳤다.

이에 앞서 3월 8일, 미 군정은 제주도로 재 조선 미 육군 사령부와 미 군정청으로 구성된 합동 조사단을 내려보냈다. 이렇게 지방에서 일어난 사건에 대해 대규모 중앙 조사단을 급하게 파견한 것은 극히 드문 일이었다. 현역 미군 육군 대령을 책임자로 한 조사단은 당시 목격자들을 참가시킨 가운데 현장 조사를 벌이는 한편 3·1절 기념대회의 집행부에 대해서도 조사를 하고 있었다.

그런데 제주 현지 조사를 하는 도중에 온 섬이 총파업을 선언한 것이다. 조사단은 파업의 원인과 배후까지 조사를 확대하였다. 경찰은 미군 소사난이 내려오고서야 발포 사건에 유감의 뜻을 표했지만 곧이어 벌어진 총파업 사태에 당황하면서 다시 강경 입장으로 방향을 바꿨다.

그렇게 조사를 벌였으나 이때 미 군정 조사단의 결과는 발표되지 않았다. 서울로 돌아간 뒤에도 그들은 아무런 언급을 하지 않았다. 당시 그들은 정보 보고서를 통해 '3·1 사건은 경찰의 발포로 인해 제주도민의 감정이 크게 폭발했다는 것', 또 '남로당이 대중을 선동하고 있다는 것'이라고 요약했다. 여기서 총파업을 바라보는 그들의 시선을 엿볼 수 있을 뿐이다.

미 군정은 사건의 원인을 찾고 문제 해결을 하려는 것보다는 좌익을 몰아내는 일에만 더 힘을 쏟고 있었다. 무엇보다 3·1 사건을 좌익의 배후 조종에 의한 폭동으로 몰아붙였다. '파업하는 것은 결국 조선인에게 영향이 돌아가며 미 군정에는 하등 영향이 없고 조선인 자신에게 해가 된다'는 것이다. 미군 정보 보고서 또한 제주도 총파업에 대해 "좌익의 남한에 대한 조직적인 전술임이 드러났다. 제주도는 인구의 70퍼센트가 좌익 단체 동조자이거나 관련이 있는 좌익 거점으로 알려졌다"라고 했다. 한마디로 제주도를 붉은 사상을 가진 사람들의 땅, '붉은 섬'이라고 간주했던 것이다.

미 군정 조사단이 그렇게 말없이 떠난 다음날, 경찰 총수 조병옥 경무부장이 제주 땅을 밟았다. 총파업을 깨기 위한 해결사로 등장한 조병옥은 도착하자마자 담화문을 발표한다. 그러나 그의 담화문에서는 경찰 총수로서의 해명 혹은 유감의 뜻은 전혀 찾아볼 수가 없었다. 단지 제주도민의 생명과 재산을 보호할 경비상 아주 안전한 대책을 가지고 왔다는 것을 밝혔을 뿐이다. 게다가 그는 3·1 사건을 폭동이라고 규정한다. 파업 중인 제주도청을 방문한 조병옥 경무부장은 이 자리에서 공무원들에게 파업을 중지할 것을 요구하면서 깜짝 놀랄 발언을 한다. "제주도 사람들은 사상적으로 불온하다. 건국에 대해 저해가 된다면 싹 쓸어버릴 수도 있다"라는 말까지 했던 것이다. 조병옥은 한 술 더 떠 경찰의 발포를 정당방위로 규정했다. 더구나 3·1 사건은 북한과 서로 짜고 공모한 사건이라며 제주도를 빨갱이 섬으로 몰아붙였다.

조병옥 경무부장이 제주에 들어온 다음날, 전남 응원 경찰 122명, 전북 응원 경찰 100명이 제주도로 달려왔다. 해방 후 38선을 넘어 남으로 내려온 이북 출신으로 구성된 철저한 반공 청년단체로 서북청년회(서청) 단원들도 대거 날아들었다. 전체 400명이 넘는 응원 경찰, 이들이 전 제주도에 걸쳐 삼엄한 경계망을 편 가운데 '파업 주모자를 검거하라'는 조병옥의 명령에 따라 이틀새 검거한 사람만 200여 명에 이르렀다.

엿새 만에 서울로 돌아간 조병옥 경무부장이 담화문을 발표한다. 어떤 내용인가? 3월 1일 구경꾼에 대한 무차별적인 발포에 대해 "제1지구 경찰서(제주경찰서)에서 발포한 행위는 당시에 존재한 여러 사정으로 보아 치안 유지의 대국에 대한 정당방위"라고 강변하면서 "나만 제주 도립 병원 앞의 2차 발포는 사려 깊지 못한 행위였다"라고 얼버무렸다.

결국 담화문은 3·1 발포가 정당했다는 주장이었다. 미 군정과 경무부장 조병옥 등의 발언은 서서히 제주 섬에 파국이 닥쳐오고 있음을 예고하고 있었다. 총파업은 열흘이 지난 3월 20일을 전후해 잠잠해지기 시작했다. 그러나 파업에 참가했던 도민들이 직장에 복귀했다고 다 끝난 것은 아니었다. 미 군정의 강경 정책으로 인해 총파업으로 검거된 제주도민은 3월 말까지 300명, 4월 10일에는 500명에 달했다. 검거 바람은 셌다. 비좁은 유치장은 차고 넘쳤다. 남로당 제주도당 간부들은 줄줄이 감옥행이었고, 연행된 사람들은 취조 과정에서 심한 고문을 받았으며, 3·1 사건 주모자들은 벌금형을 받거나 징역을 살아야 했다.

미 군정은 3·1 사건이 마무리되어 가자 고위 관리들을 극우 성향의 인물들로 바꾸기 시작했다. 제주도 군정장관과 제주 도지사가 새로 임명되었다. 군정장관에 러셀 베로스 중령, 초대 지사 박경훈, 후임 제주도 지사에 한독당 농림부장 출신의 유해진이 임명되었다. 1947년 4월 서북청년회 단원 7명을 호위대로 이끌고 외지에서 들어온 신임 도지사 유해진, 극우 성향의 그는 마치 적의 소굴에 뛰어든 호랑이처럼 행동했다. 응원 경찰과 서청 단원들은 기세등등하여 활개를 치며 다녔다. '빨갱이를 소탕한다'는 명분 아래 툭하면 수많은 주민들을 괴롭히고 고문했다. 그들은 이 좁은 섬을 순식간에 폭력과 긴장의 섬으로 변모시켰다. '서청'이라면 울던 아이도 눈을 크게 뜨고 숨을 죽일 정도였다. 젊은 여성을 희롱하는 일도 심심찮게 일어났다.

서북 청년회 제주도 본부가 그해 11월에 결성됐다. 서청의 도민에 대한 테러는 더 극성을 부렸다. 도민들의 우익에 대한 시선도 더 날카로웠다. 이러한 서청의 탄압은 도민들로 하여금 강한 반발을 불러왔다. 이것은 머지않은 장래에 무장대의 봉기를 일으키게 한 커다란 원인을 제공한 것이었다. 3·1 사건과 총파업에 이어진 대량 검거 사태로 그야말로 제주도는 '혼돈' 그 자체였다. 제주 섬은 점점 불안의 도가니, 넓게는 동서 냉전의 거대한 검은 그림자에 휩싸이고 있었다.

그렇게 1947년이 저물어 갔다. 해가 바뀌면 희망의 싹이 보일까? 그러나 기대할 수 없는 상황이 계속되었다. 3·1 사건의 파장으로 붙잡힌 청년들이 극한 고문에 시달린다는 말이 섬을 떠돌았다. 그러한 고문의 증거가 곧바로 눈앞에 현실로 나타났다.

다시 섬은 술렁거렸다. 1948년 3월 경찰에 연행됐던 20대 청년 3명이 경찰의 고문으로 숨지는 사건이 일어나면서였다. 조천지서에 연행되었던 김용철, 조천중학교 2학년이었던 그가 유치장에 갇힌 지 이틀 만인 3월 6일에 갑작스레 숨진 것이다. 쇳소리가 날 정도로 모진 매질을 당한 그의 몸은 시커멓게 멍으로 덮여 있었다. 부검 결과 고문 때문이었음이 드러났다.

미 군정의 주목을 받은 이 사건은 방첩대가 직접 부검에 참관하였고, 미 군정 사령부 소속 민간인 변호사가 진상 조사를 위해 파견되기도 하였다. 3일 동안 전 학생과 주민이 모여 장례를 치르고 난 후 민심은 더욱 악화되었다. 많은 학생들의 가슴엔 뜨거운 불꽃이 타오르기 시작했다. 조천중학교 학생들은 분노했고, 분노는 시위로 이어졌다. "학생을 살려내라. 우리도 맞아 죽을 것 아니냐"라고 사인 규명을 요구하며 저항했다. 그렇게 시위는 사나웠다.

이미 1947년에도 조천중학원 교사들이 자꾸 지서로 잡혀가자 책보따리를 들고 지서로 줄줄이 몰려가 돌멩이를 던지며 항거하던 학생들이었다. 도민들의 울분은 기름을 붓기만 하면 금방이라도 타오를 것 같았다. 이미 곪아 있는 것이 건드리기만 하면 곧 터질 태세였다. 미 군정 당국은 사건의 파장을 막아 보려고 고문 치사 사건과 관련된 경찰들을 군정재판에 회부해 징역형에 처했다. 미 군정은 조천지서 경찰관 5명 전원을 구속해 사태를 진정시켜 보려고 했다.

그러나 고문으로 인한 애꿎은 죽음은 여기서 끝난 것이 아니었다. 이 무렵 모슬포 지서에서도 청년 양은하가 경찰의 고문으로 숨지는 사건이 일어났다. 그뿐이랴. 이어 서청과 경찰에 붙잡힌 한림면 금릉리의 청년 박행구도 곤봉과 돌에 맞아 초주검 상태에서 끌려가다가 총살당한 충격적인 사건이 터져 나왔다.

3·1 사건 이후 끔찍한 고문은 그렇게 고개를 들고 있었다. 여기서 도지사 유해진과 서청의 횡포로 제주사회는 더 긴장감 속으로 들어가고 있었다. 도민들의 저항은 갈수록 거세졌다. 결국 미 군정은 3·1 사건 조사에 이어 두 번째로 특별 감찰실의 감찰을 실시한다. 미 군정장관 딘 소장은 특별 감찰실이 원하는 대로 인력의 배치와 현지 조사 등을 명령했다.

미 군정은 군정장관에게 4개항의 건의를 포함한 특별 감찰 보고서를 제출하였다. 그 건의 내용은 이렇다. '유해진 지사를 경질할 것', '제주도 경찰에 대한 경무부의 조사를 실시할 것', '미 경찰 고문관을 제59군정 중대의 임무를 함께 맡을 것', '과밀 유치장에 대해 조사할 것' 등이었다. 미 군정의 조사 결과 대부분 제주도민을 좌익으로 규정한 유해진의 우익 강화 정책 같은 독선이 제주도민을 막다른 골목으로 내몰았다는 것이 밝혀진 것이다. 그럼에도 어떻게 된 일인가? '유해진 지사 경질' 건의는 받아들여지지 않았다. 미 군정장관 딘 소장은 노골적인 우익 강화 정책으로 현지 미 군정과 제주도민의 지탄을 받고 있는 유해진 지사를 유임시키고 말았다.

이즈음 한반도는 긴장된 모습이었다. 미국과 소련이 개입한 가운데 통일 국가로 갈 것인가, 아니면 분단 국가로 갈 것인가를 두고 극렬하게 대립하고 있었던 것이다. 미 군정은 남한만의 단독 선거인 5·10 선거 강행을 결정했고 정국은 혼란으로 치닫고 있었다. 김구, 김규식 등 민족지도자들도 단독 선거 반대에 나섰다. 그러나 미 군정 수뇌부는 당시 격동하는 냉전의 흐름 속에서 단독 정부 수립을 들고 나온 이승만을 선택했다. 그들의 최대 관심사는 단독 선거를 성공적으로 치러내는 것이었다. 때문에 미 군정으로서는 유해진 도지사가 필요했다. 좌익의 근거지로 보아 온 제주도에서 좌익 세력을 탄압하는 극우파 유해진의 정책이 남한의 단독 정부 수립을 위한 선거에 필수적이라고 보았던 것이다.

이때 미 군정으로부터 철저한 탄압 대상이 되었던 좌파 계열의 남로당 제주도 위원회는 갈등과 고민에 빠졌다. 결국 저항하는 민심을 선국석으로 벌여진 5·10 선거 반대 투쟁과 연계시키고자 했다. 이러한 결정에는 민족 분단을 강하게 반대하는 대중의 분위기도 작용했다. 남로당 제주도 위원회 강경파는 5·10 선거는 통일을 가로막는다는 논리를 폈고, 이것은 대중을 끌어들일 수 있는 좋은 명분이 된 것이다. 단독 정부가 수립된다면 당이 존립할 수 있는 기반 자체가 무너지기 때문에 조직을 수호하는 차원에서도 필사적으로 단독 선거를 막아야 한다는 주장을 한 것이다.

당시 좌익 신진세력 강경파의 대표적 인물은 20대 청년 김달삼(본명 이승진)이었다. 대정중학원 교사였던 그는 1947년 3·1 사건 때 남로당 대정 면당 조직부장으로 급부상한 인물이었다. 그는 무장 투쟁이 결정된 다음에는 무장대 조직을 총괄하는 군사부 책임을 맡게 되었다. 급기야 남로당 제주도 위원회가 움직이기 시작했다. 1948년 1월 초부터 한반도 문제에 대한 미국의 입장은 '가능한 지역에서의 총선거' 실시로 굳어져 갔다. 남한 단독 선거 계획이 명백해졌다. 남로당은 단독 선거를 저지하기 위한 강력한 투쟁 계획을 세웠는데, 이는 1948년 2월 7일을 기해 전국을 총파업으로 몰고 간 '2·7 구국 투쟁'이었다. 제주 지역에서도 '2·7 투쟁' 방침에 따라 각 지역에서 시위 등 소요 사태가 발생했다.

1948년 3월 초, 조천면 신촌리 어느 민가에서 남로당 제주도 위원회가 비밀리에 회의를 열고 있었다. 19명의 면당 책임자가 모인 이른바 '신촌회의'였다. 이날의 논쟁은 지금의 사태에 대해 싸울 것인가, 앉아서 더 지켜볼 것인가였다. 강경파와 온건파 두 패로 갈린 채 칼날 같은 논쟁과 논쟁이 이어졌다. 한순간의 결정이 엄청난 유혈사태를 몰고 올지도 모를 일이었기에 예민했고 엄정해야 했다. 결과는 12대 7로 강경파의 '나가서 싸우자'는 무장 투쟁이 결정됐다. 섬의 생사를 가르는 중요한 이 회의가 진행되던 날, 남로당 중앙당의 지령은 없었다. 무장 봉기를 제주도 위원회에서 결정했던 것이다. 그리고 그날이 오고 있었다. 긴장한 대지에는 꽃망울이 환하게 벙거러지며 4월이 왔다. 그러나 꽃 피는 소리로 술렁거려야 할 제주 섬은 소리 죽인 싸늘한 비장감으로 가득 차 있었다.

죄 없이 독한 고문과 매로 비명에 죽어 간 아들을 둔 어머님들의 가슴은 숯이 되고도 남았다. 열여덟 신혼의 새댁은 혹여 돌아오지 않는 남편이 문 열고 돌아오는 발소리만 환청처럼 듣고 있었다. 젊은 아들을 둔 부모들은 전전긍긍 불안한 밤을 보내야 했다. 3·1절 시위 사건 직후 마을 젊은이들 가운데는 서둘러 정든 집을 떠나는 이도 있었다. 시위 참여 혐의를 받고 옥살이를 한 사람도 생겨났고, 경찰과 서북청년회 단원에게 쫓기는 신세가 되었으니 말이다. 생으로 곤욕을 치르게 된 이가 많았다. 어떤 사람은 육지로, 혹은 여유가 있는 사람은 몰래 일본으로 피신하기도 했다. 혹은 국방경비대를 도피처로 삼아 입대한 사람도 생겨났으며, 산으로 올라가 '산사람'이 된 이도 생겼다. 살기 위해서였다. 바로 4·3이 일어나기 직전의 일이었다.

1948년 4월 3일 새벽 2시, 한라산에 불을 켜고 있었다. 그것은 소위 산으로 간 무장대가 피워 올리는 불 봉화였다. '탄압이면 항쟁이다', '단독 선거 단독 정부 수립을 결사적으로 반대한다', '반미 구국 투쟁에 나서라'. 이것이 성명의 요지였다. 호소문은 우선 경찰과 우익 청년단의 탄압에 저항하겠다고 뜻을 강하게 나타냈다. 그것은 항쟁을 의미했다. 둘째는 경찰과 서청의 횡포에 맞서 싸우겠다는 데서 몇 걸음 더 나아가 단독 선거, 단독 정부를 해선 안 된다, 반쪽 조국은 안 된다는 통일조국에 대한 간절한 소망을 깔고 있었다. 그러니까 통일 정부로 가야 한다는 것이 4·3의 구호였다. 셋째로 새로운 지배자로 등장한 미군정에 대한 저항 '반미 투쟁'이라는 정치적인 색채를 분명히 표출하고 있었다. 호소문에서 뚜렷하게 내세운 슬로건은 탄압에 저항하고 통일국가 건립을 가로막는 5·10 단독 선거를 반대하며 외세에 저항하겠다는 것이었다.

이날 공격을 한 무장대는 350명 가량이었다. 이들의 급습으로 민간인 8명과 경찰 4명, 무장대원 2명이 희생되었다. 미 군정은 당혹스러웠다. 4·3 봉기 바로 전날은 주한 미군 사령관 하지 중장이 산하 지휘관에게 성공적인 선거 실시가 '미 사절단'의 핵심 성과라고 강조한 날이었기 때문이다. 군정장관이 선거 감시 및 집행에 책임이 있다는 내용의 전문을 지휘관들에게 보낸 다음날 이 무장봉기가 일어난 것이다. 이날의 무장봉기는 제주 섬에 불어닥칠 기나긴 피바람을 예고하고 있었다. 제주 읍내 중학교에서는 4월 7일자로 학생들에게 '통학 증명서'를 발급했다. 해방 후 나이 든 학생들이 많았던 탓에 등하교 때 학생들이 애꿎게 경찰관에게 붙잡혀 가는 일이 발생할지 몰라서였다.

이때 학생들은 좌익 세력의 민주애국청년동맹(민애청)이나 우익 세력의 대동청년단 등에 들어갔다. 학생들은 좌익이 무엇이고 우익이 무엇인지, 민주주의가 무엇이고 공산주의가 무엇인지 모르지만 어쨌든 살기 위해서는 어디든 붙어야 할 판이었다. 5·10 선거의 성공적 실시를 지상 목표로 삼은 미 군정은 이 사건의 대응에 민감했고 강도가 높았다.

미 군정은 안으로는 경찰의 파견과 경비대 병력을 갖추며 육지 경찰 1,700명을 제주도로 내려보내고 있었다. 또한 서청 단원 500명을 제주로 보냈다. 그러나 응원 경찰 등에 의한 무지막지한 작전은 민심을 자극시켰다. 이 작전은 수많은 도민을 오히려 산으로 피신하게 만들었다. 분노는 더욱더 거세지고 있었다. 이때 미 군정은 모슬포에 창설되었던 경비대 제9연대에도 진압 작전에 참여할 것을 명령했다. 그러나 제9연대는 이 사건을 제주도민과 경찰 및 서청 극우 청년단체 사이의 충돌로 여겼다.

제9연대는 선 선무 후 진압, 처음에는 회유하고 그 다음에 토벌한다는 원칙을 세우고 무장대와 평화적인 해결 방안을 모색하려고 한 것이다. 본격 진압 작전을 추진하는 미 군정은 4월 말 두 차례에 걸쳐 대대적인 수색 작전을 펼친다. 정찰을 위한 연락기를 띄워 상황을 파악하고 제주읍 부근을 수색했다. 그러면서도 한편으로는 무장대 지도자와의 평화 협상을 추진하고 있었다. 1948년 4월 28일 제주도 서남부 대정면 구익초등학교 교원실에서는 제9연대장 김익렬과 무장대 총책 김달삼과의 팽팽한 담판이 벌어지고 있었다.

4·3 무장 봉기를 평화적으로 해결할 방안은 없는가? 우여곡절 끝에 이뤄진 이날의 협상은 4·3에 있어서 매우 중요한 갈림길이었다. 새파란 20대의 김익렬과 김달삼, 때론 거칠게 때론 날카롭게 신경전

이 오가면서 4시간 동안 불꽃 튀는 논쟁이 오갔다. 그렇게 진행된 이 날 회담에서 이들은 결국 타협점을 끌어냈고 전투 중지를 합의한다. 우선 72시간 안에 전투를 완전 중지할 것, 산발적인 충돌이 있으면 연락 미달로 간주하고 5일 이후의 전투는 배신 행위로 본다는 것, 이 것이 그 합의의 첫 번째 조건이었다. 둘째, 무장해제는 점차적으로 하되 약속을 위반하면 즉각 전투를 재개한다. 셋째, 무장해제와 하산이 이루어지면 주모자들의 신병을 보장한다는 것이었다.

그러나 결론부터 말하자면, 이날의 평화 협상은 결국 실패로 돌아간다. 예측할 수 없는 일이 벌어진 것이다. 이 일이 있은 지 불과 사흘 만인 5월 1일 오전 9시경 제주읍 오라리에서 전날 무장대에게 피살된 여인의 장례식이 열리고 있었다. 경찰 서너 명과 서청, 대청 단원 30여 명이 참석했다. 매장이 끝나고 트럭은 경찰관만 태운 채 돌아갔다. 오라리 출신 대청 단원 등 우익 청년 단원들은 그대로 있었다. 이들은 오라리 마을로 들어가서 좌익 활동가로 알려진 사람들의 집을 골라 5가구 12채의 민가를 불태웠다. 오후 1시경 우익 청년단원들이 마을을 빠져나갈 때였다. 무장대원 20명 가량이 총과 죽창을 들고 이들을 추격한다. 이때 인명 피해는 없었지만 이 시각을 전후해 마을 어귀에서는 이 마을 출신 경찰관의 어머니가 피살되었다.

아무튼 이 '오라리 방화사건'에 대해 김익렬 연대장은 경찰의 후견 아래 일어난 서청, 대청 등 우익 청년단체들이 저지른 비화라고 미군정에 보고했다. 그러나 김익렬의 보고는 철저히 묵살당한다. 경찰 측에서는 무장대의 행위라고 주장했다. 가장 먼저 평화협상을 이끌고자 했던 김익렬로선 어이없는 일이기도 했다. 미 군정의 통제 아래 있던 군인들이었다.

그러던 중 참 기이한 일이 벌어졌다. 이 사건이 미군 촬영반에 의해 동영상으로 생생하게 찍혀 있었다는 것이다. 미 국립문서기록관리청에 보관된 4·3 기록 영화인 "제주의 메이데이" 동영상은 불타는 마을 오라리를 공중에서 찍고 있었다. 오라리로 진입하는 경찰 기동대의 모습도 보인다. 뒤이은 5월 3일 귀순자들을 향해 괴한들이 총을 발포한 사건이 벌어진다. 나중에 이 괴한들이 경찰서 소속이라는 것이 밝혀지지만 경찰에선 이 사건을 경찰을 가장한 무장대의 기습 사건이라고 주장했다.

끝내 이날 미군이 경비대에게 총공격을 명령하면서 협상은 깨졌다. 이후 제주도는 걷잡을 수 없는 유혈사태로 치닫게 된다. 4·28 평화협상에 참석했던 9연대 이윤각 중위는 뒷날 "오라리 사건은 단순한 사건이 아니라 제주 학살을 점화시킨 역사적 계기가 된 사건"이라고 회상했다. 5월 5일 군정장관 딘 소장은 비밀리에 김익렬, 조병옥 등이 참석한 가운데 긴급 제주회의를 연다. 그러나 이 최고 수뇌부 회의에서 조병옥 경무부장이 경찰의 실책을 주장하는 김익렬 연대장을 공산주의자로 몰아붙이며 육탄전을 벌였고, 평화적 해결 방안을 찾기는 물거품이 되고 말았다. 다음날 김익렬 연대장은 전격 해임되었다.

후임에 박진경 중령이 임명되고 수원에서 창설된 11연대가 추가로 파병되었다. 박진경은 연대장 취임 때 "폭동 사건을 진압하기 위해서는 제주도민 30만을 희생시키더라도 무방하다"라는 발언까지 한 인

제주비행장에 도착한 미 군정 수뇌부
(왼쪽 두 번째부터 군정장관 딘 소장, 유해진 제주도지사,
맨스필드 제주 군정장관, 안재홍 민정장관, 송호성
총사령관, 조병옥 경무부장, 김익렬 9연대장, 1948. 5. 5)
〈미국립문서기록관리청 소장〉

물로 김익렬 연대장의 증언록에 기록된 사람이다. 이제 강경 진압만이 기다릴 뿐이었다. 이러한 연대장 교체는 5·10 선거를 앞두고 제주 사태를 조기 진압하기 위한 미 군정 수뇌부의 조치였다. 무장대 측도 강경책으로 일관하고 있었다.

　4·3 무장 봉기 이후 한라산은 인간의 손에 의해 오랜 세월 동안 자물쇠로 채워지는 몸이 되었고, 그동안 제주 섬이 간직해 왔던 아름다움은 온갖 고통의 곡절로 채워지게 되었으며, 제주 섬은 자신의 의지와는 상관없이 폭풍우 속으로 빨려들고 있었다.
　그해 5월, 사람들은 마을 가까운 오름 혹은 거기에 못 미치는 숲에서 얼기설기 움막을 짓고 잠시 피난 생활을 했다. 손에 보따리와 대바구니를 든 사람들, 아이를 업고 안은 사람들의 행렬이 이어졌다. 말과 소도 짐을 실어 날랐다. 가재도구와 일주일치 식량을 들고 산으로 올랐다. 걸을 수 있는 자들은 거의 모두 산에 올랐다. 무슨 일이 일어날지 아무것도 모르지만 불안해서 남을 따라 산으로 오른 것이다. 순리대로라면 누릿누릿 익어가는 보리밭에 손이 갔을 계절이었다. 어쨌든 산으로 오른 저 사람들은 누구일까? 왜 주민들은 집을 떠나 한라산 자락으로 올랐던 것일까? 그것은 무장대가 단독 선거를 무산시키기 위해 선거일에 앞서 주민들을 미리 산으로 올려보낸 것이었다.

이때를 살았던 제주시 봉개동의 한 체험자의 이야기를 들어 보자.

"5·10 선거 때 우린 전부 산으로 피난 갔어요. 4월 말쯤에 다 피난 갔어요. 동네에서는 그때는 선거를 반대해야 된다고 해 가지고 간 거지요. 주민들은 타의에 의해서……(그러나) 주민들도 분단이 되는 걸 원치 않았지요……그렇게 5, 6일 정도 살았을 겁니다. 선거 가까워서 올라가서 선거 끝나니까 바로 내려가라 해서 내려왔지요."

미 군정은 더욱 초조했다. 그들이 보기에는 제주도는 다른 지방과는 다른 섯이 뻔했다. 긴장하지 않을 수 없있다. 단독 선거, 단독 정부 수립을 반대하며 4·3 무장 봉기가 발발한 지역이 아닌가. 그렇기 때문에 선거를 반대하는 좌익의 공세가 거세질수록 미 군정과 경찰의 공세 또한 치열했던 것이다.

이윽고 5월 10일 남한만의 단독 정부 수립을 위한 선거일이 밝았다. 비가 추적이는 날이었다. 선거 거부를 위해 산으로 피신한 사람들도 힘든 날을 보내야 했다. 제주도 내 13개 읍, 면 가운데 7개 읍,

중산간 지대로 피신한 사람들
(주로 어린이와 부녀자들이 보인다 1948. 5.)
〈미국립문서기록관리청 소장〉

면에서 각종 선거 반대 활동이 벌어졌다.

　무장대는 중문, 표선, 조천 등지의 투표소를 공격했고, 이 과정에서 무장대 21명, 경찰 1명, 우익인사 7명이 숨졌다. 무장대는 선거 관계 공무원을 납치하는가 하면 선거인 명부를 탈취해 갔다. 이날 우익인사와 선거 반대 세력의 인명 피해는 전국에서 제주도가 가장 심했다. 제 도민의 선거 거부 움직임을 눈앞에서 본 미 군정은 사태의 심각성을 느끼고 직접 선거에 개입하기로 했다. 미군은 제주도에서 선거 현장 감시는 물론 선거에 앞서 투표함 수공과 점검 등에도 직접 관여했다. 대흘, 와흘, 와산 등 관내 중산간 마을로 투표함을 운반하지 못해 고민하는 면장들을 위협하기도 했다. 무사히 선거를 치르는 것이 목표였던 미 군정은 경비대의 증강, 미 군정 작전참모의 방문, 딘 소장의 두 차례에 걸친 방문 등을 통해 노력을 기울였다. 결국 전국 대부분의 도시에서 소요와 유혈 사태가 빚어졌지만 이날 제주도는 전국에서 유일한 5·10 단독 선거 거부 지역으로 역사의 장에 기록되었다. 이것은 해방된 땅에서 '조국이 쪼개지는 것은 안 된다'는 제주도 민중의 마음이 강하게 표출된 것이었다.

　제주도를 제외한 모든 지역의 투표는 그런대로 투표율이 과반수를 넘겼다. 때문에 200석의 총 의석수 가운데 제주도의 3개 선거구 중 2

개 선거구가 무효된 채 제헌의회는 198명의 국회의원으로 출발하게 되었다. 그러나 제주도 선거 결과는 미 군정의 입장에서는 실패였다. 제주도의 선거 거부는 미 군정에 대한 심각한 도전이었으니 말이다. 경무부장 조병옥은 극렬하게 제주도의 이 사태를 비난했다. 당혹한 미 군정은 5·10 선거 후 제주도 민중들을 탄압하는 정책을 진행시켰다. 이후 경찰 등 토벌대는 숨어 버린 청년들을 찾기 위한 노력을 총동원하였다. 또한 자수 공작 등이 경찰에 의해 벌어지면서 많은 중산간 마을 주민들이 희생되었다.

5월 20일경 미 군정은 야전군 출신의 브라운 대령을 제주 현지 최고 사령관으로 파견한다. 그리하여 경비대와 해안 경비대 경찰, 군을 통솔하도록 했다. 제주도 선거의 좌절로 권위가 땅에 떨어진 미 군정이었다. 때문에 제주도 사태를 무력으로 진압하고 재선거를 성공적으로 치르겠다는 강한 의도를 가졌다.

이즈음 제주도 지사 유해진이 해임된다. 그토록 미 군정 수뇌부가 경질을 꺼려했던 유해진을 4·3이 발발하고 나서야 바꾼 것이다. 그러나 이렇게 늦은 경질은 미 군정 인사 정책의 결정적인 실책이었다. 후임은 제주 출신으로 제주도청 3·1 사건 파업 대책위원장을 지냈던 임관호, 이어 제주 경찰 감찰청장에 제주 출신 김봉호로 교체했다.

그럼에도 제주도 사태는 진정될 기미가 보이지 않았다. 6·23 재선거마저 치를 여건이 되지 않았다. 결국 선거는 무기한 연기, 강력한 진압 작전 끝에 '점령 기간 내 가장 핵심적인 성과'라던 선거가 두 번이나 실패했다. 미군이 남한을 점령한 이후 제주도에서처럼 격렬한 저항에 부딪쳐 본 것은 처음 있는 일이었다. 제주도 사태를 진압하고 6·23 재선거를 성공적으로 실시해야 할 사명을 띠고 파견된 브라운 대령은 4·3 발발 초기 진압 작전을 기획하고 실행에 옮긴 인물이었다. 그는 "원인에는 흥미가 없다. 나의 사명은 진압뿐"이라는 호언을 하면서 섬을 빗질하듯 싹쓸이하는 전략을 취하고 있었다.

첫째, 경찰은 한라산을 중심으로 한 주변 도로로부터 4km까지 사이에서 치안을 확보하는 임무를 수행 중에 있다. 둘째, 국방 경비대는 제주도의 서쪽으로부터 동쪽 땅까지 휩쓸어 버리는 작전을 진행시키고 있다.

그는 이렇게 자신의 전략 그림을 제주도 정세와 관련해 열린 기자회견에서 공개했다.

그러나 한라산을 관통해 제주도의 서쪽 끝에서 동쪽 끝까지 이르는 소탕작전은 무고한 민간인의 대량 체포만 불러온 강경 진압에 지나지 않았다. 5, 6월 보리농사를 짓던 조천리 한 여인은 토벌대가 올라오는 것에 겁이 나 보리밭에 숨다가 경찰에 들켜 총에 맞아 죽었고, 짚신을 삼던 어느 농부는 총소리와 함께 군인들이 집으로 들이닥치자 도망가려다 붙잡혀 희생당하는 등 까닭 없이 애꿎은 죽음이 이어졌다. 5월 22일부터 6월 30일까지 검거된 주민만 5천 명에 달했다. 도민들은 경비대와 경찰의 위세에 눌려 공포감에 떨어야 했다.

신임 박진경 연대장의 토벌 전략 역시 만만치 않았다. 무자비하고 대대적인 강경 진압 위주의 작전을 전개하고 있었다. 주민들은 초여

름인데도 달달 떨었다. 불안한 주민들은 더욱 산으로 계곡으로 도망쳐야 했다. 그러나 박진경은 오래가지 않았다. 6월 1일 대령으로 진급한 후 축하연을 가진 이튿날인 6월 18일 새벽, 그의 부하 문상길 등에 의해 암살당한다. 미 군정 수뇌부는 큰 충격에 빠졌다. 무엇보다 브라운 대령이 제주도 최고 지휘관으로 내려와 경비대와 경찰의 작전을 진두지휘하는 과정에서 이 일이 일어났기 때문이었다.

1948년 7월경 제주의 경찰 병력은 약 2,000명으로 불어났다. 더욱이 '제주는 빨갱이 섬'이라는 선입견을 가진 응원 경찰이 대거 파견되어 옴으로써 사태는 악화될 대로 악화되고 있었다. 이즈음 경찰이 주민들에게 가한 행위는 가혹했다.

이때 중앙 언론의 한 특파원은 제주도의 민심을 이렇게 전한다.

"부락민 40-50명이 지금 경비 전화선 복구와 지서 돌담 구축 공사 부역으로부터 돌아온다. 맥없이 일행 앞을 지나던 그네들이 제주 출신의 일행의 말에 사방을 둘러싸고 울음의 바다를 이루고 만다. 들고 있던 괭이로 돌 위를 두드리면서 '죽으려고 죽을 수 없고 살려야 살 수 없다'고 울부짖는가 하면 공포와 울분에 북받친 60대 노파는 무어라 문패를 가리키며 가슴을 두드린다. 붙어 있던 집 문패가 하룻밤에 없어지자 전 부락민이 지서에 붙잡혀 난타당하였고, 또한 학대를 받고 있다. 쇠는 폭노에 있는 것인가, 부락민에 있는 깃인가. 총소리는 잠잠한데 주름 잡힌 이맛살에 왜 이다지도 우색이 가득하며 터질까 염려되는 울분에 잠겨 있다. '지금은 어떠한가'라는 기자의 말에 '먼 곳 총은 무섭지 않으나 가까운 총부리가 무섭수다'라고 고함으로 응수한다"(조선일보 1948. 7. 11).

'죽으려고 죽을 수 없고 살려야 살 수 없다'고 절규하는 제주도민들의 목소리가 망망대해 온 섬에 울리고 있었다. '먼 곳 총은 무섭지 않으나 가까운 총부리가 무섭다'라고 외치는 섬 사람들, 그들을 감싸 줄 곳은 어디에도 없었다.

1948년 7월 15일 제11연대가 9연대로 재편되고 제11연대 부연대장 송요찬 소령이 임명되었다. 송요찬은 미군이 '강인하고 용감한 사람'이라고 높이 평가한 인물이었다. 11연대는 수원으로 철수했다. 제주도 사태는 8월 초순께 어느 정도 가라앉은 것처럼 보였다. 8월 15일 대한민국 정부는 수립됐다. 9월 9일 북쪽에서도 정부가 수립됐다. 현재 지구상 단 하나뿐인 민족의 분단체제는 이때 확정된 것이다.

이미 8월 중순경부터 제주도는 경찰의 특별 경계령이 내려져 있었다. 제주와 목포 간 정기 여객선을 이용하는 여객에 대한 여행 증명 제도가 부활됐다. 경찰은 해안선 봉쇄와 여객 출입의 사찰을 강화했다. 또 8월에만 두 차례에 걸쳐 800명의 육지 응원 경찰대가 제주도 바다를 건너왔다. 제주도를 향한 '무력 소탕전' 준비에 들어간 것이다. 그러나 이 소탕전에 대해 제주도 현지 당국에는 아무런 사전 연락도 하지 않았다. 미 6사단장도 예하 부대를 통해 제주도 군정 중대와 미군을 지원하도록 명령했다. 제주 경찰 감찰청장 김봉호는 "이번의 응원 경찰대는 단순한 증원이 아니라 단기간에 사태를 해결하기 위해 딘 군정장관 등이 미리 계획한 것"이라고 했다.

미군 수뇌부의 개입, 이것은 무엇을 의미하는가? 그것은 정부 수립 후인 1948년 8월 24일 이승만 대통령과 주한 미군사령관 하지 중장이 맺은 '한미 군사 안전 잠정 협정'에 따른 것이었다. 이른바 주한 미군 군사 고문단이 설치됐다. 단장에는 로버츠 준장, 이들은 주한 미군이 철수할 때인 1949년 6월 30일까지 한국군을 지휘할 권한을 갖는다. 주한 미 군사 고문단은 한국의 육군과 해안 경비대 국립 경찰로 구성되는 보안군의 조직과 행정 장비 훈련을 책임졌다. 결국 정부 수립 이후에도 미군은 여전히 한국군에 대한 작전 지휘권을 갖고 있으면서 제주도 사태에 직접 개입했던 것이다.

한편 8월 초순 김달삼, 강규찬 등 무장대 주요 지휘관 6명은 황해도 해주의 '남조선 인민 대표자 대회'에 참석하기 위해 제주를 탈출한다. 김달삼이 그렇게 제주를 떠나자 후임 무장대 사령관이 된 사람은 당시 28세의 이덕구였다. 그는 일본의 입명관대를 나와 조천중학원 역사 교사로 재직하다가 입산한 무장대 핵심 인물이다. 이제 무장대는 장기적 전투 준비에 돌입하기 시작했다.

부대를 정비하고 9월 초부터 진압 작전을 시작해 맹렬하게 강경 토벌전에 몰입한 송요찬 제9연대장은 10월로 접어들면서 더 본격적인 공세를 벌여 나갔다. 정부 수립이 진행되는 동안 일시 토벌이 중단됐던 군인과 경찰을 앞세운 이른바 '노끼몰이식 수색삭선'이 시작되었다. 이 작전은 죄 없는 주민의 수많은 희생을 불러왔다.

이후 1948년 10월께부터 이듬해 3월까지 제주도는 온 섬이 지하처

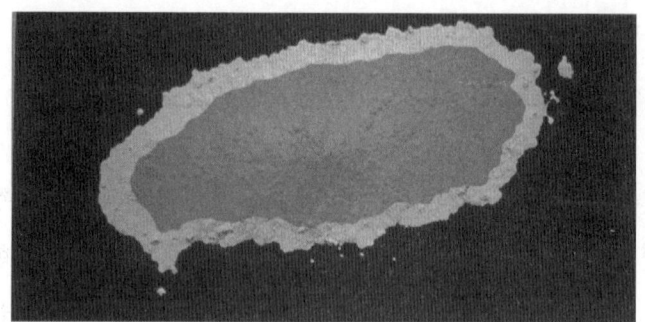
송요찬 연대장의 포고문에 명기된 적성(敵性) 지대

럼 캄캄한 감옥이었다. 섬의 미래는 안 보였다. 이러한 섬의 운명에 제주 주민들이 직접 손을 들어 결정한 것은 아무것도 없었다. 1948년 10월 경비대 총사령부는 제주 경비 사령부를 신설, 토벌작전을 실시하며 더욱 강화했다. 사령관은 제5여단장 김상경 대령이었다. 무차별적으로 사람들이 붙들려 갔고 수많은 사람들이 사라졌다. 섬은 학살터로, 비명의 공간으로 휘청대고 있었다.

"군은 한라산 일대에 잠복하여 천인공노할 만행을 감행하는 무장대를 소탕하기 위해 10월 20일 이후 군 행동 종료 기간 중 전도 해안선부터 5km 이외의 지점 및 산악지대의 무허가 통행 금지를 포고함. 만일 포고에 위반하는 자에 대하여는 그 이유 여하를 불구하고 폭도배로 인정하여 총살에 처할 것임."

1948년 10월 17일 송요찬 연대장은 자신의 명의로 포고문을 발표한다. 해안선으로부터 5km 이외의 지점이라면 제주 지형상 해안 마을을 제외하면 대부분의 중산간 마을이 여기에 해당된다. 이 포고를 무시하는 자는 이유 여하를 막론하고 폭도로 인정하고 총살을 처한다는 것 아닌가. 중산간의 들판이든 마을 안이든 사람이 보이면 무조건 발포하겠다는 무시무시한 작전이 세워진 것이다.

　주민들이 살고 있는 마을에서 통행을 금지한다는 것은 아예 집에 살지 말라는 말이 아닌가. 주민들의 두려움은 말할 수 없었다. 송요찬은 서청 단원까지 군에 편입시켜 특별 중대를 만들고, 그들에게 누구도 간섭 못할 권한을 주었다. 미군이 조종하는 연락기는 중산간 지대로 피신한 제주도민을 체포하거나 학살하는 데 이용됐다. 불태워 없애고, 죽여 없애고, 굶겨 없애는 '삼진작전'이라는 끔찍한 대량학살 작전이 전개된 것이다. '삼진, 삼광'은 일본이 중국인을 상대로 저질렀던 작전이며, 대량의 살상을 떠올리게 하는 용어가 아닌가.

　한라산은 무장대의 근거지가 되었고 수많은 사람의 피난처가 되었다. 그때 그 한라산은 1987년 4·3 장편 서사시 "한라산"을 쓰고 국가보안법 위반으로 감옥에 간 시인 이산해의 시에 잘 표현되어 있다.

　　일자무식한 사람들도
　　하나둘씩 식량 보따리를 싸 들고
　　산으로
　　산으로 들어갔던 산이었다.
　　피를 묻고
　　살을 묻고
　　뼈를 묻는
　　혹한의 한라산이었다.

산으로 간 사람들과 해변 마을로 간 사람들, 중산간에 있는 사람들의 삶 어느 하나 안전할 수 없는 세월이 시작된 것이다. 송요찬의 포고문이 발표된 다음날, 제주도 해안은 즉각 봉쇄되었다. 이 작전을 수행하기 전 토벌대는 섬의 유지들을 일시에 검속했다. 제주읍은 싸늘한 공포에 휩싸였다. 법원장이 연행되고, 신문사 편집국장, 제주중학교 교장 등이 총살되었다. 11월 초순에는 주로 제주 출신인 9연대 장병 100여 명이 군사 재판도 받지 못한 채 처형됐다.

한편 이 시기에 미국과 대한민국 정부가 초긴장하는 사태가 벌어졌다. 제주 초토화 작전을 앞두고 제9연대를 지원하기 위해 제주도 출동 명령을 받은 제14연대가 돌연 여수에서 총부리를 돌려 제주도 출병을 거부한 것이다. 이른바 10월 19일 여순사건이다. 군 당국은 10월 20일부터 해군 함정 7척을 동원해 제주와 육지 간 뱃길을 막았다. 또 제주도 포구의 모든 어선에 대해 바다에 나가지 못하도록 명령을 내렸다. 이로 인해 제주도는 상당 기간 육지와 단절되어야 했다. 며칠 만에 여수, 순천을 장악한 정부는 이제 제주도에 대한 진압 작전의 고삐를 더 죄어갔다.

여순사건에 직접 개입했던 미군도 제주도를 어떻게 할 것인가 주시했다. 미군 고문관들은 진압 작전에 참여한 모든 부대를 돌면서 작전 계획을 수립했다. 여순사건의 진압과 더불어 제주도를 향해 정부는 무조건 진압을 명령했다. 이후 섬은 휘몰아치는 피바람으로 아비규환 그 자체였다.

한편 송요찬 제9연대장은 제주도 경비 사령관인 김상겸 대령이 예하 부대인 여수 14연대의 사건에 문책을 받아 해임되자 제주도 경비 사령관까지 맡아 해군 함정도 자신의 지휘 아래 두는 진압군의 총책임자로 등장했다. 로버츠 준장은 참모총장 채병덕에게 "해안 경비대의 순찰에도 불구하고 공산주의자 잔당이 제주도와 남해안 작은 섬으로 피신하는 징조가 있다"며, "정찰과 경계를 강화해 문제가 될 대규모 집결을 막아야 한다"는 전문을 보냈다. 섬의 상황은 급박하게 돌아가고 있었다. 사람들의 가슴은 더욱더 타 들어갔다. 누구에게 기대야 할 것인가? 한라산과 오름 자락 아래 사는 사람들의 심정을 헤아려 주는 이는 아무도 없었다.

이 시기 무차별적으로 끌려가던 주민들의 상황은 가지가지였다. 5월부터 10월까지 '겁질메러(잡초 제거하러) 갔다가' 혹은 '촐(꼴) 베러 들판에 나갔다가 끌려갔다느니' 눈만 뜨면 불안한 이야기들이 마을을 떠돌았다. 10월 말경 무장대는 주로 경찰 지서나 면사무소 습격, 또는 우익인사나 경찰 가족을 지목해 살해했다. 무장대의 보복전이 이어지는 와중에 죄 없는 주민들이 희생되기도 했다. 송요찬 사령관은 이 무렵 제9연대 병사 17명을 '공산주의 세포' 혐의로 체포해 이 가운데 6명을 처형했다. 이어 애월면 고성리 부근에서 제2차 작전을 벌여 135명을 사살했다. 또 9연대는 교래리 부근에서 경찰 민간인과 합동 작전으로 하루 동안 무려 130명을 사살했다.

토벌대는 중산간에 사는 모든 주민이 무장대에게 식량과 물자를 제공한다는 전제 아래 민간인을 '폭도'로 몰아가며 무차별 학살한 것이다. '해안에서 5 km이외 지역을 적성 지역으로 간주하고 사살한다'는 송요찬의 10월 17일자 포고는 그렇게 충실히 이행되었다. 그것은 명백한 대량 학살이었다.

이날 이후 뜻밖의 죽음이 자고 나면 즐비했다. 당시 토벌대는 중산간에서 잡혀온 청년들을 고문 취조하며 명단을 불라고 강요했다. 고문에 못 이긴 청년들이 아무 이름이나 대는 바람에 애먼 사람이 희생당하기도 했다.

한 청년은 곽지리로 소개 간 형의 이름을 부르자 "우리 형입니다"라고 말했다가 끌려나와 희생됐다. 또한 청년은 "넛벗게(토벌대의 진입을 감시하는 초소)서 봤지?"라고 하자 엉겁결에 "예, 이께(바다고기 상어의 일종)를 먹어 본 적이 있습니다"라고 대답한 탓에 끌려나왔다는 이야기도 전해지고 있다. 소년들은 사태 내내 마을을 지키기 위해 망을 봐야 했다. 돌담 사이로 '벗개'를 서다가 "노랑개(군인) 온다. 검은개(경찰) 온다"라고 소리치거나 나팔을 불기도 했다.

어머니와 아들이 동시에 경찰서로 끌려가 벽 사이로 비명을 들어야 하는 고통도 이어졌다. "가장 괴로웠던 것은 남이 매 맞는 소리에 애간장 녹던 일이었다. 지서 안에서 터져 나오는 비명에 귀를 막아야 하는 일이 한두 번이 아니다. 사람이 실신해서 정신을 잃어야 그 매질이 끝났다"고 하는 고문이었다. 숨어서 전전긍긍하던 청년들은 너무나 젊은 것이 죄였다. 어떤 경찰관은 "눈이 큰 걸 보니 폭도같이 생겼다" 하며 젊은이를 끌어내기도 했다. 안 그래도 토벌대에게 당시 제주도는 유배지나 다름없었다. 그들은 이국적인 제주의 독특한 방언을 이해하지 못했다.

토벌대에게 비친 제주 사람들은 언어 소통이 안 되는 낮은 생활 수준의 이질적인 존재였다. 토벌대가 나타나기만 하면 마룻장을 뜯고 그 속에 들어가야 했고, 토벌대가 명단을 부르면 불려나와 초죽음이 되도록 매를 맞다가 결국은 총살을 당했다. 어떤 때는 이성을 잃은 토벌대가 주민들에게 직접 자기 집을 불을 지르게 했다. 쿵쾅쿵쾅 하던 주민들의 가슴은 그럴 때마다 새카맣게 타들어 가야만 했다. 해안 마을에 가라 해서 내려가면 '폭도 마을 주민'이라며 툭하면 끌려가 고문을 당해야 했다. 먹을 것이 없어 밀 껍질인 밀기울을 갈아 범벅을 해 먹던 비참한 소개 생활이었다.

소개, 이 말은 '공습, 화재 등의 피해를 적게 하기 위해 한 곳에 집중해 있는 주민 또는 건조물을 분산시키는 행위'라는 사전적 의미였으나 제주에서는 '토벌대가 중산간 마을을 무장대와 격리시킨다는 전제 아래 모든 집들을 불태우고 주민들을 강제로 해안 마을로 내려오게 한 것'을 말했다. 중산간 마을 주민들을 해변 마을로 소개시키고 해변 마을에서는 주민 감시 체제를 실시함으로써 무장대의 근거를 없앤다는 것이다.

일부 중산간 마을 경우 소개령이 채 전해지지 않은 상태에서 토벌대가 마을을 덮쳐 가옥을 방화하고 주민들을 총살하기도 했다. 섬의 공동체는 위태했다. 서로가 서로의 목숨을 보호해 주지 못했다. 섬은 공포로 질려 있었다. 한때 옛 조상들이 죽을 둥 말 둥한 반역의 목숨만 압송해 보내던 섬 제주도는 극한 운명에 처해 있었다. 중산간 마을의 모습은 한 치 앞도 예견할 수 없었다. 캄캄한 바다는 끝없는 재앙에 몸을 뒤챘다. 끝내 제주 섬은 곧 광란의 바람이 거칠게 휘몰아칠 자세를 하고 있었다.

둥근 제주의 자연과 아름다운 인연을 맺었던 소박한 초가들, 용담돌과 흙으로 빚어 만든 초가는 불면 날아갈 듯하지만 너무나 튼튼해서 태풍에도 끄덕하지 않던 집이었다. 하지만 그것은 한 줄기 불만 댕기면 너무나 무력했다. 순식간에 재로 변하였다. 가슴이 철렁 내려앉았다. 너무 기막히니 눈물마저 말라 버렸다. 단지 공포의 전율이 등줄기를 타고 내리고, 갑자기 증발해 버린 가족들의 자리를 보면서 가슴만 쥐어뜯을 수밖에 없었다.

백성을 보호해야 할 국가가 국가 공권력이 왜 이렇게 무참히도 사람을 죽이고 있는지 모를 일이었다. 중산간 사람들 중에는 해안 마을로 급하게 내려가는 이들도 있었지만 죽어도 마을을 떠나지 않으려는 이들도 있었다. 늙고 병든 부모는 집에서 죽겠다고 손사래를 쳤고 집과 농토, 애써 키운 소나 말이 너무나 아까워 발을 동동 구르며 야산으로 피하는 이들도 있었다. 그러다 붙잡혔다. 낮에는 토벌대 세상이 되고 밤에는 무장대 세상이 됐다. 무장대가 습격했다 하면 토벌대가 들이닥치고, 토벌대가 가고 난 마을에 무장대가 들이 닥쳤으니 오도 가도 못했던 사람들이었다. 이제나 저제나 죽고 죽임의 사태가 끝나기만을 가슴 졸이며 기다리던 사람들이었다.

어느 마을에서는 어머니가 토벌대에게 죽임을 당한 사흘 후 아들이 무장대에게 희생을 당하는 비극도 생겨났다. 어느 마을에서는 아버지는 토벌대에게, 아들은 무장대에게 희생되기도 했다. 그중에서도 가장 잔혹한 희생을 가져온 때는 1948년 10월부터 이듬해 3월까지 약 6개월간이다. 군경 토벌대는 무장대의 피난처와 물자 공급원을 제거한다는 구실로 중산간 마을을 모두 불바다로 만들어 버리고 주민들을 집단으로 살상했다. 온 가족이 몰살당한 집안이 생겨나고 눈앞에서 희생되는 부모를 지켜보는 아이들, 어린것의 죽음을 앞세운 부모들도 있었다. 마을의 학교 운동장은 토벌대가 주민들을 집결시키는 장소가 되었고, 학살터가 되기도 하였다. 산도 계곡도 오름도 소리 죽여 학살의 고통을 지켜볼 뿐이었다.

한편 이 무렵 무장대는 마지막 힘을 다해 총공세를 벌였다. 무장대는 토벌대 편으로 기울었다고 판단한 일부 마을을 덮쳐 무차별 학살을 하고 식량을 약탈해 갔다. 구좌면 세화리, 표선면 성읍리, 남원면 남원리와 위미리 등의 마을은 토벌대의 진영이라 해서 무장대로부터 큰 피해를 입었다.

겨울은 오고 있었다. 1948년 11월과 12월의 중산간은 그야말로 생지옥이었다. 어디나 안전한 곳은 없었다. 1948년 11월 13일(음력 10월 13일)은 피의 날이었다. 애월면 소길리의 원동 마을, 조천면 교래리, 와흘리 2구, 신흥리, 안덕면 상천리, 창천리 등 각 마을에서 토벌대는 남녀노소 가리지 않고 총살과 방화를 자행했다. 또한 토벌대는 소개

명령에 따라 해안 마을로 소개한 주민들에게 '자수하라'고 했다. "털 끝만큼이라도 가책이 되는 점이 있다면 자수하라. 이미 명단이 확보돼 있다. 자수한 사람은 무사할 것이지만 만일 자수하지 않았다가 나중에 발각되면 처형을 면치 못할 것"이라고 했다. 겁에 질린 사람들은 자수의 길에 섰는데, 무장대가 마을을 장악하고 있을 때 그들의 요구에 따라 보리쌀 몇 되라도 제공했던 이들이었다.

그러나 그것은 함정이었다. 자수하기 위해 군 주둔지인 함덕국민학교로 찾아갔던 조천리 관내 20대 청년 200명 가운데 150명이 "토벌대에 함께 가자"는 토벌대의 말에 넘어가 트럭에 태워졌고, 그들은 제주 시내 '박성내'라는 냇가로 끌려가 집단으로 총살되었다. 중산간 사람들은 한라산과 가까운 마을이었다는 이유 하나로 걸핏하면 무장대에게 식량을 올리는 등 협조했다며 토벌대에게 희생당했다. 사는 동안 이보다 더 큰일이 어디 있으랴! 이것은 모두 1948년 10월부터 불어닥친 광기의 장면이다.

그러나 이들 앞에 더 사나운 재앙이 오고 있었다.

1948년 11월 17일 이승만 정부는 계엄령을 제주도에 선포했다. 그것은 제주 섬을 휩쓸고 있는 광란의 불에 휘발유를 끼얹는 격이었다. '계엄령', 이 한마디는 납짝 엎드려 있던 중산간 마을을 더 숨죽이게 만들었다. 중산간 마을 초토화 작전! 이것은 상상할 수 없는 대량 학살을 몰고 왔다. 토벌대는 '빨갱이'를 찾아낸다며 강경 진압 작전으로 거칠게 휘저었다. 마을이 수없이 불태워지고 남녀노소 구분 없이 죽어 갔다. '초토화'는 말 그대로였다. 사느냐 죽느냐 시시각각 쫓기는 삶이 전개되었다. 토벌대는 80대 노인에서부터 젖먹이까지 누구라도 가리지 않았다. 결국 중산간 마을 주민 2만여 명을 산으로 내몰고 있었다.

어둠이 깊어가면 별만 반짝반짝하던 시절, 중산간 마을 사람들은 하늘을 보며 어느 마을이 불에 타고 있구나 점을 쳤다. 대밭 속에 숨었다가 하늘을 보면 저편 집에 붙은 불이 이쪽으로 마구 달려오는 것처럼 보였다.

진압군은 가족 가운데 청년이 한 명이라도 없으면 입산자로 몰아세워 '도피자 가족'이라며 총살했다. 대신 죽어야 한다는 것이다. '대살', 이 말은 살인한 사람을 사형에 처한다는 사회적 의미였지만 당시 제주에서는 '남 대신 죽는다'는 뜻으로 사용됐다. 육해공군의 합동 작전 결과 중산간 마을은 대부분 초토화되었다. 주민들은 토벌을 피해 입산해 버렸고, 토벌대는 재판도 없이 주민들을 처형했다. 주민들의 분노와 공포는 사그라질 수 없었다.

온 섬은 두려움으로 오그라졌다. 마을 주민들은 높은 망대에 벗개(보초)를 세워 스스로 살기 위한 전략을 세워 나갔다. 동이 트면 산으로, 땅거미가 지면 마을로 내려왔다. 무조건 살아야 할 일, 목숨만은 지키고 볼 일이었다. 눈이 펑펑 쏟아졌으나 추운 줄 몰랐다. 신발노 신었는지 말았는지 감각이 없어질 지경이었다.

중산간 마을인 중문면 영남마을은 땅이 좋아 조 이삭이 어린아이 팔뚝만하고 고구마를 심어도 사람 머리만큼 자란다던 마을이었다.

이 마을에는 16가구에 90명이 살았으나 미처 피신을 못한 50여 명이 희생당했다. 마을은 사라졌다.

중산간의 동쪽 끝에 자리한 조천면 선흘리가 불바다가 된 날은 그해 11월 21일이었다. 군인들이 텅빈 마을에 불을 지르고 돌아간 뒤 숨어 있던 주민들에게 소개령이 전해졌다. 주민들은 주로 화산 용암의 흔적이 생생한 숲 '선흘곶'으로 피신했다. 그러나 11월 25일부터 연사흘째 주민들이 은신했던 도틀굴(반못골) 묵시 묵골 밴딩이굴이 발각됐고 수많은 주민이 즉결 총살됐다. 토벌대는 총살 후 휘발유를 뿌려 시신을 태우기도 했고, 일부는 끌고 갔다가 속칭 북촌리 '엉물'에서 학살했다. 그렇게 너무나 신비롭고 아름다운 선흘곶은 참으로 슬픈 역사의 숲이 되었다. 집들이 불에 탈 때 불씨가 날아가 몸체까지 데인 흔적을 지금도 간직한 선흘리 '불칸낭'이 된 후박나무는 아직도 그날의 상처로 몸을 비튼다.

이때 미 고문관의 한 기록은 1948년 11월 21일부터 30일까지 열흘 동안 얼마만큼의 가공할 만한 살육이 행해졌는지를 보여준다. 제9연대의 전투일지는 일부 과장됐거나 일부 누락된 보고가 있을지라도 기록상으로 학살당한 사람만 615명이었다. 그러나 이 시기 제9연대는 무장대로부터 총 12정과 칼 11자루밖에 획득하지 못했다. 희생자수와 노획한 무기를 비교해 보면 '전과'로 기록됐을 615명이 무장대가 아니라 대부분 비무장 민간인이었음을 알 수 있는 대목이다.

그해 12월 말경 표선 백사장은 붉은 바다, 그야말로 핏빛으로 물들었다. 제9연대에 의해 끌려나온 토산리 주민 157명이 한꺼번에 죽음을 당한 것이다. 그 겨울 바다는 비명으로 얼어붙었다. 함덕 서우봉

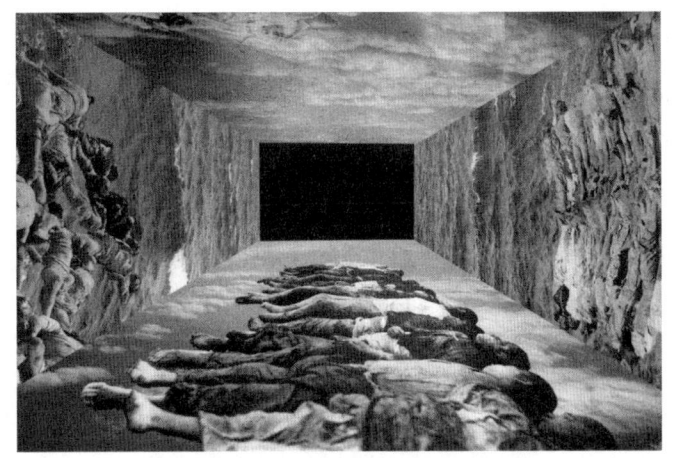
4.3 평화공원 안 희생자들의 모습(상징조형물)

모래밭도 그러한 피의 밭이었다.

 산도 무섭고 경찰도 무서웠던 중산간 마을 주민들이 결국 숨을 데라곤 어둠의 동굴뿐이었다. 땅속 굴은 추위를 막아 주었고 얼마간 사람들을 지켜 주었다. 살아도 산 목숨이 아니었다. 어떤 굴에선 발각되면 더 깊은 산속으로 다시 달려야 했으며, 밖에서 불을 지른 어떤 굴에서는 연기에 질식되면서 서로 얼크러져 숨을 거두기도 했다. 캄캄한 절벽 같은 동굴을 휘덮는 화염을 손톱으로 긁다가 끝내 한 줌의 재가 된 사람들, 맨발로 앞서거니 뒤서거니 달리다 푹푹 쓰러지던 사람들이었다. 하얗게 매죽나무 뚝뚝 지듯 떼죽음의 한라산이었다. 애처롭고 서럽고 슬픈 세월을 구비구비 돌아도 끝내는 다시 돌아오지 않은 가엾은 사람들이었다.
 1948년 그해 겨울은 무지막지하게 눈이 내렸다. 굴 밖엔 하염없이 눈이 팡팡 내리고 쌓였다. 아득히 먼 곳에도 눈이 내렸다. 중턱까지 눈으로 휘덮인 한라산의 광대한 가슴은 새하얀 벌판이었다. 토벌대를 피해 산으로 올라간 사람들은 집채 만 한 눈을 파내 움막을 지었다. 그리고 그 위에서 토끼처럼 도망쳐야 했다. 뛰다 보면 움푹 파인 굴헝(구렁)에 빠지기도 했고 짐승처럼 네 발로 기어야 했다. 새하얀 눈밭 위에 검붉은 핏자국이 새겨졌다.

 무장대의 습격으로 애꿎은 주민들이 희생되고, 토벌대의 집단 학살로 꽃잎처럼 목숨들이 떨어졌다. 제주는 통곡의 바다가 되었다. 몸집이 큰 소년들은 더 위험했다. 돼지우리에 숨었다가 살아났으나 얼굴에 화상을 입었던 한 소년은, 동료들은 다 죽었는데 자신이 어떻게 치료를 받을 수 있겠냐고 했다. 생과 사는 1분도 아닌 1초 같다고 했다. 삶과 죽음의 갈림길은 순간순간이었다. 산에서 도망쳐 달리다가 총 맞아 죽는 건 고통이 짧으니 행복이란 말도 나왔다. 초토화의 재앙과 살육은 제주의 지도 속에서 130여 개의 중산간 마을을 지워 버렸다. 가난했으나 이웃끼리 정이 넘치던 어머니의 땅 사람들은 죽거나 쫓기듯이 사라져 갔다.

 남편이 산에 갔다, 동생이 갔다, 형이 갔다, 심지어는 사위가 갔다 해서 희생을 당했다. 도피자 가족 수용소가 있던 세화리에서는 젖먹이도 빨갱이라며 젖을 주지 못하도록 하기도 했고, 도피자 형이 있다고 해서 한 초등학생을 수업 도중 데려다가 총을 쏘았다. 순간 담임 선생은 모두 일어서게 해서 묵념을 하게 했다고 살아남은 자는 증언했다. 혹시 한바탕 무서운 꿈을 꾸었던 것은 아닐까. 지옥에서 홀로 살아남은 사람들은 그것이 차라리 악몽이었기를 바랐다.

애월읍 봉성리 강한규의 말이다.

"그땐 사람들이 다 이레도 붙고 저레도 붙고 했어요. 그 모양으로 약하게 흐름 따라 다니던 사람들입니다. 바람 부는 양 이쪽으로 세게 불면 이쪽으로 붙고, 저리로 세게 불면 저쪽으로 붙곤 했습니다. 산에서 말을 하면 그것도 옳아 보이고, 또 아래서 오는 말 그것도 옳아 보이고……어떤 쪽에 붙어야 좋을지 몰랐어요."

넋이 나간 듯 무서워 닥닥 떠느라 눈물도 내지 않았다. 매일 숨을 곳과 먹을 곳을 찾아 헤매는 '쥐와 같은 삶'이었다.

12월에 접어들면서부터 토벌대는 한라산 소탕작전에 온갖 총력을 기울이고 있었다. 제9연대는 주민 3,000명을 동원해 한라산을 샅샅이 뒤지기 시작했다. 자수하러 내려온 사람이나 붙잡힌 사람을 앞세워 은신처를 가리키게 만들기도 했다. 그들은 하루 동안 105명을 사살하고 일제 99식 소총 10장과 칼 1자루를 빼앗았다고 밝혔다. 무차별 소탕 작전은 이때 절정을 기록한다. 무장대의 습격을 받으면 반드시 대대적인 토벌대의 보복이 이어졌고, 무장대 또한 우익에 대한 보복을 멈추지 않았다.

초토화 작전은 무장대의 힘을 빠르게 약화시키고 있었다. 식량을 확보하려는 무장대와 토벌대로부터 죽음을 피하려는 주민들은 산으로도, 산 아래로도 붙을 수 없었다. 이곳저곳 숨을 곳을 찾아 헤매다 토벌대에 붙잡혀 희생되었다. 무장대에 의한 주민 학살도 그치지 않고 있었다. 이 과정에서 체포된 사람들은 이른 바 '군법회의'에 섰다. 재판은 형식적이었다.

1948년 12월 군법회의에서는 민간인 871명이 유죄 판결을 받았다. 기록으로 봐도 12월 2일부터 6일까지, 12월 12일부터 20일까지 군인 사망 11명과 부상 8명을 제외하고 '적'으로 분류돼 사살된 제주도민은 677명, 체포된 사람은 162명, 노획한 총은 22정과 칼 55자루였다. 토벌대가 사살했거나 체포한 '적'의 수와 노획한 무기와의 심한 불균형은 무엇을 말하는가? 무저항 상태의 민간인을 무차별 학살한 것은 아닌가? 이 많은 사람들이 그들이 말하는 '폭도'였을까? 이는 무차별적인 진압 작전을 펼쳤음을 말해 주고 있다.

그렇게 초토화 작전이 극에 달하면서 시간이 흐르고 있었다. 위험한 시절을 눈치챈 꽃들도 눈을 뜨다 숨죽였으리. 중산간 사람들도 꼭꼭 숨었으나 시신은 해초더미처럼 쌓여만 갔다.

심문을 받기 위해 대기중인 수용자들(1948. 11.)

1948년 12월 9일 애월면 광령리에서는 아들이 산에 연루됐다는 누명을 쓰고 토벌대에게 죽음을 당하게 되자 아버지가 대신 죽겠다고 나섰다가 한 날에 부자가 희생당하는 일이 있었다. 이 많은 죽음은 무엇을 의미하는 것일까?

 그해 12월 말 9연대가 철수했다. 함병선 중령이 지휘하는 제2연대가 그 자리를 인수했다. 여전히 제주 사람들의 두려운 마음의 불꽃은 잦아들지 않았다. 엉키고 뒤엉키고 숨 막히는 1948년이 갔다.

 1949년이 매몰찬 칼바람과 함께 찾아왔다. 제2연대는 주둔 초기에 피신했던 주민들이 산에서 내려오도록 설득하는 작전을 폈다. 하지만 곧 강경 토벌 작전으로 치달아 숱한 민간인을 재판도 없이 즉결 처형했다. 도대체 그 사람들은 다 어디로 간 것일까? 1949년 1월경 해변 마을 주민들과 중산간 마을에서 해변 마을로 소개 당해 온 사람들은 토벌대의 명령에 따라 마을을 빙 둘러가면서 성담 쌓는 일에 나가야 했다. 청년들이 없는 마을에서 성담 쌓는 일은 고사리 손으로부터 여인들, 노인들의 주름진 손까지 동원되었다.

 제주 읍내 어떤 여인은 성담을 쌓다가 남편의 시체를 보고 놀랐으나 비명조차 삼켜야 했다. 눈물을 흘릴 자유가 없었다. 또 어떤 이는 "성 쌓기를 끝내고 보니 도령 미 을 일대는 검은 고무신짝이 여기저기 수두룩하게 널려 있었다. 주검들이 신었던 신발들이었다"라고 했다. 가슴은 찢어졌으나 아무 말도 하지 못했다.
 죽기 아니면 살기였던 주민들은 성담을 쌓은 후에 매일 밤미디 돌아가며 보초까지 서야 했다. 퍼붓는 빗속에서도 여자라고 봐주지 않았다. 남편이 부재중이던 만삭의 여인도 보초를 서러 가야 했다. 비 오고 안개 껴서 으스스하던 날, 애월리의 한 아낙네는 남편의 죽음을 슬퍼할 새 없이 갓난애를 집에 재워 두고 나와 보초를 섰으나 '제대로 보초를 서지 못했다'고 지서에 끌려가 죽도록 매를 맞아야 했다. 퉁퉁 불은 시신들을 보고 잠을 못 자던 사람들이었다. 그렇게 4·3의 피바람이 휘몰아쳤다.

그해 1월 10일과 12일, 이날은 남원읍 의귀리와 수망리에서 아이들의 운명을 하루아침에 뒤바꿔 놓은 날이다. 졸지에 부모 잃은 아이들은 소년 가장이 되었으며, 어느 경찰의 수양딸이 되어 성을 바꿨다는 아이도 생겨났다. 80여 명의 주민들이 희생당했다. 거기서 곧 아기를 낳았던 여인도, 이름조차 호적에 올리지 못한 아이도, 소년도, 아버지도 생을 다했다.

새벽에 무장대의 습격을 받아 무장대와 내통했다며 토벌대는 이들을 몰아세웠다. 무장대와 주둔군의 전투 한가운데서 주민들은 이 산 저 산으로 도망다녀야 했다. 애꿎은 마을 사람들은 당시 토벌대로 내려온 2연대 군인들에 의해 의귀국민학교에 수용됐다가 집단 학살 당했다. 남원리, 수망리, 한남리에서 하루아침에 농사짓던 사람들이 3개의 구덩이에 암매장된 것이다. 누가 누구의 유해인지 모를 이 시신들의 구덩이는 그로부터 54년이 지난 2003년에야 파헤쳐졌다. 어려서 부모 잃은 아이들은 할아버지, 할머니가 되어 마을 사람들과 유골을 수습했고, 이들은 비로소 그들이 살던 땅 수망리 위령공원에 안치됐다. 외로운 넋들이 한자리에 있다고 해서 그 이름이 '현의 합장묘'다.

"통제하라." 이처럼 무참한 대학살 소식은 섬 밖으로 나갈 수 없었

현의 합장묘   현의 합장묘에서 4·3 유족회장(양봉천)과 함께

다. 이 기간에 정부는 보도 금지로 언론의 입을 막아 버렸다. 군인과 경찰에 의한 학살을 절대 보도하지 못하도록 한 것이다. 공보부는 언론사에 무장대의 행적에 대한 논평이나 민간인 무차별 학살에 대한 동정어린 표현도 쓸 수 없도록 했다. 그러나 제주 섬의 삼엄한 보도 통제를 뚫고 대학살 소식은 일본의 신문을 통해 제주 출신 재일 동포들에게 전해진다. 그렇게 고향 땅을 하직하고 살 길을 찾아서 떠난 사람들도 생겨났다.

미군 함정이 해안까지 봉쇄했으니 결국 젊은 그들이 살 길은 어디인가? 무조건 뭍로 뱅뱅 막힌 이 섬을 떠나는 길뿐이었다. 고깃배를 타고 저 캄캄한 바다를 건너는 사람들이 생겼다. 흡사 작은 물고기처럼 은신처로 택한 곳은 일본이었다. 해방 이전부터 익숙한 그 땅말이다. 사람들은 뱃길이 가능한 항로를 택해 밀항을 감행했다. 친인척들이 여기저기 살고 있기도 한 땅, 노동하러, 친인척을 만나러, 공부하기 위해서 등 여러 가지 떠나는 이유가 있었지만 무엇보다 지켜야 할 것은 '목숨'이었다. 그 시기에 바다를 건너는 일은 목숨을 걸고 가야 하는 길이었다.

 느닷없이 4·3의 날벼락에 젊은이들이 숨죽여 캄캄한 바다를 건넜다. 밀항하다 붙잡혀 다시 수용소로 끌려가기도 했다. '해방이 왔져'라는 소리에 찾아온 어머니 땅 아니었던가. 하지만 다시 떠나야 했다. 잠시 고향에 왔다가 차일피일 눌러앉았던 사람에게도 그 시국은 피할 수 없는 것이었다. 4·3의 악몽은 따스한 제주 섬 올레의 품안을 기어이 벗어나게 하고야 말았다.
 일본행은 너무나 어려웠으나 밀항은 끊이지 않았다. 섬의 광풍 속에서 겨우 멸족만은 막아야 했다. 늙은 부인들은 위험한 나이의 자식들에게 현해탄을 건너게 했다. 경찰에 잡혀 갔다 나온 가족이 있거나 젊은이가 있는 집에서는 갑자기 사라져 버리는 사람이 있었다. 누구누구는 일본으로 떠났다는 소문이 수군수군 들려왔다. '죄가 없어도 목숨만은 건져야 한다'며 황급하게 재산을 팔고 자식을 일본으로 보내는 부모들, 부모 잃은 고아가 되어 떠나는 사람도 있었다. 그렇게 보낸 자식들은 살아남았으나 고향에 남은 가족들이 희생되기도 했다. 이 때문에 섬을 떠나 일본에 간 이들 중에는 부모 형제의 비참한 죽음마저 낯선 일본 땅에서 들어야 했던 사람들도 있었다.

 4·3이 일어나고 섬 전체가 초토화되던 시기에 일본으로 밀항한 사람들은 대개 10대부터 30대까지의 젊은이였다. 대부분 농사짓던 사람들이었다. 4·3 시기에 일본에서는 해방 후에 일본에 남아 있을 수밖에 없었던 사람과 점차 심해져 가는 밀항의 단속을 뚫고 건너간

사람들이 둥지를 틀고 또 하나의 '작은 제주도'를 만들어 갔다. 그들은 결국 비극의 땅을 떠나 일본 땅에서 또 하나의 공동체를 이루며 살아가야 했다.

1948년 5월 10일 선거 전후 미군 보고서는 일본 소식 편을 통해 "4월 입국자 증가", "한국 이민자들의 파고" 등의 제목으로 한국인의 일본 입국이 급격하게 늘어나고 있음을 알리고 있다. 그러면서 그 이유로는 남한 단독 선거로 인한 정치적 불안정 때문이라고 했다.

당시 일본의 많은 신문이 밀항 주선인을 검거했다는 기사를 실었다. 가령 일본 큐슈 지역의 〈오이타고도〉 신문은 1948년 6월 12일자에 "6월 10일에 오이타에 도착한 밀항 조선인 36명을 검거, 그들은 제주도의 내전을 피하여 도망온 사람들로 목포에서 승선했다"고 기록한다. 1948년 9월 12일 후쿠이현 해변에 제주도에서 온 101명(그중 여성 15명)이 상륙했다는 기사(〈가이호〉 신문, 1948. 9. 8.) 등도 보인다. 부두까지 나와 자식이 떠나는 길을 몰래 지켜봐야 했던 부모들은 이후 다시 자식을 만나지 못하는 경우가 허다했다. 그들은 누구에게도 고향에서 일어났던 대비극을 입 밖에 내지 못했다. 4·3에 연루된 가족들의 경우 이름조차 바꿔 살아야 했던 이들도 있다. 자식들에게까지 4·3은 제주의 침묵처럼 거기서도 꺼내지 못하는 암호 같은 하나의 '부호'였다. 행여 대를 이어 또다시 곤경에 처할까 봐서였다.

가장 참혹했던 집단 학살이 벌어지던 시기에 바다 건너 고향의 비극을 듣고 몸서리치던 이들은 마을별로 추도회를 열어 애도했다.

1949년 1월 3일 오사카 이쿠노구에서 '재판 제주도 대정면 친목회' 주최의 추모회가 열렸다. 이어 2월 1일 오사카 이마자토에서는 '재판 제주도 구좌면 친목회' 주최의 추도회가 열렸고 삼양리, 한림면 등의 추도회가 이어졌다. 도쿄 아리카와에서도 고내리 친목회가 추도회를 열었다. 1949년 4월 고향의 연로한 아버님, 어린 형제들의 몰살 소식을 일본 땅에서 들은 한 재일 동포는 "기본적인 인권이 땅에 떨어졌다"라고 하며 오열했다.

일본으로의 필사적인 밀항에 성공하지 못한 사람들에겐 더 큰 형벌이 가해졌다. 일본으로 가려고 목포까지 갔다가 기어이 어머니 얼굴 한 번만 보고 간다며 다시 들어왔던 아들이 붙잡혀 희생당하기도 했다. 그럼에도 다시 기회를 노렸고 다른 지역을 통해 떠나는 일이 이어졌다. 1948년 제주읍에 살던 이 모 씨는 집에 있다가 '도망치려고 했다'는 이유로 경찰에 끌려가 발이 묶인 채 돼지처럼 매달렸다. 등뼈가 튀어나올 정도로 고문이 가해졌다. 그렇게 5일을 살고 나오자 살아남기 위해 1949년 일본으로 도피했다. 2005년 고향에 돌아와 정착한 그는 그때 고문으로 튀어나온 척추뼈 때문에 지금도 후유증에 시달리며 산다. 상처가 너무 크고, 무엇인가 그때 일을 말하면 고향의 친족에게 해가 미칠지도 모른다고 생각해서 아예 입을 닫고 유족 신고도 하지 않은 이도 부지기수다.

집단 학살이 이루어진 마을인 북촌리의 한 모 할아버지는 가문의 멸족을 면하기 위해 형제를 일본으로 피난시켰다. 할머니가 한밤중에 갈치를 큰 대야에 넣어 선장에게 주고 똑딱선에 태웠다. 형제는 결국 1949년 1월 19일 고향 북촌리의 대비극을 오사카에서 들어야 했다. 남아 있던 그의 할머니와 어머니는 그때 학살에서 살아남지 못했다. "이젠 고향에 가도 어릴 때 친구들이 없어요. 미안해져요. 나만 운좋게 살아났구나 하면 그렇습니다." 할아버지의 판단으로 배를 타고 떠났던 그는 간신히 살아남았으나 강렬한 고향의 기억은 그를 오래도록 몸서리치게 하였다. 음력 12월 18일이면 그도 오사카에서 제사를 지낸다.

오사카 이쿠노구에 사는 아흔다섯 해녀 출신의 양씨 할머니는 그 시국에 아이가 울면 들킨다 해서 우는 어린 딸만 친족에게 남기고 온 자신이 죄인이라고 했다. 차마 눈 뜨고 볼 수 없었던 그때의 기억을 "지옥도 그런 지옥은 없었다"라고 떠올린다. 4·3 때문에 그때 고향 떠난 이들에게 고향은 다시 돌아갈 수 없는 곳이 되기도 했고, 부모의 산소 한 번 찾지 못한 한스러운 몸이 되기도 했다.

일본에 살다 잠시 고향에 들렀다가 참혹한 죽음을 당한 사람도 있었다. 판부 연락선을 타고 일본을 드나들나 4·3으로 뱃길나서 차단돼 나갈 수 없었기 때문이었다. 발만 동동 구르다 끝내 죽음을 맞았다. 죄도 없었지만 자수하면 살려 준다 해서 함덕국민학교에 자수했다가 '박'성내'로 끌려가 힌꺼번에 희생됐다. 그 딸 김순동의 이야기다.

"나는 현장에 나가서 다 봤지요. 나같이 시체 많이 본 사람 없을 것입니다. 가서 보니 시체가 다리 밑으로 다 떨어지니까 차에서 기관

총으로 막 쏘아 버렸어요. 가서 뭐 금광 캐는 사람처럼 시신을 처리하러 유족 수십 명이 같이 갔어요. 가서 보니 그냥 시신들이 떡처럼 되어 있었어요. 다섯 달이 지났으니까요. 우리 아버님은 그래도 옷으로 해서 찾았지요. 제사는 아버님이 나간 날로 지내요. 동짓달 스무 날로."

부모 잃고 고아가 된 몸으로 현해탄을 건너갔다는 여인. 오라비 제사상 한 번 못 차려 줬다고, 당신이 죽고 대신 오라비가 살아야 했다는 여인. 그렇게 일본 땅엔 아흔이 넘어도 통일된 세상을 한 번 보고 싶어 죽을 수 없다던 이성호, 김동일 같은 이들도 산다. 해방 전 일본에서 죽을 노동을 하다 돌아온 사람들 가운데 우리 말을 더듬거리던 사람들은 '우리 말을 제대로 못하는 것을 보니 넌 폭도'라며 죽음을 당하기도 했다.

초토화 시기에 가시리가 화염에 휩싸이던 날, 냇가로만 도망을 다니던 이 마을 여인 박춘옥은 동산에서 한 여자의 죽음을 목격했다. 스물대여섯 난 그녀는 우리 말을 잘하지 못했던 재일 동포 2세였다. 그녀는 잠시 시부모를 만나러 왔던 길이었다. 박춘옥이 본 광경이다.

"총으로 '꽝' 하게 쏘아 버리면 덜 고통스럽게 죽지. 그런데 초가지붕 이는 '새'(띠)로 둥그렇게 담을 쌓고 그 안에 사람을 앉혀 놓고 불을 질렀어요. 그 여자는 일본에서 태어나서 남편도 일본에 있었어요. 시부모가 가시리에 살고 있으니까 다니러 왔다가 뱃길이 막혀 일본으로 못 나간 겁니다. 토벌대가 그 여자를 잡아다가 그 동산을 몇 번이나 돌게 했어요. 몇 번 돌면 살려 주겠다고 했는데 살려 주지 않고 그대로 쏘아 버렸어요. 조선 말도 잘 하지 못하는 여자인데……."

경찰에서 고문을 당해 죽는 어머니의 소리를 들었다는 딸. 1년간 '고광'(광)에 숨어 있던 오빠와 목숨만 부지했던 언니는 결국 일본행을 선택했다고 고백하는 한 여인은 50년이 넘은 지금도 경찰이 보이면 그 뒤로 돌아서 간다고 한다.

일본으로 도피했다는 이유로 대낮에 햇빛이 너무 '따가워' 눈 뜨고 걸어갈 수 없었다고 했다. 그런데 고향 땅 한 번 밟지 못하겠다던 김시중 시인도 결국 반세기 훌쩍 넘기고서야 그 땅을 밟았다. 그 시인의 노래는 처연하다.

　　내 자란 마을이 참혹했던 때
　　통곡이 겹겹이 가라앉은 그때
　　겨우 찾은 해방마저
　　억압에 시달려 몸부림치던
　　그때
　　상처 입은 제주
　　보금자리 고향 내버리고
　　제 혼자 연명한
　　비겁한 사나이
　　4·3 이래 60여 년

골수에 박힌 주문이 되어

날마다 밤마다

중얼거려온 한 가지 소망

잠드시라

4·3의 피여

귀안의 송뢰 되어

잊지 않고 다스리시라

변색한 의지

바래진 사상

알면서도 잊어야 했던

기나긴 세월

자기를 다스리며

화해하라

화목하라

흔들리는 나무야

스스로 귀 열고 듣고 있는 나무야

이렇게 아무 일 없이 뉘우침 흩날리며

봄은 또다시 되살아나는구나

- 김시중 "사월이여 먼 날이여" 중에서 -

한라산 기슭마다 언 땅을 뚫고 나오던 샛노란 복수초도 겁에 질려 숨죽이고 있었다. 땅속에서 그렇게 숨만 쉬며 살던 사람들도 있었다. '영원처럼 길었던 겨울'이었다. 초토화 작전으로 주도권을 장악한 이승만 정부는 1949년 3월 제주도 지구 전투 사령부를 설치하여 막바지 토벌 작전에 승부를 걸듯이 전력을 쏟는다. '유혈의 전장'이었던 작은 섬 제주도의 유재홍 사령관은 무장대와 전투를 하는 동시에 한편으로는 무분별한 살인을 중지시키면서 귀순 작전을 펼쳤다.

한라산 일대에는 3월 초부터 귀순 권유 전단이 집중적으로 뿌려졌다. 선무 공작원들은 '산에서 내려오면 살려 준다'며 산야를 돌면서 방송을 했다. 산에서 떨던 어린이들, 노인들, 여인들, 많은 입산자들이 흰 헝겊을 찢어 나뭇가지에 매단 백기를 앞세우고 가족끼리 내려왔다. 당시 작전 과정에서는 희생된 민간인과 자진 하산자가 체포되어 포로가 된 자가 거의 1만 명에 달했다. 하산한 주민들은 제주 읍내 주정공장, 서귀포 단추공장 등에 갇혔다.

귀순자들을 집단으로 수용했던 제주항 부근의 주정공장
〈미국립문서기록관리청 소장〉

서귀포 수용소에 갇혔던 사람들은 통보리밥인지 밀밥인지 알알이 떨어지는 밥을 먹었다. 그 통조림 깡통 하나로 요만큼씩 손에 쥐어 주면 그것을 타 먹던 어린아이는 자기가 흘린 밥알 한 알을 딴 사람이 먹었다고 울고불고했다. 배고파서 개구리를 잡아먹으러 갔다가 물에 빠져 죽은 아이도 생겼다. 제주시 주정공장 수용소에서도 어린아이들의 희생이 컸다. 제대로 먹지 못한 아이들이 뉘엿뉘엿 시들어갔다. 당시 주정공장에 수용됐던 김주범의 갓 돌 지난 여동생도 굶어서 죽었다.

그들 가운데 일부는 석방되기도 했으나 상당수는 군법회의에 회부되었다. 군 당국은 원칙을 무시했다. 형량도 죄명도 모른 채 형식적인 군법회의를 거쳐 수많은 사람들이 전국 각지의 형무소로 이송되었다.

그렇게 1949년 겨울이 지나갔다. 간발의 차이로 삶과 죽음의 경계가 왔다 갔다 하는 겨울밤, 까마귀 떼만 비린 주검 위에서 인간을 대신해 크게 울부짖었다. 희망이 문틈으로 들어오길 기다렸으나 희망은 보이지 않았다. 그나마 산 자는 살아야 했다. 사람들은 자신들의 고향 집으로 향하였다. 각기 불타 버린 고향 마을로 돌아가 움막 같은 '함바'를 짓고 오글오글 삶을 영위했다. 주민들이 직접 성담을 쌓고 새로 재건해야 했다.

대표적인 전략촌이었던 선흘리 낙선동 성담 쌓기는 그야말로 고사리손까지 동원되어야 했다. 등짐을 지고 돌을 져 날라야 했기 때문에 어깨나 등이 남아날 리 없었다. 마을마다 비좁은 수용소 같은 함바의 삶 역시 고통이었다. 너무나 불결한 위생 때문에 홍역을 앓던

두 아들을 한꺼번에 가슴에 묻어야 했던 부모도 생겨났다.
애월읍 광양리가 고향인 당시 고석돈의 이야기다.

"마을끼리 합쳐서 함바를 짓고 살 때니까 형편없었어요. 우리 아이들도 공기가 너무 나빠서 홍역이 도니까 살 수 있어? 네 살, 두 살 아이도 사흘치로 전부 다 거기서 날려 버렸지(죽어 버렸지). 살릴 수가 있어? 함바집에 버러지(벌레)가 들어오거든. 거기 가서 아이들 잃은 사람이 많아요. 그래서 그때 거기서 자종이(광령 3리)에서 한 6개월 살다가 다시 거기서 여기 성 쌓아 가지고 여기(광령) 재건해서 올라왔어요."

한라산 검은 어둠 속에서 별들은 총총했으나 아무도 별들이 아름답다고 생각하지 않았다. 그렇게 처절한 비명의 아수라장을 뚫고 속절없이 봄은 피어났다. 아픈 봄이었다. 사령부는 4월 중순 이전에 무장대를 완전히 사라지게 한다는 계획을 세우고 있었다. 이름하여 '빗질 작전'이었다. 군부대와 민보단으로 하여금 섬을 횡단하는 섬을 만든 다음 산을 빗질하듯이 싹 쓸어 내려 가면서 무장대를 섬의 반대쪽에 진 치고 있는 경찰 쪽으로 몰아간다는 계획이었다.

이 무렵 무장대는 250여 명으로 추정될 정도로 줄었다. 미군 보고서도 압수

당시 제주 생활의 단면을 보여주는 부엌

제주 4·3 이야기 261

된 소량의 무기는 사살되거나 체포된 무장대의 수와 견주어 볼 때 이는 무기 부족을 말해 주는 것이라고 분석했다. 희생자의 80% 이상이 토벌대의 손에 희생되었다. 이것은 1949년 미군 정보 보고서가 80%가 토벌군에 의해 사살됐다는 기록과 상통한다.

그렇다면 무장대에 의한 살상 행위는 얼마나 되는가? 4·3 초기 무장대는 경찰 서북청년회나 대동 청년단 등 우익 단체원, 그리고 군경에 협조하는 우익인사와 그들의 가족을 지명해 살해했다. 보복 살해였다. 이런저런 형태로 무장대에게 희생된 사람들은 전체 사망자의 약 10분의 1에 해당한다.

무장대가 노인과 어린아이까지 학살한 것은 용납할 수 없는 커다란 과오였다. 세력이 거의 소진되어 갈 무렵 굶주림에 처한 무장대는 식량을 뺏으러 마을로 갔다가 보초 서던 주민을 살해하기도 했다. 이때를 틈타 1949년 4월 9일 이승만 대통령은 정부 수립 이후 처음으로 제주도에 내려와 유재홍 대령 등을 격려하고 수만 명이 운집한 관덕정 광장에서 제주도민을 대상으로 연설을 했다. 여기서 그는 "아직도 반도가 남아 있다는 말을 들으니 섭섭하다"라고 하며 하루속히 사태의 진압을 촉구했다. 또 "정부와 미국인은 항상 제주에 대하여 많이 근심하고 있으며 원조 구호물자도 곧 공급할 것"이라고 했다.

이어 5월 10일에는 재선거를 치러 국회의원을 뽑았다. 재선거는 1년 전과 달리 무사히 치러졌다. 5월 15일에는 제주도 지구 전투 사령부가 해체되었다.

1949년 6월 8일 관덕정 광장에 엄청나게 많은 사람들이 몰려들고 있었다. 십자가 틀에 묶인 시체 1구가 보였다. 고개는 한곳으로 비뚤어져 내려왔고 자그마한 키였다. 시신의 윗주머니에는 손수건이 하나 꽂혀 있었다. 무장대 사령관 이덕구의 주검이었다. '이덕구의 말로를 보라'며 토벌대가 전날 사살한 무장대 사령관의 주검을 내건 것이다. 그의 최후를 보러 나온 사람들로 관덕정은 다시 한 번 북적거렸다. 그의 죽음이 의미하는 것은 컸다. 그것은 무장대 저항이 거의 끝났음을 알리는 것이었다.

그렇다면 그렇게 평화는 오는 것이었을까? 또다시 섬을 강타할 거센 태풍이 한반도의 운명과 함께 오고 있었다. 그러나 섬 사람은 까맣게 모르고 있었다. 이제 거의 한숨을 돌릴 때가 되지 않았을까? 그랬으면 했다. 그러나 4·3의 광풍은 여기서 끝난 것이 아니었다. 희망은 그렇게 쉽게 다가오지 않았다. 1950년 6·25 전쟁이 발발했다. 정부는 7월 8일에 전국적으로 비상계엄령을 발표했다. 정부는 7월 16일 제주 주정공장에 육군 제5훈련소를 설치해 신병 양성에 나섰다. 모슬포 육군 제1훈련소의 수많은 제주 청년들도 전쟁터로 나갔다.

3,000여 명의 제주 청년들이 해병대 3, 4기로 자원 입대했다. 한국전쟁 당시 육군과 해병대에 입대해 참전한 제주 청년들은 1만 명에 달한 것으로 추정된다. 이미 열여덟부터 20대는 위험한 나이였다. 젊은이들의 자원 입대 선풍은 제주가 얼마나 공포의 땅이었는지를 여실히 보여주는 사례였다. 살기 위해서는 군에 가야 했다. 어떤 이는

'억울하게 찍힌 빨갱이 낙인을 지우기 위해', '4·3 때 하도 무서우니까', '친구들이 가니까' 군대에 갔다. 그 이유는 거의 비슷했다. 그렇게 남을 따라서 함께 한국전쟁에 나섰다. 국가의 인정을 받는 길은 전쟁에 나서는 길밖에 없다고 생각했다.

이정순은 한림중학교 다니던 시절, 학교 운동장에서 전교생이 모인 앞에서 2명의 학생이 총살당하는 것을 직접 보고 나서 무서워서 해병대 3기로 지원했다. 1950년 8월이었다.

소년기에 고문을 받았던 이력 때문에 계속되는 뒷조사에 시달려야 했던 김주범이 선택한 것도 결국 군인이 되는 길이었다. 그는 19세에 해군에 자원입대하여 자신의 반공사상을 보여주려고 했다.

아버지의 행방불명으로 오랫동안 연좌제와 사회적 피해의식에 젖어 살아왔던 사람들도 자원 입대했다. '폭도 자식'으로 낙인찍을까 봐서다. 김명원은 농사만 짓던 부모가 '빨갱이'로 몰려 학살당한 이후 '빨갱이 새끼'란 굴레에서 벗어나기 위해 자원 입대했으나 그곳에서도 수모를 당해야 했단다. 그렇게 참전해 국가가 인정했다고 자부심을 얻은 사람도 있었으나 돌아오지 못한 사람도 많았다.

그랬다. 제주 청년들의 군 입대는 생존을 위한 처절한 몸부림이기도 했다. 학살에서 살아남은 양태병은 한국전쟁이 나서 입대를 자원했으나 신체가 약하다고 세 번이나 떨어지자 애원하다시피 해서 겨우 군대에 갔다 올 수 있었다. 한국전쟁 때 자원 입대했던 한 주민은 "어느 날 갑자기 불려가 아무런 저항도 못하고 죽는 것보다 전쟁터가 훨씬 더 안전했다"라고 회고했다. 군대가 자신에게 낙인처럼 새겨진 붉은 색깔을 지워 준다고 믿었기 때문이다.

이 시기 이승만 정부는 인민군에 동조할 가능성이 있다는 자의적인 판단 아래 아무런 죄도 짓지 않은 사람들을 전국적으로 예비 검속이란 이름으로 잡아들였다. 제주에서도 4·3 연루자 가운데 이미 훈방했거나 석방된 사람들을 대상으로 대대적인 예비 검속을 실시하였다. 고기 잡고 농사일만 하다가 느닷없이 형무소로 끌려간 사람들은 거기서 고생하다 돌아온 것도 억울한데 경찰서에서 오라 가라 하며 다시 괴롭혔다. 예비 검속으로 인한 희생자와 형무소 재소자 희생자는 3,000여 명에 이른 것으로 추정된다. 유족들은 아직도 그 시신을 대부분 찾지 못하고 있다.

예비 검속! 그 회오리바람은 너무나 큰 학살을 불러왔다. 1950년 7월 말부터 8월 말 예비 검속자에 대한 군 당국의 집단학살이 대대적으로 이뤄진 것이다. 예비 검속자들은 정뜨르 비행장(제주 비행장)과 알뜨르 비행장(모슬포 비행장) 등지에서 처형되었고 바다에 수장당하기도 했다. 얼마 후에 자신들이 파묻히게 될 운명도 모른 채 끌려간 사람들이 구덩이를 팠으며, 비행장의 거

예비 검속으로 수감 중인 제주도민

대한 구덩이들은 그렇게 그들을 숨진 채 반백년이 넘는 세월의 입을 다물어 버렸다. 허둥대며 가족의 얼굴을 찾으려 애를 썼으나 찾을 길이 없었다.

이때 남편을 잃고 딸 넷을 키우며 홀로 평생을 살고 있는 제주시 내도동의 김만수 할머니는 그날 이후 괜히 심장이 뛰고 가슴이 아파 잘 걷지 못하는 병에 걸렸다. 아래는 그녀의 이야기다.

"난 지금도 남편이 무슨 죄로 끌려가 죽었는지 알 수 없습니다. 남들은 그때 끌려간 사람들이 대개 바다에 빠져 죽거나 육지 형무소로 보내졌다 하는데, 난 시신은 찾지는 못했지만 남편이 분명히 제주도에 묻혀 있다는 것을 압니다. 끌려간 지 3개월 후 남편이 꿈에 나타났기로 '육지 갔다는데 어떻게 오셨습니까?'라고 물으니 '육지가 아니고 비행장 부근의 고랑창이야'라고 했습니다."

특히 모슬포 경찰서 관내 예비 검속자는 총 344명으로, 이 가운데 252명이 군에 의해 희생됐다. 한국전쟁 발발 직후 일어난 예비 검속 사건은 4·3과 관련되는 사람들, 아니면 전혀 관계없는 사람일지라도 집단 학살한 국가 폭력의 한 전형을 보여준 사건이었다.

1950년 8월 20일 새벽 5시에는 모슬포 절간 고구마 창고에 갇혀 있던 사람들이, 같은 날 새벽 2시에는 한림어업조합 창고에 수감되었던 사람들이 끌려나와 총살당했다.

그 학살터는 남제주군 대정면 상모리 섯알오름이었다. 이곳은 일

제 강점기 때 일본군이 탄약고로 쓰던 곳이었다. 군경의 살엄한 경비로 유족들은 지척에 있는 부모와 형제자매, 남편과 부인의 시신을 수습할 수 없었다. 울음소리조차 낼 수 없었다. 1956년 학살된 지 6년이 지나서야 모슬포 지역 유족들은 비로소 132구의 시신을 거두는 것이 허락되었다. 그러나 이미 살이 썩어 누구의 시신인지 알 수도 찾을 수도 없었다. 유족들은 대정면 상모리에 시신들을 안장하고 '백할아버지의 한 자손'이라며 '백조일손지지'라 명명했다.

한림어업조합 창고와 무릉지서에 구금되었던 희생자 63구, 이 억울한 뼛골들은 유족들이 총살 현장에서 비밀리에 시신을 수습해 금악리에 묻고 속칭 '만뱅디 공동 장지'라는 묘역을 조성했다. 정녕 봄날은 검으나 붉은 흙 속에 꾹꾹 묻혀 있어야만 했을까.

섯알오름길에는 부모, 형제, 누이가 꼭 발견하기를 기다리던 주인 잃은 검정 고무신이 널브러 있었다. 당시 경찰 공문서에는 1950년 8월 4일 현재 제주 도내 요시찰 인물 중 820명이 예비 검속되어 있다고 적혀 있다. 예비 검속자 가운데 군에 갔다가 돌아온 사람들도 있었다니 무엇을 뜻하는 것일까?

감옥에서 살아 돌아온 자들은 목숨을 건진 것만으로도 스스로 위안해야 했다. 군법회의 대상자들은 곧바로 시대문, 마포, 대전, 내구 혹은 인천, 전주형무소로 수감되었는데, 이들 형무소 재소자 가운데 일부는 형기를 채우고 출소하기도 했으나 상당수가 한국전쟁 발발 직후 행방불명됐다. 제주에서 이송된 4·3 관련 재소자는 일반 재판

백조일손지지   백조일손지묘 위령비

수형인 200여 명과 군법회의 수형인 2,350여 명으로, 이들 2,500여 명 대부분은 다시는 고향 땅을 밟을 수 없었다. 유가족들은 그들을 행방불명 희생자로 '제주 4·3 사건 진상 규명 및 희생자 명예 회복위원회'에 신고했다. 이들은 언제 어디서 어떻게 죽었는지 알 길이 없다. 하지만 대부분 북한군 점령 직전 대한민국 국군에 의해 총살당했다.

  어떤 아버지는 아들의 면회를 갔다가 형무소에서 죽은 마을 사람의 유골을 거두어 와서 고향에서 장례를 치를 수 있게 하기도 했다. 20대에 청상이 된 어떤 여인은 관을 들고 목포형무소까지 가서 남편의 뼈를 수습해 오기도 했다. 4·3으로 1954년까지 형무소에 수감됐던 사람들은 수천 명에 이른다. 섬 어디에도 떠날 곳은 없었다. 무슨 죄를 지었는지, 얼마나 감옥살이를 해야 하는지도 모른 채 갇혀야 했던 사람들이었다.

  1953년 1월 말 유격전 특수부대인 무지개 부대가 투입돼 한라산에서 작전을 전개했다. 3개월 동안 모두 7차례에 걸친 토벌작전으로 무장대는 거의 소멸되었다. 지역 주민들이 담당했던 마을 성곽 보초

임무도 없어졌다. 1954년 9월 21일, 마침내 민족의 영산 한라산은 그토록 굳게 닫아 걸었던 빗장을 풀었다. 제주도 경찰국이 한라산 금족 지역을 완전 해제해 전면 개방을 선언한 것이다. 사건의 처음부터 말없이 지켜봤던 한라산은 흐느끼듯 검은 능선만 들썩였다. 1947년 3·1 발포 사건이 일어난 지 7년 7개월의 일이었다.

왜 그래야 했을까? 삶과 죽음이 한 떨기 동백꽃만큼도 못했던 1948년, 그해 초토화 대참극을 가져왔던 4·3. 이 사건의 전개 과정을 따라오면서 '어떻게 인간이 인간을 학살하는 참담한 일이 그렇게 오랫동안 이 섬에서 계속돼야 했던가? 아무런 죄도 없는 사람들이 그렇게 학살당하고 있을 때 과연 그들을 보호해야 할 국가는 어디 있었는가? 책임은 어디 있는가?' 하고 일찍부터 묻고 싶었을 것이다. 그것의 실체는 다 밝혀지지 않았지만 이제 드러난 것만으로도 우리는 말할 수 있는 것 아닌가?

다시 밝히자면, 먼저 1948년 11월 중순께부터 1949년 3월까지 약 4개월간 진압군이 벌인 초토화 책임은 당시 정부와 미국에게 물어야 할 것이다. 그중 첫 번째는 이승만 정부와 현지 진압작전을 벌인 지휘관들이다. 이승만 대통령은 군통수권자이기 때문이다. 제주 4·3 전 과정에 걸쳐 가장 처참한 집단 학살과 초토화 작전이 지행된 것은, 대한민국 정부 수립 3개월 만인 1948년 11월 17일, 이승만 대통령령 31호로 제주 전역에 계엄령을 선포한 즈음이다.

서북청년회도 이승만 정부 후원 아래 제주도 사태의 최일선에 섰다. 이승만 정부는 제주도 사태를 순리대로 풀려고 하지 않았다. 원인을 치유하지 않은 채 오로지 강경 일변도로 대응했다. 한 서청 단원은 "이승만 대통령 허락 없이 어느 누가 재판도 없이 민간인을 마구 죽일 수 있는 권한이 있었겠습니까?"라고 증언했다고 하지 않는가!

두 번째로 미국의 책임을 덮어 둘 수 없다. 무엇보다 4·3은 미국이 남한을 점령하고 있던 미 군정하에서 일어난 일이었다. 과연 그 사건의 핵심에 있었던 미국은 우리에게 무엇이었는지 묻지 않을 수 없다. 1949년 4월 제주도 사태를 종합적으로 분석한 주한 미군 사령부의 정보 보고서에 실려 있는 글은 사건의 도화선이 되었던 1947년 3·1 발포 사건에 대해 미 군정도 3·1 사건을 4·3의 발단으로 보고 있음을 알려 준다.

3·1절 시위에 나섰던 평범한 도민들을 '좌익'이라고 단정했던 미 군정은, 사상이 무엇인지 모르는 사람들을 '붉은 사상, 빨갱이'로 몰아붙였다. 4·3 발발의 원인을 찾아내고 평화적인 방법으로 해결하려는 노력보다 오로지 무조건 진압을, 그것도 무차별 집단 학살이라는 강경 진압 작전을 편 것이다.

해방 공간의 제주도는 한반도의 축소판이라고 말할 수 있다. 물론 자치 활동을 벌인 것, 친일 경찰과 극우 청년단의 억압과 테러에 시달린 것 등은 남한의 어느 지역과도 마찬가지였다. 다만 제주도는 다른 곳보다 더 강도가 심했다. 그것은 제주 섬을 견딜 수 없는 탄압과 수탈에 시달리게 했던 역사적 배경 때문에 더 그러했다. 이 때문에 다른 곳보다 항쟁이나 소요가 더 거셌다는 것이다.

4·3의 이러한 배경과 전개 과정을 미국은 처음부터 끝까지 그들 나름대로 파악을 하고 있었으면서도 제주도민의 마음을 헤아리지 않았다.

또한 1949년 8월 15일 미 군정이 끝나고 대한민국 정부 수립이 선포되었으나 한미 간 군사협정에 따라 여전히 작전 지휘권을 장악하고 있었던 쪽은 미군이었다. 한국군을 지휘하고 통제하는 권한을 막강하게 발휘한 임시 군사 고문단이 있었다. 한국군의 조직, 훈련, 무장은 물론 작전에 이르기까지 모든 부문에서 미군 고문단의 통제를 받아야 했다. 미 군사 고문단은 연대나 대대 단위까지 상주하면서 모든 작전 과정에 대해 일일이 상부에 보고하고 있었다.

그들은 초토화 작전을 방조했으며, 경찰을 비롯한 토벌대에게 무기를 제공했다. 또한 인간이 인간에게, 동족이 동족에게 가하는 집단학살을 눈 뜨고 지켜보았다. 또한 그들은 그때의 실상을 낱낱이 일일 보고서를 통해 기록해 놓았다. 그런데도 그들은 입을 열지 않고 있다. 한국군의 모든 작전 명령은 발표에 앞서 미군 고문관과 협의를 거치도록 하고 있었다. 그럼에도 중산간 지역을 적성 지역으로 선포한 송요찬 9연대장의 1948년 10월 포고문에 대해 당시 미군 고문관은 자신은 전혀 몰랐다고 고개를 내저었다.

그때 미군의 얼굴을 볼 수 있는 예를 하나 들어 보자. 1949년 2월 20일 제주읍 도두리 근처에서 '무장대 혐의자' 76명이 민보단의 죽창에 찔려 죽는 처형 장면이 미 군사 고문단 일행 4명에게 목격되었다. 그 처형 작전은 군인과 경찰이 감독하고 있었다. 고문단이 현장에 도착했을 때는 이미 절반인 38명이 처형되어 있었고, 나머지 38명에 대한 학살을 미 군사 고문단이 목격했다. 미군 보고서는 사망자 가운데 여자 5명과 중학생 나이의 어린이들도 포함되어 있었다고 기록되어 있다. 그렇다면 어린아이가 '무장대 혐의자'라는 말인가. 그러나 그들은 이를 저지했다는 흔적이 없다. 목숨부터 살려 보고자 하는 모습은 없었다.

한국군의 작전 통제권을 쥐고 있던 미군은 학살 현장을 방치한 채 단지 목격했을 뿐이라고 하고 있다. 이는 미군이 대규모 민간인 희생에 대해 책임을 면할 수 없다는 점을 보여주는 대목이 아닐 수 없다. 미국이 4·3에서 자유롭지 못한 이유가 여기에 있다.

그리고 국무회의 자리에서 "가혹한 방법을 동원해서라도 제주 4·3 사건을 완전히 진압해야 한국의 중요성을 인식하고 있는 미국의 원조가 가능하다"는 이승만 대통령의 지시는 무슨 의미인가? 이는 강경 진압 작전이 미국과의 교감 속에서 벌어졌음을 암시하고 있다. 일찍이 미군 보고서는, 미군 고문단장 로버츠가 이승만 대통령, 이범석 국방장관, 채병덕 참모총장 등에게 보낸 1948년 12월 18일자 서신에서 중산간을 초토화시키며 집단 학살극을 자행한 송요찬의 작전을 성공 작전으로 높이 평가하고 대통령 성명으로 널리 알리도록 한국 정부에 요청했다고 기록하고 있다. 송요찬 중령은 섬 주민들이 당초에 가졌던 적대적 태도를 우호적·협조적 태도로 바꾸는 데 대단한 지휘력을 발휘하였다고 칭찬한 것이다. 그러니 '잘했다'고 언론과 대통령 성명으로 크게 알려야 한다는 것이다.

여기에 적극적인 화답이 이루어졌다. 채병덕 참모총장은 사흘 내에 보낸 답신에서 송요찬에게 훈장을 수여하겠다고 약속했다. "국방경비대 9연대장 송요찬과 미국 고문관들이 제주에서 보여준 활약상에 대한 칭찬과 그에 상응하는 적절한 상을 주겠다"는 내용이었다.

1948년 12월 9일 유엔 총회에서 채택된 '집단 학살(제노사이드) 범죄의 방지 및 처벌에 관한 조약'에는 제노사이드를 유엔의 정신과 목적에 위배되고 문명 세계에 의해 단죄되어야 하는 국제법상 범죄임을 분명히 명시하고 있다. 4·3 당시 초토화 작전은 반문명적·반인간적 만행이었다. 국제법으로든 국내법으로든 절대로 용납될 수 없는 범죄였다. 그러나 제주 섬에서 수만 명의 무고한 죽음이 있었다는 것은 무엇을 의미하는 것인가. 제주도의 학살은 이 조약을 철저히 어겼다.

미국의 세계적인 석학이자 사상가인 노암 촘스키도 "1945년부터 1949년 6월까지 미군이 한국의 군내와 경찰을 지휘 통제했기 때문에, 제주 섬에서 발생한 모든 학살극과 잔혹 행위에 대해 미국은 윤리적인 책임뿐 아니라 실제적이고도 법적인 책임이 있다"라고 했다.

> 알겠느냐 살벌했던 세월, 삶과 죽음은
> 종이 한 장 차이였음을
> 내일을 기약할 수 없는 섬사람들의 공포의 한복판에서

을씨년스런 들판을 헤매야 하였음을

1948년 무자년 1949년 기축년 그해
한라산은 떠나지 못하는 넋들의 울음소리로 가득 찼다.
짐승처럼 기어야 할 만큼 눈이 많았던 그 겨울
그렇게 산 위를 헤매다 눈에 얼어붙어
너부러진 수많은 주검을 만났다던 이들
곡절 없이 경찰에 끌려가 등짝이 나가는 고문을 받았다는 이,
아이 안고 쓰러진 어머니,
괄락괄락 쏟아지던 그 어미의 피젖을 빨던
갓난애기가 있었다는 이야기,
죽어가면서도 끝내 가문의 아이만은 살려야 했다는 여인들의 이야기가
눈처럼 참혹하게 쌓여만 갔다.
그해 겨울이었다.

대체 가난하나 따스했던 웃음소리는 다 어디로 간 것일까?
올렛길에서 맞이하던 어머니 아버지는 다 어디로 간 것일까?
부모 잃은 아이들은 '업게'(업저지, 어린아이를 업어 주며 돌보는 여자 하인)
수양 딸 남의 집 머슴으로 들어가기도 했다.

행방불명된 이가 늘어났다.

어떻게든 먹고 살아야 했다.
숨막히는 겨울은 사그라졌다.
집집마다 깨진 항아리 검은 항아리에
검중검중 어둠만 깊이 내려앉았다.
도망치다 보면 엄마와 아이가 하얗게 얼어 죽은 모습도 보였다.
시신마저 못 찾은 사람은 또 얼마나 많으랴.

그해 겨울은 그토록 가혹했다.
오름은 오름끼리 어깨 걸고
어둠 속에서 둥글게 숨죽이고 있었다.

수많은 잃어버린 마을,
이 마을들의 이름을 기억한 채
이 땅의 산야는 화산이 폭발하던 날처럼 엄청난 충격에 휩싸여야
했다.
뜨거운 마그마가 부글거리는 땅 위에서 태어난 제주 사람들은
화산 같은 폭발을 다시 한 번 경험해야 했다.

알겠느냐.
초토화 속의 그 학살극을 어떻게 다 말할 수 있겠느냐.
다만 말할 수
있는 것만 말할 뿐이다.

그날 이후 마을의 봄은 사라졌다.
팽나무 그늘 아래 수백 년 모여 정을 나누던
이웃 삼촌 한마을 한가족이었다.
목축과 농사를 천직으로 삼던 사람들
박한 농사일도 서로서로 '수놀음'(품앗이)하며 살던
오래된 마을들은 다시는
찾을 수 없는 영원히 사라진 마을이 되었구나.
서로를 두려워하는 마음
마을 사람들끼리 서로 대립된 마음의 불꽃이
들고 나고 하던 시기였다.

살을 에는 추위와 굶주림으로 너무도 처절했던
한라산 자락 아래 사람들
옹기종기 모여 살던 중산간 마을 사람들은
다만 조상들이 그곳에 터를 잡았다는 이유 하나로
다가올 죽음의 공포 속에서 파들파들 떨어야 했다.

다시 쳐다보기도 겁이 나는
처참했던 이야기는 그 학살의 지옥에서
살아남은 사람들의 입으로 입으로
전해 들을 수밖에 없구나.
하나 이것도
그 이야기의 단 일부에 지나지 않음을

알아야 한다.

- 허영선 "4·3을 묻는 너에게" 중에서 -

4·3 평화공원 안 조형 상징 작품 중에서

국가기도운동 남장로교 호남 선교 이야기 *21*

순이 삼촌 이야기
-현기영, 〈창작과 비평〉 1978년 가을호

이렇게 순이 삼촌이 단서가 되어 이야기는 시작되었다.

그 흉물스럽던 까마귀들도 사라져 버리고 세월이 삼십 년이니 이제 괴로운 기억을 잊고 지낼 만도 하건만 고향 어른들은 그렇지가 않았다. 오히려 잊힐까 봐 제삿날마다 모여 이렇게 이야기를 하며 그때 일

순이 삼촌 기념비

쓰러져 있는 비석은
당시 희생자들의 모습을 상징한 것

을 명심해 두는 것이었다. 어린 시절 제사 때마다 귀에 못이 박일 정도로 들었던 그 이야기들이 다시 머릿속에 무성하게 피어올랐다.

그 사건은 당시 일곱 살 나이였던 내게도 큰 충격을 주었다. 사건 바로 전해에 폐병으로 시름시름 앓던 어머니가 돌아가시고 도피자라는 낙인을 받고 노상 마룻장 밑에 숨어 살던 아버지마저 일본으로 밀항해 가버려 졸지에 고아가 되어버린 나는 큰집에 얹혀살고 있었다. 죽은 어머니 생각에 걸핏하면 남몰래 눈물짓던 내가 그 울음을 졸업한 것은 음력 섣달 열여드렛 날의 그 사건이 내 어린 가슴팍을 짓밟고 지나간 뒤였다. 말하자면 너무 놀란 나머지 울음이 뚝 떨어진 거였다.

그리고 일주도로변 옴팡진 밭마다 흔전만전 허옇게 널려 있던 시체를 직접 내 눈으로 보고 나자 나는 어머니 죽음이 유독 나에게만 닥쳐온 불행이 아니고 그 숱한 죽음 중의 하나일 뿐이라고 생각되었다. 사실 어머니가 폐병으로 죽지 않고 살아 있었다 하더라도 그날 그 사건에 말려 어차피 죽고 말았을 것이나.

"그날 헛간에 앉안 멕(떡서리)을 잣고 있는디 군인들이 완(와서) 연선 들으래 오랜 히지 안해여." 큰 당숙 어른이 먼저 말을 꺼냈다. 음력 섣달 열여드렛 날 그날은 유달리 바람끝이 맵고 시린 날씨였다. 그래서 여편네들은 돈지코지 미역밭에 나가 물질할 엄두를 못 내고 집에서 물레로 양말 짤 실을 잣거나 텃밭의 배추포기에 오줌 거름을 주든지 시아버지를 도와 지붕 이엉이 바람에 날아가지 않게 동여맬 동아줄을 띠풀로 꼬고 있었다.

그 무렵 젊은 측들은 공연히 도피자로 몰려 낮에는 마을에서 사오리 한라산 쪽으로 올라간 큰 냇가 자연동굴에 숨어 있다가 밤에나 내려오는 박쥐 생활을 계속하고 있었다. 그날 아침 나절에 길수 형과 나는 큰아버지를 도와 밭거름으로 쓰려고 밤 사이 갯가에 올라온 듬부기나 감태 따위 해초를 한군데 모아놓는 일을 했다. 그러고는 집에 돌아와서 점심 요기로 할머니가 내준 식은 고구마 한 자루씩 받아 먹고 있노라니까 별안간 밖에서 호루라기 소리가 요란하고 고함소리도 들렸다.

"연설 들으러 나오시오! 한 사람도 빠짐없이 국민학교 운동장으로 모이시오!" 보통 때 같으면 순경이나 대동청년단원 몇 사람이 다니면서 사람들을 불러 모았는데 이번엔 어쩐 일인지 철모에 총까지 든 군인들이 수십 명 퍼져 다니면서 득달같이 재촉하는 것이 뭔가 심상치 않았다. 심지어는 총검으로 창문을 열어젖히면서 병든 노인들까지 내몰았다. 좀 불안한 생각이 없지도 않았지만 그 전해 5·10 선거 무렵에도 그렇게 득달같이 사람들을 불러 모은 적이 있어서 그때처럼 무슨 중대한 연설이 있는가 보다라고만 생각했다.

길수 형과 나는 할머니와 큰아버지 뒤를 따라 국민학교로 갔다. 먼저 온 동네아이들 여남은 명이 벌써 조회대 밑에 진을 치고 있었다.

시국 강연회는 아이들에게 퍽 인기가 있었다. 그 당시 연사들에게 유행하는 신파조의 웅변이 퍽 재미있고 맨 끝 순서로 부르는 "역적의 남로당을 때려 부숴라"라는 씩씩한 노래와 우렁찬 만세삼창은 정말 가슴 뛰게 하는 것이었다.

길수 형과 나는 할머니 곁을 떠나 아이들이 있는 데 가 쪼그리고 앉았다. 운동장 흙은 진눈깨비가 녹은 다음이라 몹시 질척거렸는데 밑창 터진 고무신에 물이 새어 들었다. 나는 발이 젖어 시렸지만 참고 기다렸다. "그때 운동장에 뫼인 사람 수가 대강 얼마나 되어시까 마씸?" 하고 육촌 현모 형이 물었다. 형은 당시 열댓 살 나이에 도피자로 몰려 피해 다녔으므로 요행히 그날 사건 현장에는 없었다. "셀쎄 마을 호수가 삼백 호가 넘어시니까 한 천 명쯤 안 됐이까? 병든 할망들까장 부축해연 나와시니까" 하고 큰당숙 어른이 말하자 큰아버지가 참견했다.

"아니, 그보다 많을 거여. 선흘리와 논흘리 쪽에서 소개해연 온 사람들도 긴줌(거의) 벡 명은 되어시니까." 잠시 후 돌과 흙으로 쌓아올린 조회대 위로 권총 찬 장교가 올라섰다. 그 장교의 지시에 따라 모두 질척거리는 땅에 쪼그리고 앉았다. 강연이 시작되나 보다 했는데 웬걸 장교는 지서 박 주임과 이강 강 씨를 딘 위로 불러 세우더니 지금부터 군인 가족을 골라내겠다고 큰 소리로 언명하지 않는가.

"군인 가족들은 앞으로 나오시오. 사돈에 팔촌깡 덮어놓고 나오디 말고 직계가족만 나오라요. 만일 군인 직계가족도 아닌데 나온 사람은 당장 엄벌에 터하가시오." 단 밑에는 입산자 색출 때문에 종종 마을에 나타나던 함덕지서 순경 두 명과 창끝이 검게 그을린 대창을 든 대동청년단 청년 예닐곱 명이 뻣뻣한 자세로 서 있고 그 뒤로 스무 명쯤 되어 보이는 무장 군인들이 이열 횡대로 늘어서 있었다. 그들의 한결같이 굳은 표정을 보자 사람들이 적이 불안을 느끼기 시작했다.

영문 모르는 그들은 옆 사람을 바라보면서 수군거리고 주위를 둘러보았다. 별안간 무슨 일일까? 군인 가족들에게 보리쌀 배급이라도 주려나? 막상 군인 가족 당사자들도 나가야 좋을지 몰라 우물쭈물하고 있자, 장교는 빨리 나오라고 빽 고함을 질렀다. 군인 가족들은 주뼛주뼛 눈치를 보면서 앞으로 나갔다. 그들은 단 앞으로 가 이장과 순경과 대동청년단 사람들의 심사를 받고 나서 단 뒤로 인솔되어 따로 앉혀졌다.

"아맹해도(아무래도) 낌새가 이상해연 나도 어머님을 찾안 뫼시고 군인 가족들 틈에 섞연 나갔쥬. 매부가 군인이니 직계가족은 아니지만 다행이 이장 강 씨가 눈 감아 주언 넘어갔쥬". 큰아버지의 말이었다. "형님, 그것 봅서. 누이동생을 나한테 팔아 무신 손핼 봅니까? 이북 것한티 시집간다고 결사 반대허더니" 하고 고모부가 너털웃음을 웃었다.

그 다음에 순경 가족이 나가고 이어서 공무원 가족이 나갈 즈음 뭔가 좋지 않은 낌새를 눈치챈 군중은 동요하기 시작했다. 공무원 가족에 이어 대동청년단과 국민회 간부 차례가 왔을 때 사람들은 너도나도 앞을 다투어 나아가 이장과 청년단 사람들에게 매달렸다.

"정숙이 아버지, 우리 친정 오래비가 작년에 병정 간 거 무사(왜) 알지 않우꽈?"
"이장님 마씸, 우리 사촌동상이 금녕지서에 순경으로 있우다. 김갑재라고 마씸."
"뒤로 물러갑서. 다들 직계가족이 아니라 아니 됩니다. 물러갑서."
이장은 손을 내저었다.
"직계가족이 뭐우꽈?"
"이장님, 날 좀 보내 줍서."
이런 북새통에 별안간 군중 속에서 날카로운 부르짖음 소리가 났다.
"불났져! 마을에 불났져!"
화달짝 놀란 사람들이 우르르 몰려가 학교 돌담 울타리를 기어올랐다.
"불이야 불!" "불났져, 불났져!" "아이고, 아이고!"
운동장 사방에서 울부짖는 소리가 회오리바람처럼 일어나 하늘을 찔렀다. 울타리까지 갈 것 없이 마을 동편 하늘에 끼맣게 불티가 닐고 있는 게 내 눈에도 역력히 보였다. 매캐한 연기 냄새도 차츰 바람에 밀려왔다. 그때 서편 울타리 돌담이 여기저기서 매달린 사람들의 체중을 못 이겨 와르르 무너졌다. 사람들이 그 울타리 터진 데로 몰려 밖으로 나가려고 하자 지체 없이 총소리가 울렸다. 사람들은 다시 운동장 복판으로 우르르 몰려들었다. 무너진 돌담 위에 흰 무명 적삼에 갈중이를 입은 노인이 한 사람 엎어져 죽은 모양인지 꼼짝하지 않았다. 군인 여남은 명이 빠른 동작으로 돌담 위로 뛰어오르더니 아래를 향해 총을 겨누었다. 그러자 조회대 뒤에 늘어서 있던 이십여 명의 군인들도 앞에 총 자세로 잽싸게 뛰어 나오더니 정면에서 사람들을 포위했다. 단상의 그 장교는 권총을 어깨 위로 빼들고 으름장을 놓았다. 그가 강하게 턱을 올려젖히자 철모가 햇빛에 번쩍 빛났다.

"잘 들르라요. 우리네 지금 작전 수행 중에 있소. 여러분의 집은 작전 명령에 따라 소각되는 거이오. 우리의 다음 임무는 여러분을 모두 제주읍으로 소개하는 거니끼니 소개등 만약 질서를 안 지키는 자가 있으믄 아까와 같이 가차없이 총살할 거이니 명심하라우요."

장교의 귀설은 이북 사투리가 겁 집어먹은 부락민들의 머리 위에 카랑카랑 울려 퍼졌다. 사람들은 제주읍으로 소개시킨다는 말에 반신반의하면서 군인들의 눈치를 살폈다. 지금 당장은 자기 집이 불타고 있다는 생각에만 완전히 넋 잃고 절망해야 할 사람들이 다른 무엇을 예감하고 두려워하는가? 마을 쪽에서 해풍을 타고 매캐한 연기 냄새가 더욱 심하게 밀려오고 불티가 까맣게 뜬 하늘에 불 아지랑이가 어른거렸다. 게다가 이따금 총소리가 탕탕 울렸다.

"난 그날 서동네에 쇠(소) 흥정하레 갔다 오던 참이랐우다. 마악 벌레 동산 잔솔밭에 당도해연 내려다보난 묵은 구장네 집하고 종주네 집이 불붙어 있십디다. 잔솔밭에 숨어서 보난 군인들이 조짚뭇을 빼어다 불붙여 들고 이집 저집 옮겨댕기멍 추녀 끝뎅이에다 불을 당기고 이십디다."

군인들의 지시에 따라 사람들이 교문을 향해 늘어서기 시작했을 때 별안간 "군인들이 우리를 죽이레 데려감져" 하는 말이 전류처럼 군중 속을 꿰뚫었다. 그러자 교문 가까이 선두에 섰던 사람들이 흩어지며 뒤로 우르르 몰려갔다. 단상의 장교가 권총을 휘두르며 뒤로 물러가는 자는 가차없이 총살하겠다고 고래고래 소리 질렀다. 이 말에 사람들이 잠시 주춤했을 뿐 다시 뒷걸음치기 시작했다.

그때 큰아버지가 길게 한숨을 내쉬며 말했다. "하이고, 난 그때 저 길수 놈하고 상수 녀석(나)을 얼마나 찾았는지 모를로고. 어머니 하고 아명 큰소리로 불러도 이놈우 새끼들이 어디가 박혀신지……." 할머니와 큰아비지가 번갈아 익쓰미 부르짖는 소리를 우리는 듣고 있었지만 갈팡질팡하는 사람들 틈에 섞여서 도무지 헤어 나갈 수가 없었다. 우리는 둘 다 고무신이 벗어진 채 사람들에게 이리 쏠리고 저리 쏠리면서 울고 있었다. 우리들은 서로 손을 꼭 붙잡고 놓지 않았다. 서로 이름을 부르며 가족을 찾는 소리와 군인들의 악에 받친 욕 소리로 운동장은 온통 수라장이었다.

머리 위에서 한 발의 총성이 벼락같이 터진 것은 바로 그때였다. 사람들은 일제히 "아이고!" 소리를 지르며 서편 울타리 쪽으로 우르르 몰려가 붙었다. 운동장은 순식간에 물 끼얹은 듯 조용해졌다. 사람들이 몰려가고 난 빈자리에 한 여편네가 앞으로 엎어져 있고 옆에는 젖먹이 아기가 내팽개쳐져 있었다. 조용한 가운데 그 아기만 바락바락 악을 쓰며 울고 있었다.

"영배 각시 총 맞았져!" 누군가 이렇게 속삭였다. 흰 적삼에 번진 붉은 선혈이 역력했다. "두 살 난 그 아이가 바로 방앳간 허는 장식이여. 후제 외할망이 키웠쥬. 이제 결혼도 하고 씨 멸족할 뻔한 집에서 아들 둘까지 낳아시니 죽은 어멍 복을 입은 것일 거라 아매도." 작은 당숙의 말이었다.

죽은 사람을 보자 나는 더럭 겁이 났다. 사람들이 뒤로 물러나 앞이 트였지만 길수 형과 나는 장교가 권총을 빼들고 서 있는 조회대 뒤로 달려갈 엄두가 나지 않았다. 저쪽으로 가다간 저 사람이 틀림없이 총을 쏠 테지, 우리는 어찌할 바를 모르고 발을 동동 구르기만 했다.

사람들이 서편 울타리에 붙어 나올 생각을 하지 않자 군인들은 긴 장대 두 개를 들고 나왔다. 그건 교무실 앞 추녀 끝에 매달아 두었던 것으로 학교 운동회 때마다 비둘기들을 넣는 대바구니 두 개를 맞붙여 얇은 종이를 발라 만든 큰 공을 높이 매달아 놓는 데 사용되던 거였다. 그것은 얼마나 신나는 경기였던가. 청백으로 나뉜 우리들이 모래를 넣어 꿰맨 헝겊공(오자미)을 던져 상대편 바구니를 먼저 터뜨리는 순간 비둘기들이 날고 머리 위로 오색 테이프가 흘러내리고 색종이가 나부낄 때 기분이란. 그런데 바구니 공을 매달아 놓던 장대가 이런 엉뚱한 데 쓰일 줄이야. 장대 두 개는 이제 한쪽으로 몰려 있는 사람을 울타리에서 떼어내어 내모는 구실을 했다. 장대 양끝에 군인 한 사람씩 붙어서 군중 속으로 끌고 들어가 장대로 오십 명쯤을 뚝 떼어내어 교문 있는 데로 끌고 갔다. 그러면 집총한 군인들이 기다렸다가 에워싸고 교문 밖으로 내몰았다.

이런 와중을 틈타 길수 형과 나는 사람들 사이로 빠져나와 할머니가 있는 조회대 뒤편으로 냅다 뛰어갔다. 청년단원들이 우리 다리를 겨냥해서 대창을 아래로 휘둘렀다. 그러나 용케 맞지 않았다. 우리가 쫓기며 조회대 뒤로 가자 거기 모인 사람들이 얼른 우리를 안으로 끌어넣어 주었다. 할머니가 달려들어 치마를 벌리고 닭이 병아리 품듯이 우리를 싸서 숨겼다. 우리 뒤를 쫓던 청년단원 두 명이 우리를 포기한 것은 마침 우리 뒤미처 날려드는 다른 사람들 때문이었으리라. 아이들과 아낙네 열 명쯤이 달려들었다가 마구 내지르는 대창에 쫓겨 갔다.

장대 두 개가 서로 번갈아 가며 사람들을 몰아갔다. 장대가 머리 위로 떨어질 때마다 사람들은 비명을 지르며 뒤로 나자빠지고 장대에 걸린 사람들은 빠져나오려고 허우적거렸다. 장대 뒤에서 빠져나오려는 사람들에게 몽둥이를 휘두르고 공포를 쏘아대자 사람들은 장대에 떠밀려 주춤주춤 교문 밖으로 걸어나갔다.

교문 밖에 맞바로 잇닿은 일주도로에 내몰린 사람들은 모두 한결같이 길바닥에 주저앉아 울며불며 살려 달라고 애걸했다. 군인들의 바짓가랑이를 붙잡고 울부짖는 할머니들, 총부리에 등을 찔려 앞으로 곤두박질치는 아낙네들, 군인들은 총구로 찌르고 개머리판을 사정없이 휘둘렀다. 사람들은 휘둘러 대는 총 개머리판이 무서워 엉금엉금 기어갔다. 가면 죽는 줄 번연히 알면서 어떻게 제 발로 서서 걸어가겠는가. 뒤처지는 사람들에게는 뒤꿈치에다 대고 총을 쏘아댔다.

군인들이 이렇게 돼지 몰듯 사람들을 몰고 우리 시야 밖으로 사라지고 나면 얼마 없어 일제 사격 총소리가 콩 볶듯이 일어나곤 했다. 통곡 소리가 천지를 진동했다. 할머니도 큰아버지도 길수 형도 나도 울었다. 군인, 경찰, 공무원 가족들도 넋 놓고 엉엉 울고 있었다. 우는 것은 사람만이 아니었다. 마을에서 외양간에 매인 채 불에 타 죽는 소 울음소리와 말 울음소리도 처절하게 들려왔다.

중낮부터 시작된 이런 아수라장은 저녁물녘까지 지긋지긋하게 계속되었다. 길수 형이 말했다. "그때 혼자 살아난 순이 삼촌 허는 말을 들으난 군인들이 일주도로변 옴팡진 밭에다가 사름들을 밀어 붙였는디 사름마다 밭이 안 들어가젠 밭담 우엔 앞디어젼 이마빡을 쪼사 피를 찰찰 흘멍 살려 달렌 하던 모양입디다." "쯧쯧쯧, 운동장에

벳겨져 널려진 임자 없는 고무신을 다 모아 놓으민 아매도 가매니로 하나는 실히 되었을거여. 죽은 사람 몇 백 명이나 될까?" 하고 작은 당숙이 말하자 길수 형은 낯을 모질게 찌푸리며 말을 씹어뱉았다.

"면에서는 이 집에 고구마 몇 가마 내고 저 집에 유채 몇 가마 소출 냈는지는 알아가도 그날 죽는 사람 수효는 이날 이때 한 번도 통계 잡아 보지 않으니 내에 참 내 생각에는 오백 명은 넘은 것 같은디 한 육백 명 안 되까 마씸? 한 번에 오륙십 명씩 열한 번에 몰아가시니까?"

열한 번째 끌려가던 사람들은 그야말로 운수 대통한 사람들이었다. 때마침 대대장 차가 도착하여 총살 중지 명령을 내렸던 것이다. 이 불행한 사건에도 예외 없이 '만약'이란 가정이 따라왔다. 만약 대대장이 읍에서부터 타고 오던 찝차가 도중에 고장만 나지 않았더라면 한 시간 더 일찍 도착했을 터이고, 그렇게 되면 삼백 명이나 사백 명은 더 살렸을 것이다. 따라서 희생자는 백 명 내외로 줄어들 것이고 또 적에게 오염됐다고 판단한 부락을 토빌해서 백 명 정도의 이적 행위자를 사살했다면 그건 수긍할 만한 일이었을지 모른다. 그러나 피살자 육백 명이란 수효는 옥석을 가리지 않은 무차별 사격을 의미했다.

"고무부님, 대대장이 말한 차 고장은 핑계가 아니까 마씸? 일개 중대장이 대대장도 모르게 어떻게 그런 엄청난 일을 저지를 수가 이서 마씸?" 고모부는 그 당시 토벌군으로 애월면에 가 있었기 때문에 자세한 것을 알지 못할 터였다. 고모부는 그 당시 한때 인근 부락인 함덕리에 주둔했던 서북청년만으로 구성된 중대에 소속이 되어 있었는데 마침 사건 수개월 전에 애월로 이동해 갔던 것이었다. 신혼 초라 고모도 따라갔었다. "그 당시엔 중대장 즉결 처분권이란 것이 있을 때랐쥬. 또 갸들이 전투 사령부의 작전 명령에 따라 행동했댄 해도 작전 명령을 잘못 해석하였을 공산이 커. 난 졸병 군대 생활에서 잘은 모르지만 아마 그것도 '견벽청야' 작전의 일부일 거라. 쉬운 말로 소개 작전이란 거쥬. 견벽청야 작전이란 것이 뭐냐믄 손자병법에서 따온 것이라는데 공비를 소탕할 때 먼저 토벌군으로 벽을 쌓아 병풍을 만들고 그 후에 들을 말끔히 청소하는 거라. 산간벽촌을 일일이 다 보호헐 수 없는 것 아니냔 말이여. 그러니 일정한 거점만 확보하고 나머지 지역은 인원과 물자를 비워 버려 공비가 발 붙일 여지가 없게 하자는 궁리이었쥬. 그런디 인원과 물자를 비워 버리라는 대목에서 그만 잘못 일이 글러진거라. 작전 지역 내의 인원과 물자를 안전 지역으로 후송하라는 뜻이 인원을 전원 총살하고 물자를 전부 소각하라는 것으로 둔갑하고 말았이니 말이여."

"아니, 고모부님도 참 그 말을 곧이 들엄수꽈? 그건 웃대가리들이 책임을 모면해 보젠 둘러대는 핑게라 마씸. 우리 부락처럼 떼죽음 당한 것이 한둘이 아니고 이 섬을 뺑 돌아가멍 수없이 많은데 그게 다 작전 명령을 잘못 해석해서 일어난 사건이란 말이우꽈? 말도 안 되는 소리우다. 이 작전 명령 자체가 작전 지역의 민간인을 전부 총살하라는 게 틀림없어 마씸."

"겔세, 나도 중산간 부락민들을 해안 지방으로 소개시키는 데 참가했었쥬마는……. 겔세 말이여, 일단 몇 날 몇 시까지 소개하라고 포고령이 내린 후제도 계속 작전 지역에 남아 있는 자는 공비나 공비 동조자로 간주해서 노인, 아이 할 거 없이 전부 사살하라는 명령은 있었쥬. 사실 작전 지역 내의 어떤 부락에 들어서민 바로 전날에 두 집 건너서 하나씩 붙여 놔둔 소개하라는 포고문이 발기발기 찢어진 바람에 펄럭펄럭하는디. 이건 틀림없이 공비 소굴이구나 하는 생각이 퍽 들어라. 그런디 이 부락 사건은 소개하라고 사전에 포고령도 없었시니……."

그러나 작전 명령에 의해 소탕된 것은 거개가 노인과 아녀자들이었다. 그러나 군경 측에서 찾던 소위 도피자들도 못 되는 사람들이었다. 그런 사람들에게 총질을 하다니! 또 도피 생활을 하느라고 마침 마을을 떠나 있어서 화를 면했던 남정네들이 군경을 피해 다녔으니끼 도피자는 틀림없겠지민 그들도 공비는 아니았다. 사실 그들은 문자 그대로 공비에게도 쫓기고 군경에게도 쫓겨 할 수 없이 이리저리 피해 도망다니는 도피자일 따름이었다.

그런데도 군경 측에서는 왜 도피자를 공비와 동일시했는가? 아마 그건 한때 무식한 부락민들이 저지른 섣부른 과오 때문이었나 보다. 5·10 선거 때 부락 출신 몇몇 공산주의 골수분자의 선동에 부화뇌동하여 선거를 보이콧한 사건이 화근이 된 것이다. 그것이 두고두고 군경 측에 부락을 적색시하는 빌미가 될 줄이야. 부락민들이 아무리 개과천선하여 결백을 내보여도 소용이 없었다.

부락민들이 5·10 선거 보이콧을 선동했던 주모자 한라산 입산 공비 김진배의 아내를 부락에서 추방하고 그의 밭 한가운데를 파헤쳐 비 오면 물 차는 못을 만들면서까지 결백을 주장했으나 군경의 오해는 막무가내였다. 밤에는 부락 출신 공비들이 나타나 입산하지 않는 자는 반동이라고 대창으로 찔러 죽이고 낮에는 함덕리의 순경들이 스리쿼터를 타고 와 도피자 검속을 하니 결국 마을 남정들은 낮이나 밤이나 숨어 지낼 수밖에 없는 처지였다.

순경들이 도피자라고 찾던 폐병쟁이 종철이 형은 공비가 습격해 온 밤에 궤 뒤에 숨어 있다가 기침을 몹시 하는 바람에 발각되어 대창에 찔려 죽었고, 헛간 멍석 세워 둔 틈에 숨어 있다가 역시 공비의 대창에 맞고 죽은 완식이 아버지도 순경들이 찾던 도피자였다. 우리 증조부님도 사건 석 달 전에 부락 출신 공비의 대창에 찔려 돌아가셨다. 당시 1구 구장이던 증조부님은 밤중에 내려온 마을 출신 폭도들로부터 식량을 모아 달라는 요구에 고개를 흔들었던 것이다.

"그렇게는 못해여. 쌀을 모아도랜 허지 말앙 차라리 빼앗앙가게. 자진해서 쌀 모아 주었다가 냉중에 경찰에서 알민 우린 어떵 되는가 숭시가 나고 말고. 그러니 제발 부탁햄시메 쌀을 모아도랜 말앙 억지로 빼앗아가게."

　이렇게 협조 못하겠다는 말에 화가 난 폭도들은 그 자리에서 가슴팍에 대창을 내질렀던 것이었다. 같은 날 밤 용케 약탈을 면했던 철동이네 집은 약탈 당하지 않은 것으로 보아 필시 공비와 내통함이 틀림없다는 엉뚱한 오해를 받아 이튿날 경찰에서 화를 당했다. 나는 한밤중 밖에서 대창으로 창호지 창을 퍽 찌르며 "모두 잠깨라. 우리가 왔다!" 하고 무섭게 속삭이던 목소리와 뒤미처 아버지의 겁먹은 얼굴 위에 쏟아지는 덴찌(전지) 불을 생각하면 지금도 몸이 오싹해진다.

　이렇게 안팎으로 혹독하게 부대낀 마을 남정들 중에는 아버지처럼 여러 달 전 밤중에 통통배를 타고 일본으로 밀항해 버린 사람도 있고, 육지 전라도 땅으로 피신하는 사람도 있었다. 어떤 집에서는 아무래도 불길한 예감이 들었던지 사내아이들을 다른 마을로 보내기로 했다. 그것도 큰놈은 읍내 이모네 집에, 샛놈(가운데 아들)은 함덕 외삼촌한테, 막내놈은 또 어디에 하는 식으로 사방에 뿔뿔이 흩어놓았다. 그건 아마도 한군데 모여 있다가 몰살되어 씨 멸족하면 종자 하나 추리지 못할까 봐 생각해낸 궁리였으리라.

　그러나 대부분 남정네들은 마을에 그내로 눌러 있었는데 이들은 폭도에 쫓기고 군경에 쫓겨 갈팡질팡하다가 결국은 할 수 없이 한라산 아래의 목장으로 올라가 마른 냇가의 굴 속에 피난했다. 행방을 알 길 없는 남편 때문에 모진 고문을 당하던 순이 삼촌도 따라 올라

갔다. 이 섬은 워낙 화산지대라 곳곳이 동굴이 뚫려 있어서 우리 부락처럼 폭도에도 쫓기고 군경에도 쫓긴 양민들이 몰래 숨어 있기 안성맞춤이었다.

솥도 져나르고 이불도 가져갔다. 밥을 지을 때 연기가 나면 발각될까봐 연기 안나는 청미래덩굴로 불을 땠다. 청미래덩굴은 비에도 젖지 않아 땔감으로는 십상이었다. 잠은 밥 짓고 난 잉걸불 위에 굵은 나무때기를 얼기설기 얹어 침상처럼 만들고 그 위에서 잤다. 쌀은 아끼고 들판에 널려 까마귀 밥이나 되고 있는 썩은 말고기를 주워다 먹었다. 겨울이 되어도 난리 때문에 미처 내리지 못한 소와 말이 목장에는 좀 남아 있었는데 그냥 놔두면 한라산 공비들의 양식이 된다고 토벌군이 총으로 쏘아죽여 쇠고기만 운반해 가고 말고기는 그대로 내버려 두었던 것이다.

그러나 천장에서 물이 뚝뚝 떨어지는 혈거 생활은 고생이 말이 아니었다. 이불이 점점 젖어들고 얼어 죽는 사람이 생겼다. 삼 년 뒤 온 섬이 평정되어 할머니를 따라 목장에 고사리 꺾으러 갔다가 비를 만나 어느 동굴로 피해 들어갔을 때 굴 속에서 사람의 흰 뼈다귀와 흰 고무신을 보고 얼마나 놀랐는지 모른다. 하여튼 이렇게 남정네들이 마을을 비우자 군경 측에서는 자연히 입산한 것으로 오해하게 되고, 그러한 오해가 저 섣달 열여드레의 끔직한 사건의 소지가 되었음은 말할 것도 없다.

그 사건은 마을 남정들이 그 냇가 동굴에서 혈거 생활을 시작한 지 아흐레 만에 일어난 것이다. 그런데 하필 그날 순이 삼촌은 우리 할머니에게 맡겨 두었던 오누이 자식을 데리러 내려와 있다가 그만 화를 당하고 만 것이었다. 문득 길수 형의 열띤 목소리가 방 안을 울렸다.

"하여간에 이 사건은 그냥 넘어갈 수 없우다. 아명해도 밝혀 놔야 됩니다. 두 번 다시 이런 일이 안 생기도록 경종을 울리는 뜻에서라도 꼭 밝혀 두어야 합니다. 그 학살이 상부의 작전 명령이었는지 그 중대장의 독자적 행동이었는지, 누구의 잘잘못인지 하여간 밝혀야 합니다. 우린 그 중대 이름도 모르는 형편 아니우꽈?" 이 말에 큰 당숙 어른이 고개를 절래절래 흔들었다.

"거 무신 쓸데없는 소리고! 이름은 알아 무싱거(무엇) 허젠? 다 시국 탓이엔 생각하고 말지 공연시리 긁엉 부스럼 맹글 거 없지." 고모부도 맞장구 쳤다. "하여간 그 작자들이 아직 퍼렇게 살아 있는 동안은 아마 어려울 거여. 그것들이 우리가 그 문제를 들고 나오게 가만 놔둠직해어? 또 삼십 넌 묵은 일이니 형법상 범죄 구성도 안 될 터이고." 그러나 길수 형은 자기 주장을 꺾지 않았다.

"이니우다. 이대로 그냥 나두민 이 사건은 영영 매장뇌고 말 거우다. 앞으로 일이 십 년만 더 있어 봅서. 그땐 심판받을 당사자도 죽고 없고 아버님이나 당숙님같이 증언할 분도 돌아가시고 나민 다 허사가 아니우꽈? 마을 전설로는 남을지 몰라도." 길수 형의 말에 갑자기

짜증이 났던지 고모부의 입에서 느닷없이 평안도 사투리가 튀어나왔다.

"기쎄, 조캐, 지나간 걸 개지구 자구 들춰내선 멀하간? 전쟁이란 다 기런 거이 아니가서?" 순간 오십 줄 나이의 고모부 얼굴에서 삼십 년 전의 새파란 서북 청년의 모습을 힐끗 엿본 느낌이 들었다. 가슴이 섬뜻했다. 야릇한 반발감이 뾰죽하게 일어났다. 내 아래 또래의 아이들에게 몰래 양과자를 주어 아버지나 형이 숨은 곳을 가르쳐 달라고 꾀어내던 서청 출신의 순경들, 철모르는 아이들이 대밭에서, 마루 밑에서, 외양간 밑이나 조짚가리 밑을 판 굴에서 여러 번 제 아버지와 형을 가르쳐 냈다. 도피자 아들을 찾아내라고 여든 살 노인을 닦달하던 어떤 순경은 대답 안 한다고 어린 손자를 총으로 위협해서 무릎 꿇은 제 할아버지의 따귀를 때리도록 강요했다.

닭 잡아내라고 공포를 빵빵 쏘아대기도 했다. 그들은 또 여맹이 뭣 하는지도 모르는 무식한 촌 처녀들을 붙잡아다가 공연히 여맹에 가입했다는 혐의를 뒤집어씌우고 발가벗겨 놓고 눈요기를 일삼았다. 순이 삼촌도 그런 식으로 당했다. 지서에 붙들어다 놓고 남편의 행방을 대라고 닦달 끝에 옷을 벗겼다는 것이었다. 어이없게도 그건 남편이 왔다 갔는지 알아본다는 핑계였는데 남편이 왔다 갔으면 분명 그 짓을 했을 것이고, 아직 그기엔 분명 그 흔적이 남아 있을 테니 들여다보자는 것이었다.

나는 어느 날 마당에서 도리깨질하던 순이 삼촌이 남편의 행방을 안 댄다고 빼앗긴 도리깨로 머리가 깨어지도록 얻어맞는 광경을 내 눈으로 직접 본 일이 있었다. 거기다가 이들은 밭에서 혼자 김매는 젊은 여자만 보면 무조건 냅다 덮친다는 소문이었으니 나이 찬 딸을 둔 집에서는 이래저래 여간 불안한 게 아니었다. 그러니 딸이 겁탈당하기를 기다리느니 미리 선수를 써서 서청 출신 군인에게 시집보낸 우리 할아버지의 처사는 백번 잘한 일이었다. 아직 스무 살 어린 나이에 별 분수를 모르던 고모부는 할아버지가 꾀로 이르는 바람에 얼떨결에 결혼하고 만 것이었는데, 고모는 고모부보다 두 살이 많았다.

하여간 그 당시 도피자 가족들 중에는 목숨을 부지해 보려는 방편으로 이런 정략결혼이 성행했는데, 그것은 연대가 교체되어 육지로 떠남에 따라 거의 파경에 이르고 애비 없는 자식들만 서럽게 자라고 있었음은 물론이다. 그러나 우리 고모부는 역시 할아버지가 잘 보아 고른 사람이라 그랬는지 휴전과 더불어 처가를 다시 찾아 입도한 후 지금까지 삼십 년간 이 고장 사람으로 살아온 것이었다. 이러힌 고모부가 빙징밎게 갑자기 이북 사두리를 쓰니 고모부의 느닷없는 이북 사투리는 좌중의 다른 분들에게도 이런 것을 일깨워 주었는지 잠시 침묵이 흘렀다. 벌써 멧밥을 짓는지 부엌에서 마른 솔가지 태우는 매운 냄새기 미루를 건너 흘리 들이왔다. 고싶길로 지나다니는 사람들의 말소리가 두런두런 들려왔다. 아마 한 집 제사를 끝내고 다른 집으로 옮아가는 사람들이리라.

고모부는 다른 사람들 귀에 거슬리는 줄도 모르고 다시 이북 사투리로 말을 꺼냈다. "도민들이 아직도 서청을 안 좋게 생각하고 있디만. 조캐네들 생각해 보라마. 서청이 와 부모 형제들 니북에 놔둔 채 월남해 왔갔서? 하고 뺄갱이 등쌀에 못 니겨서 삼팔선을 넘은 거이야. 우린 빨갱이라문 무조건 이를 갈았다. 서청의 존재 이유는 앳세 반공이 아니갔어. 우리레 무데기로 엘에스티(LST) 타구 입도한 건 남로당 천지인 이 섬에 반공 전선을 구축하재는 목적이었다. 우리레 현지에서 입대해설라무니 순경두 되고 군인두 되었다. 기린디 말이야. 우리가 입대해 보니끼니 경찰이나 군대나 영 엉망이드랬어. 군기두 문란하구 남로당 빨갱이들이 득실거리구 말이야. 전국적으로 안 그랜 향토부대가 없댔디만 특히 이 섬이 심하단 평판이 나 있드랬디. 이 섬 출신 젊은이를 주축으로 창설된 향토부대에 연대장 암살이 생기디 않나 반란이 일어나 백여 명이 한꺼번에 입산해설라무니 공비들과 합세해 버리디 않나……그 백여 명이 한꺼번에 빠져나간 공백을 우리 서청이 들어가 메꾸었디. 기래서 우린 첨버텀 섬사람에 대해서 아주 나쁜 선입견을 개지고 있댔어. 서청뿐이가서? 야 그땐 다 기랬어. 후에 교체해개지구 들어온 다른 눅지 향토부대두 매한가지래서. 사실 그때 눅지 사람치구 이 섬 사람들을 도매금으로 몰아쳐 뺄갱이루다 보지 않는 사람이 없댔디. 4·3 폭동이 일어나디, 5·10 선거를 방해해설라무니 남한에서 유일하게 이 섬만 선거를 못 치렀디. 군대는 반란이 일어나디. 하이간 이런 북새통이었으니끼니……."

이때 큰아버지가 끙 앓은 소리를 내며 고개를 돌려 외면해 버렸다.

눈썹이 발에 밟힌 송충이처럼 꿈틀거리는 것으로 보아 몹시 심기가 뒤틀린 모양이었다. 고모부는 그제서야 이북 사투리를 쓰고 있는 자신을 깨달았던지 흠칫 놀라며 말을 멈췄다. 큰당숙, 작은당숙 어른도 못마땅한 표정으로 담배만 풀석풀석 빨아댔다. 잠시 거북살스러운 침묵이 흘렀다. 그러나 언제나 반죽 좋은 고모부는 곧 섬 사투리로 돌아와 다시 말을 꺼냈다.

"성님, 서청이 잘했다는 말이 절대 아니우다. 서청도 참말 욕먹을 건 먹어야 헙쥬. 그런디 이 섬 사람을 나쁘게 본 건 서청만이 아니랐우다. 그 당시 그런 생각 안 가진 사람이 없어서 마씸. 그렇지 않아도 육지 사람들이 이 섬 사람이랜 허민 얕이 보는 편견이 있읍디다가 이런 오해가 생겨 부러시니……내에참." "맞는 말이라. 그땐 온 섬이 육지것들 독판이랐쥬" 하고 큰당숙 어른이 혀를 찼다. "그때 함덕지서 주임이 본도 사람이랐는디 부하한티 명령 없이 도피자를 총살말렌 당부했는디도 그 육지 것들이 자기 주임이 제주 사람이라고 얕이 보안 함부로 총질했쥬." 이 말에 작은당숙이 한 손을 내저으며 이의를 달았다. "빅 주임이 참말 그런 말을 해서까 마씸? 아내도 죄 없는 사람 죽인 책임을 조금이라도 벗어보젠 변명허는 걸 거우다." 현모 형도 한마디 거들었다. "난 들으니까 박 주임 그 사람이 서청보다 되리어 더 악독히게 놀았댄 힙디다." 고모부가 다시 말을 빋있다. "그것도 그럼직한 말이쥬. 그 당시 본도 출신 순경 중에는 자기네들이 서청헌데 빨갱이로 몰리카부댄 되리어 한 술 더 떠서 과격한 행동으로 나간 사람들이 더러 잇어시니까." "아니라, 나도 잡혀가 취조받고 풀려나온 인구 아방한티 들은 이야기쥬만 박 주임은 잡아온 도피자를 여러 사람 몰래 놓아주엇댄 해여라. 악독한 것은 그 밑에 있는 육지 것들이라."

　사건 후 이 년쯤 뒤에 박 주임은 한번 부락에 왔다간 치도곤을 당한 일이 있었다. 마침 휴가 중이라 군복 입고 있던 그 감나무집 청년은 "죽은 우리 아방, 우리 성을 살려내라. 이 사람 백정놈아. 고리 백정놈아!" 하고 부르짖으며 작대기를 휘둘렀던 것이다. 그 인구라는 청년은 현모 형과 한날 한시에 입대한 해병대였다. 그 무렵 뒤늦게 초토 작전을 반성하게 된 전투 사령부는 선무 공작을 펴서 한라산 밑 동굴에 숨은 도피자들을 상당수 귀순시켰는데, 현모 형도 그중에 끼어 있었던 것이다.

　때마침 6·25가 터져 해병대 모병이 있자 이 귀순자들은 너도 나도 입대를 자원했다. 그야말로 빨갱이 누명을 벗을 수 있는 더 없는 기회였다. 그래서 그들은 그대로 눌러 있다가는 언제 개죽음을 당할지도 모르는 이 지긋지긋한 고향을 빠져나갈 수 있었던 것이다. 그러니까 현모 형은 인천상륙작전에 참가한 해병대 3기였다. '귀신 잡는 해병'이라고 용맹을 떨쳤던 초창기 해병대는 이렇게 이 섬 출신 청년 3만 명을 주축으로 이룩된 것이었다.

　그러나 그 용맹이란 과연 무엇일까. 그건 따지고 보면 결국 반대 급부적인 행위가 아니었을까? 빨갱이란 누명을 뒤집어쓰고 몇 번씩이나 죽을 고비를 넘긴 그들인지라 한번 여봐란 듯이 용맹을 떨쳐 누명을 벗어 보이고 싶었으리라. 아니 그것만이 아니다. 어쩌면 보복적인 감정이 짙게 깔려 있지 않았을까? 이북 사람에게 당한 것을 이북사람에게 돌려준다는 식으로 말이다. 섬 청년들이 6·25 동란 때 보인 전사에 빛나는 그 용맹은 한때 군경 측에서 섬 주민이라면 무조건 좌의식해서 때려잡던 단세포적인 사고방식이 얼마나 큰 오류를 저질렀나를 반증하는 것이다.

이런 생각을 하자니 속에서 울화가 불끈 치밀어 올랐다. 기분 같아선 은연중에 서청을 변호하는 고모부를 면박 주고 싶었지만 꾹 눌러 참았다. 그래도 내 말은 약간 서슬져서 나왔다. "고모부님 고모님, 당시 삼십만 도민 중에 진짜 빨갱이 얼마나 된다고 생각햄수꽈?" "그것이 만 명쯤 되는 비무장공비 빼부리면 얼마 되여? 무장공비 한 삼백 명쯤 될까?"

이 말에 나도 모르게 발끈 성미가 났다. "도대체 비무장공비란 것이 뭐우꽈? 무장도 안 한 사림을 공비라고 할 수 이서 마씸? 그 사람들은 중산간 부락 소각으로 갈 곳 없어 한라산 밑 여기저기 동굴에 숨어 살던 피난민이우다." 나의 반박하는 말에 고모부는 의외라는 듯이 흠칫 나를 바라보았다. "그긴 조케 말이 맞아, 나도 직집 내 눈으로 봤쥬, 목장 지대서 작전 중인디 아기 울음 소리가 들리길래 덤불 속을 헤쳐 수색해 보니 동굴이 나왔는디 그 속에 무장공비 스무 남은 명이 들어 있지 않애여."

"비무장공비가 아니라 피난민이라 마씸," 나는 다시 한 번 단호하게 고모부의 말을 수정했다. "맞아, 내가 말을 자꾸 실수해져. 그땐 산에 올라간 사람은 무조건 폭도로 봤으니까, 하이간 굴 속에 있는 사람은 영 형색이 말이 아니라서, 굶언 피골이 상접헌디다가 한겨울에 젖은 미녕옷 한 벌로 몸을 기리고 떨고 있는디 동상에 걸려 발구락이 모지란지 사람도 더러 있었쥬. 소위 비무장공비란 것이 이 모냥으로 동굴 속에서 비참한 골로 발견되니까 냉중에 상부에서도 생각을 달리 쓰게 되어서 구호물자를 준비한 갱생원 차려놓고 선무공작을 썼쥬. 엘 파이브(L-5) 연락기로 한라산 일대에 전단을 뿌린 투항을 권고하난 하루에도 수십 명식 떼지어 귀순자들이 내려와서라."

"바로 그것입쥬. 선무 공작은 왜 진작 쓰지 못했느냐는 말이우다. 처음부터 선무 공작을 했으면 그렇게 많이 나지 않았을 거라 마씸. 폭도도 무섭고 군경도 무서워서 산으로 피난간 양민들을 폭도로 간주했으니……." "겔쎄 말이여, 대유격전이란 본디 정치7에 군사3인데……이것은 정치는 쥐뿔도 없고 무작정 군사 행동만 했으니…… 창설 1년도 못 된 군대니 오죽할 것고……."

아, 떼죽음 당한 마을이 어디 우리 마을뿐이던가. 이 섬 출신이거든 아무라도 붙잡고 물어 보라. 필시 그의 가족 중에 누구 한 사람이, 아니면 적어도 사촌까지 중에 누구 한 사람이 그 북새통에 죽었다고 말하리라. 군경 전사자 몇 백과 무장공비 몇 백을 빼고도 5만 명에 이르는 그 막대한 주검은 도대체 무엇인가? 대사를 치르려면 사기 그릇은 좀 깨지게 마련이라는 속담은 이 경우에도 적용되는가? 아니다. 어디 그게 사기 그릇 좀 깨진 정도냐. 아, 멀리 육지에서 바다 건너와 그 자신 적잖은 희생을 치러가면서 폭동을 진압해 준 장본인들에게 오히려 원한을 품어야 하다니 이 무슨 해괴한 인연인가.

그러나 누가 뭐래도 그건 명백한 죄악이었다. 그런데도 그 죄악은 30년 동안 여태 단 한 번도 고발되어 본 적이 없었다. 도대체가 그건 엄두가 안 나는 일이었다. 왜냐하면 당시의 군 지휘관이나 경찰 간부가 아직도 권력 주변에 머문 채 아직 떨어져 나가지 않았으리라고 섬사람들은 믿고 있기 때문이다. 섣불리 들고 나왔다간 빨갱이로 몰릴 것이 두려웠다. 고발할 용기는커녕 합동위령제 한번 떳떳이 지낼 뱃심조차 없었다. 하도 무섭게 당한 그들인지라 지레 겁을 먹고 있는 것이다.

그렇다. 그들이 원하는 것은 결코 고발이나 보복이 아니었다. 다만 합동위령제를 한번 떳떳하게 올리고 위령비를 세워 억울한 죽음들을 진혼하자는 것이다. 그들은 가해사가 쉬쉬해서 30년 농안 각자의 어두운 가슴속에서만 갇힌 채 한 번도 떳떳하게 햇빛을 못 본 원혼들이 해코지할까 봐 두려웠다.

섣달 열여드레 그날 해질녘이 다 되어서 군인들이 두 대의 스리쿼터에 분승해서 떠난 마을에도 마을 사람들은 그대로 운동장에 남아 있었다. 그들은 조회대 뒤 가족들이 있는 데로 몰려 살아남은 가족끼리 서로 붙안고서 마을에서 들려오는 타죽는 소 울음보다 더 질긴 울음을 입에 물고 있었다. 내 입에서도 겁먹은 울음은 그치지 않았다. 땅거미가 내리기 시작한 운동장의 진창흙은 하부로 내달린 스리쿼터 바퀴 자국으로 여기저기 무섭게 패어 있고 벗겨진 만월표 고무신짝들이 수없이 널려 있었다. 그 위로 불타는 마을의 불빛이 밀려와 땅가죽이 붉게 물들었다.

교실 창은 이내 벌개졌다. 그러나 마을 사람들은 하늘 가득히 붉은 노을처럼 번져가는 불기운에 압도되어 더욱 서럽게 곡성을 올릴 뿐 누구 하나 울타리께로 가서 불타는 마을을 직접 내려다보려는 사람은 없었다. 날이 어두워짐에 따라 마을을 태우는 불빛은 어둠을 사르며 점점 사방으로 퍼져 나갔다. 이것이 일시적으로 확 붉었다가 꺼져 버리는 저녁놀이라면 얼마나 좋을까? 그러나 불빛은 오히려 어두워질수록 더욱더 큼직하게 군림하여 갔다.

낮게 드리운 구름 떼는 불빛에 물들어 묽은 내장처럼 꿈틀거리고, 바다는 멀리 달려도 섬까지 불빛이 벌겋게 번져나가 마치 들풀이 타오르는 형국이었다. 운동장에 모인 사람들의 얼굴에도 더러운 피에 얼룩진 듯 불 그림자가 너울거렸다. 마을 쪽에서 집집마다 불붙은 고방의 쌀독들이 펑펑 터지는 소리가 계속 들려왔다. 할아버지 때문에 안절부절못하던 큰아버지는 군인들이 마을에서 완전히 철수했다 싶자 변소 가는 척하고 몰래 학교를 빠져나간다. 할아버지는 며칠 전 남의 집 소 뿔에 찔린 허벅지 상처 때문에 기동 못하고 집에 남아 있었던 것이다. 큰아버지는 한참 후에야 맥없이 돌아왔는데 그의 축 늘어진 적삼 소매에서는 연기 냄새가 지독하게 났다.

할머니가 먼저 울음을 터뜨리고 우리도 따라 울었다. 할아버지는 짐작대로 총 맞고 죽어 있었다. 그래도 다행스러운 것은 화기가 시신에 미치지 않은 것이다. 할아버지는 아픈 몸을 이끌고 문짝들을 떼어 텃밭으로 던지고 난 다음 마지막으로 병풍을 들고 나오다가 감나무 밑에서 총을 맞은 모양이었다. 그날 밤 사람들은 한기를 피해 모두 한 교실로 몰려 들어가 서로 붙안고 밤을 지새웠는데, 밤중에 우리는 두 번 호되게 놀랐었다. 한 번은 대밭이 타면서 마구 터지는 폭죽 소리를 총소리로 잘못 알고 놀랐고, 또 한 번은 죽은 줄 알았던 순이 삼촌이 살아 돌아와 밖에서 유리창을 두드렸을 때였다. 삼촌은 밤이 이슥해진 그때까지 시체 무더기 속에 까무러쳐 있었던 것이다.

교실 안에 들어선 당신은 이상하게 사람들에게 접근하려 들지 않았다. 길수 형이 가서 소매를 잡고 끌어도 막무가내로 뿌리치고 저만치 홀로 떨어져 웅크리고 있었다. 다른 사람들처럼 울지노 않았다. 두 아이를 잃고도 울음이 나오지 않은 것은 공포로 완전히 오관이 봉쇄되어 버린 때문이 아니었을까? 아마 울음은 공포가 물러가는 며칠 후에야 둑이 터지듯 밀려나올 것이였다.

불은 이튿날 아침까지 탔다. 밤새 울음으로 탈진했던 사람들이 날이 새자 아연 활기를 띠었다. 해가 떠오르기도 전인데 우리들은 마을로 한꺼번에 몰려갔다. 갯바람에 밀려오는 자욱한 연기 때문에 맞바로 들어갈 수 없어서 멀찍이 바닷가로 우회해서 마을로 들어갔다. 사람들의 눈은 밤새 뜬눈으로 새우며 운 데다 독한 연기를 쐬어서 토끼눈처럼 빨개 있었다. 아니, 살려고 눈이 벌게 있었다는 표현이 더 옳으리라. 불타고 있는 집이 아직도 많아서 사람들은 불 꺼진 해변 쪽에 하얗게 몰렸다. 네 집, 내 집이 따로 없었다. 불타 버린 집터 아무 데나 들어가 타다 남은 좁쌀 고구마를 퍼 담았다. 고구마 중에도 탄 숯같이 되어 버린 것도 있었지만 먹기 좋게 익은 것도 있어서 사람들은 그것으로 전날 점심과 저녁을 거른 고픈 배를 달랬다. 타 죽은 소, 돼지도 각을 내어 나누어 가졌다.

이렇게 사람마다 등짐 하나씩 만들어지고 함덕으로 소개하였다. 밤새 울음으로 탈진했던 사람들이 어디서 그런 기운이 났을까? 모두가 보통 때 두 배나 되는 짐을 지어 날랐다. 순이 삼촌은 먹서리 하나를 지고도 부족했던지 몸빼 가랑이에다 탄 좁쌀을 채워 가지고 함덕까지 시오릿길을 걸어 갔던 것이었다. 수용소 시설이 없이 그냥 함덕에 내팽개친 우리 부락 사람들은 우선 잠잘 곳이 문제였다. 용케 빈 방이나 온 가족이 다 떠나 버린 도피자 집이 얻어 걸린 경우는 다행이었지만 그렇지 못한 식구들은 말 방앗간이나 남의 집 헛간 외양간을 빌려 써야만 했다.

하기는 빈 방을 구한 사람도 이불 없기는 매한가지라 방에다 보릿짚을 잔뜩 넣고 살았으니 헛간이나 외양간과 별로 다를 게 없었다.

도피자 가족들은 함덕국민학교에 수용되어 취조를 받고 닷새 만에 풀려 나왔는데, 순이 삼촌도 그중에 끼여 있었다. 그 닷새 동안 할머니 심부름으로 길수 형과 내가 번갈아 가며 차좁쌀 주먹밥을 매일 한 덩어리씩 차입해 주었다. 마지막 날엔 내가 주먹밥을 가지고 가다가 도중에 풀려 나오는 순이 삼촌을 만났는데, 그 몰골은 차마 끔찍한 것이었다.

비녀가 빠져나가 쪽이 풀리고 진흙으로 뒤발한 검정 몸빼에다 발은 맨발이었는데, 길가 돌담을 짚고 간신히 발짝을 떼며 허위허위 걸어 오고 있었다. 함덕으로 온 지 두 달도 못 되어 양식이 떨어진 피난민들은 들나무와 갯가의 파래나 톳을 삶아 멸치젓 국물에 찍어 먹으면서 간신히 두 달을 버텼는데, 그제서야 소개령이 해제되어 향리로 돌아올 수 있었다.

부락민들이 마을에 들어와서 맨 먼저 한 일은 시체를 처리하는 일이었다. 일주도로변의 순이 삼촌네 밭을 비롯한 네 개의 옴팡밭에 늘비하게 늘려진 시체를 제가끔 찾아다가 토롱을 만들어 가매장했다. 석 달 가까이 방치되었던 시체들이라 까마귀 밥이 되고 풍우에 썩어 흐물흐물 문드러져 탈골되었으니 누구의 시체인지 알아내기가 쉽지 않았다. 겨우 옷기지를 보고 구별했는데, 동네 누구는 제 아버지 시신을 찾아놓고 지고 갈 지게를 가지러 간 사이에 다른 사람이 잘못 알고 가져가 버린 일도 있었다.

애 어머니들은 대개 제 자식의 몸 위에 엎어져 죽어 있었는데 그건 죽는 순간에도 몸으로 총알을 막아 자식을 보호해 보려는 처절한 몸짓이었다. 그럭저럭 시체를 가매장하고 나서 밭에 나가 보리를 거둬들였는데 거둬들일 시기를 놓친 뒤라 대궁이 썩은 보리들이 온 밭에 늘비하게 쓰러져 몽창몽창 썩고 있었다. 썩어가는 보리 이삭들은 퍼렇게 싹이 트고 들쥐들이 마구 설쳐댔다. 게다가 난리 때문에 한 번도 김을 못 매어 범이 새끼 치게 잡초가 무성했으니 그해 보리 농사란 게 한 집에 먹서리로 하나가 고작이었다.

그다음에 급히 할 일은 움막 짓는 일이었다. 들에서 소나무와 억새를 베어다가 하루 이틀 새에 움막을 세웠다. 칡덩굴로 서까래를 얽어매고 지붕도 벽도 억새를 엮어 둘러쳤다. 게다가 이불과 요를 태워먹고 없어 보릿짚을 잔뜩 움막 속에 처넣었으니 그건 영락없이 돼지우리였다. 집 말고도 돼지와 똑같은 게 하나 더 있었는데 그건 똥이었다. 양식이 모자라 돼지 사료로 쓰는 밀기울로 범벅해 먹고 파래 밥, 톳 밥을 해 먹었으니 돼지 똥이나 사람 똥이나 구별될 리 없었다.

밀기울 밥도 양껏 먹어 본 적이 없었다. 작은 놋쇠양푼 하나에 밥을 퍼넣고 네 식구가 둘러앉으면 밥 위에다 숟갈로 금을 그어 제 몫을 표시해 놓고 먹었다. 달려도섬 건너편 갈치밭에 배를 띄우면 그래도 국거리로 살찐 갈치가 꽤 잡힐 텐데 곧 시작된 성 쌓는 일 때문에 주낙질은 물론 잠녀의 물질도 일정 허락되지 않았다.

부락민들은 순경들의 감독을 받으며 아침부터 저녁까지 한눈팔 새 없이 허기진 배를 안고 성을 쌓지 않으면 안 되었다. 말하자면 전략촌 건설이었다. 불탄 집터의 울담도 허물고 밭담을 허물어다가 성을 쌓았다. 그것도 모자라 묘지를 두른 산담까지 허물어다 날랐다. 순이 삼촌도 임신한 몸으로 돌을 져 날랐다. 남정들이 출정해 버린 부락에 남은 건 노인과 아녀자들뿐이라 그 역사는 거의 두 달 가까이나 걸렸다. 전략촌을 두 바퀴 두르는 겹성이었다.

두 성 사이에는 실거리 나무, 엄나무 따위 가시 많은 나무를 베어다 넣었다. 길수 형과 나 같은 어린애도 동원된 그 일은 참으로 고되었다. 우선 배가 고파 견딜 수 없었다. 허기진 뱃심으로 돌덩이를 들다가 힘에 부치는 바람에 발등을 찍히는 사람들도 많았다. 겨우 성이 완성되자 낮이나마 주낙질과 물질이 허락되었다. 밤이 되면 성문이 닫혀 사람들은 일절 성 밖 출입이 금지되고 순번제로 초소을 지키러 나가지 않으면 안 되었다.

국민학교 3, 4 학년에서 일 년쌔 쉬고 있던 나와 길수 형도 대창을 하나씩 들고 막을 지키러 나왔다. 순이 삼촌도 만삭의 몸인데도 우리 초소에 대창 들고 막을 지키러 나왔다. 사건 날의 그 무서운 공포를 겪었는데도 이기는 떨이지지 않고 실아 있있먼 것이나. 사선 날 오누이를 한꺼번에 잃은 삼촌에게는 뱃속의 아이가 유일한 씨앗이었다.

어려운 시절에 아이를 가진 삼촌은 먹을 것을 구하느라고 그야말로 눈이 뻘게 있었다. 만삭의 몸이라 물질을 못하고 하루 종일 땅볕에 갯가를 기어 다니며 굴, 성게를 까 먹고 게, 보말(갯우렁이) 따위를 잡았다. 밤에 초고막에 나올 때는 보말 쌈은 것 한 채롱 가득 담아 가지고 와서는 우리에게 먹어 보라는 말 한마디 없이 밤새도록 혼자서 걸귀처럼 까먹어대곤 했다.

여자가 아기를 배면 사정없이 막 먹어댄다는 걸 몰랐던 나는 순이 삼촌이 걸신들려 실성하지 않았나 생각할 지경이었다. 이런 전략촌 생활은 거의 1년 넘게 계속되었지만 그동안 한 번도 공비의 습격을 당한 적이 없었다. 한번은 밤중에 성문께에서 무언가 부스럭거리는 소리가 나서 모두 혼비백산한 적이 있는데 그건 나중에 알고 보니 낮에 들에서 놓친 누구 집 소가 밤에 제 발로 성까지 걸어와서 부스럭거리고 있었던 것이다.

결국 해안 지방의 축성은 과잉 조처라는 게 판명된 셈이었다. 이미 몇 십 명으로 전력이 크게 줄어든 입산 폭도들은 해안 지방을 약탈할 능력이 전혀 없었다. 부락민들은 1년이 넘도록 한 번도 써 먹어 본 일이 없는 무용지물의 성을 다시 허물고 제각기 제 집터로 돌아갔다. 성을 허문 돌을 날라다가 다시 울담과 벽을 쌓고 새로 집을 지었다. 집이라고 해야 방 하나에 부엌 딸린 두 칸짜리 함바집이었다. 못이 없어서 대신 굵은 철사를 잘라 썼으니 오죽한 집이었을까? 순이 삼촌도 우리 큰집에서 몸을 풀고 큰아버지의 도움을 받아 불탄 집터에다 조그만 오두막집을 지어 올렸다.

그러나 일가족이 전부 몰살되어 집을 세우지 못한 채 그대로 방치된 집터도 더러 있었다. 그 무렵 내 또래 아이들은 사람 죽은 일주도로변의 옴팡밭에서 탄피를 주워다 화약총을 만들기가 유행이었다. 아이들은 이제 옴팡밭의 비극을 까맣게 잊고 사람 죽인 탄피를 주워 모았다. 그렇다. 무럭무럭 자라는 데 도움 안 되는 것은 무엇이든 편리하게 잊어버리는 게 아이들의 특성이 아닌가. 그러나 어른들은 도무지 잊을 수 없었다.

아이들이 장난으로 팡팡 쏘아대는 화약총 소리에도 매번 가슴이 철렁 내려앉는 그들이었다. 어떤 아이는 어디서 났는지 불에 타서 엿가락처럼 휘어진 총신만 남은 구구식총을 끌고 다니다가 제 아버지한테 얻어맞고 빼앗겼는데, 총의 그 푸르딩딩한 탄 쇠빛은 꼭 죽은 피 빛깔을 연상시켜 주었다.

그러나 그 누구도 순이 삼촌만큼 후유증이 깊은 사람은 없었으리라. 순이 삼촌네 그 옴팡진 돌짝밭에는 끝까지 찾아가지 않는 시체 기 둘 있었는데 큰아버지의 손을 빌려 치운 다음에야 고구마를 갈았다. 그해 고구마 농사는 풍작이었다. 송장 거름을 먹은 고구마는 목침 덩어리만큼 큼직큼직했다.

더운 여름날 당신은 그 고구마밭에 아기 구덕을 지고 가 김을 매었다. 옴팡진 밭이라 바람이 넘나들지 않았다. 고구마 잎줄기는 후줄근하게 늘어진 채 꼼짝도 하지 않았다. 바람 한 점 없는 대낮. 주위는 언제나 조용했다. 두 오누이가 묻힌 봉분의 뗏장이 더위 먹어 독한 풀냄새를 내품었다. 돌담 그늘에는 구덕에 아기가 자고 있었다. 당신은 아기 구덕에 까마귀가 날까 봐 힐끗힐끗 눈을 주면서 김을 매었다.

이랑을 타고 아기 구덕에서 아득히 멀어졌다가 다시 이랑을 타고 돌아오곤 했다. 호미 끝에 때때로 흰 잔뼈가 튕겨 나오고 녹슨 납 탄환이 부딪쳤다. 조용한 대낮일수록 콩 볶는 듯한 총소리의 환청은 자주 일어났다. 눈에 띄는 대로 주워냈건만 잔뼈와 납 탄환은 삼십 년 동안 끊임없이 출토되었다. 그것들은 밭담 밖의 자갈더미 속에 묻었다.

그 옴팡밭에 붙박인 인고의 삼십 년, 삼십 년이라면 그럭저럭 잊고 지낼 만한 세월이건만 순이 삼촌은 그렇지를 못했다. 흰 뼈와 총알이 출토되는 그 옴팡밭을 발이 묶여 도무지 벗어날 수가 없었다. 당신이 딸네 모르게 서울 우리집에 올라온 것도 당신을 붙잡고 놓지 않는 그 옴팡밭을 팽개쳐 보려는 마지막 안간힘이 아니었을까? 그러나 오누이가 묻혀 있는 그 옴팡밭은 당신의 숙명이었다. 깊은 소 물 귀신에게 채여가듯 당신은 머리끄덩이를 잡혀 다시 그 밭으로 끌리어갔다.

그렇다. 그 죽음은 한 달 전의 죽음이 아니라 이미 30년 전의 해묵은 죽음이었다. 당신은 그때 이미 죽은 사람이었다. 다만 30년 전 그 옴팡밭에서 구구식 총구에서 나간 총알이 30년의 우여곡절한 유예를 보내고 오늘에야 당신의 가슴 한복판을 꿰뚫었을 뿐이었다.

이렇게 생각을 마무리짓고 나자 나는 문득 담배 피우고 싶은 충동이 조바심치듯 일어났다. 좌중은 어느 틈에 나만 빼놓고 농사 얘기로 동아리져 있었다. "올해는 제발 작년모냥 감저 시세가 폭락하지 말았이면 좋을로고……빌어먹을. 그놈의 가을 장마는 뜬금없이 터져 가지고는 썰어 말리던 감저에 곰팽이 피어 부렀으니……."

나는 밖으로 나와 마당귀에 있는 조짚가리에 등을 기대고 담배를 피워 물었다. 마당에 얇게 갈린 싸락눈이 바람에 이리저리 쏠리고 있었다. 음력 열여드레 달은 구름 속에 가려 있었지만 주위는 희끄무레 밝았다. 고샅길로 지나가던 사람들의 기척이 들려왔다. 아마 두어 집째 제사를 끝내고 마지막 집으로 옮아가는 사람들이리라.

국가기도운동 남장로교 호남 선교 이야기 22

제주 4·3과 기독교인들

이도종 목사

이기풍 목사를 통해 복음을 접하고 목사 안수를 받은 '제주도민 제1호 목회자' 이도종 목사는 고산교회를 10년간 시무하다 목회자 없이 방치되어 있던 산간 지역 교회를 찾아가 순회하며 목회 사역을 펼쳤다. 그는 결국 무장대에게 붙잡혀 순교당했다. 최초의 제주도민 목회자인 동시에 첫 순교자가 된 것이다.

순교 직전 이도종 목사는 "나는 하나님의 말씀을 전하는 기독교 목사"라고 자신의 신분을 밝혔으며, 자신들이 이길 수 있도록 기도하면 살려 주겠다는 무장대의 유혹을 뿌리치고 "나는 이쪽 편도 저쪽 편도 아닌 하나님 편이다. 나 살자고 하나님께 거짓 기도를 드릴 수 없다"라고 말한 뒤 순교했는데, 후일 생포된 무장대의 자백으로 사실이 밝혀졌는데 강제로 구덩이를 파고 생매장 당하였다.

《제주노회 70년사》에 의하면 이도종 목사, 허성재 장로, 부양은 집사, 진시규 집사, 오대호, 진학인, 임명선, 오병필, 오병필의 동생, 최순임, 허영국, 고창선, 삼양교회 권찰 1인 및 학생 1인 김승완, 지성익과 그의 동생 등 17인의 성도를 잃었으며 서귀포교회, 협재교회, 삼양교회, 조수교회, 세화교회 사택 등 다섯 교회가 소각 당했다. 오병필과 그의 동생은 서부교회 교인이었으며 자택에서 피살되었다.

4·3 수습과 교회의 활동

4·3 사건 이후 수습에 공헌한 사람이 당시 모슬포교회에서 시무하던 조남수 목사였다. 조남수 목사는 경찰 당국과 담판을 통해 자기 목숨도 내어놓고 자수를 권유하는 연설을 시작했다. 조남수 목사가 신원을 보증하면 의심받았던 사람의 신원이 보장되었다. 그는 강연을 부탁 받고 대정지구, 한림, 화순, 중문, 서귀포에 이르기까지 수백 회의 강연에서 2천여 명의 자수자를 얻었다(《모슬포교회 100년사》).

조남수 목사

조남수 목사가 4·3 수습 과정에서 중요한 역할을 감당하고 있을 때 강문호 목사는 제주 교회를 복원하는 일에 헌신하였다. 1949년 4월 서울 새문안교회에서 열린 제35회 총회에 '전도목사 파송 청원에 관한 건'을 올렸다. 그리고 제주 교회의 심각한 피해 상황을 보고했다. 그리고 총회의 무관심에 아쉬움을 표현했고, 순교자 이도종 목사가 흘린 피의 호소를 전했다. 이 일로 인하여 제주도에 목회자들이 하나 둘 들어오기 시작했다.

1949년 6월 고산교회에서 노회가 소집되었다. 제주노회는 4·3 사건으로 순교 또는 희생당한 성도들을 위한 추도식을 노회장 강문호 목사의 사회로 엄수하였고, 이들을 위해 각 교회에서는 20만 원씩 보조하기로 결정했다(《제주노회사》, 제주노회사 출판위원회, 2000). 이는 제주 4·3 사건에 무장대에 의해 희생당한 그 당시 주민들 가운데 기독교인들이 많았음을 엿볼 수 있는 기록이다.

부록

생각은 높게, 생활은 검소하게 (신앙 수기)

김명배 (전 LA총영사, 호서대학교 초빙교수)

먼저 부족한 저에게 신앙 간증의 기회를 주신 하나님께 진정으로 머리 숙여 존귀와 영광을 돌립니다. 또한 귀중한 시간을 허락해 주신 목사님과 성도 여러분께 감사를 드립니다.

제가 처음 신앙 간증을 하게 된 것은 지난 11월 중순 저의 첫 저서인 《에벤에셀의 손길》 출판기념예배를 LA에서 드렸을 때였습니다. 거듭 사양했지만 준비위원회의 간곡한 청을 더 이상 뿌리치는 것이 도리가 아니라는 생각이 들었고, 한편으로는 저의 신앙생활의 귀감이 되시는 선친의 순수 신앙을 소개해 드리는 것과 다른 한편으로는 저의 참으로 빈약하기 짝이 없는 기도이긴 하지만 오로지 하나님께만 죽자 살자 매달리는 간절한 기도를 응답해 주신 하나님의 사랑에 대한 뜨거운 감사를 함께 나누는 것이 성도님들의 신앙생활에 조금이나마 도움이 될 수 있지 않을까 하는 생각이 들어서 기도하는 마음으로 신앙 간증을 하게 되었습니다.

저는 조부 김창국 목사님께서 평양신학 8회이시고 선친 김현정 목사님이 평양신학교 23회이신 성직자 집안에서 태어났습니다. 조부님이 쓰시던 성경을 선친이 물려받으셨고, 이를 다시 큰형님(소망교회 김원배 장로)이 물려받아 지난 선교 100주년 기념행사 대기념관에 전시되기도 했습니다. 어머님이 1983년도에 돌아가셨을 때 5남매가 한자리에 모여 유산 문제를 협의하였습니다. 동생들 모두가 장자이신 큰형님이 알아서 처리하시는 대로 따르겠다고 해서 아무런 문제도 없었는데, 단 한 가지 어머님께서 일생을 쓰시던 성경책을 누가 물려받는지에 대해서는 4형제 모두가 한 치의 양보도 없이 팽팽히 맞섰습니다.

큰형님은 "장자인 내가 물려받는 것이 당연하지 않겠느냐" 하셨고, 둘째 형님은 "형님은 이미 할아버지와 아버님이 쓰시던 성경을 물려받았으니 어머님의 성경은 둘째인 제가 물려받는 것이 순서가 아니겠습니까" 하셨고, 셋째 형님은 "내가 청룡부대로 월남전에 참전하여 생사의 갈림길에서 살아 돌아온 것이 오로지 어머님의 기도 때문이었으니 어머님의 성경은 마땅히 제가 차지하는 것이 옳지 않겠습니까" 하셨고, 막내인 저는 "제가 직업상 해외로 떠돌아 다니는 인생 나그네길에서 무언가 마음을 붙이고 살 수 있는 소중한 유산이니 막내인 저에게 주십시오"라고 형님들께 간절히 호소하는 등 4형제가 너무나 팽팽히 맞서다 보니 그 자리에서 결론을 내리지 못하고 일주일 후에 다시 만나 결정하기로 하였습니다.

저는 며칠 동안 세 분 형님을 한 분 한 분 찾아다니며 통사정을 하고 로비를 한 결과 결국 '외로운 막내를 도와주자'는 쪽으로 의견이 모여서 참으로 어렵사리 소중한 어머님의 성경을 물려받게 되었습니다. 그 후 셋째 형님(김윤배 목사, 인도네시아 바탐 한인교회 봉직, 월남 참전 고엽제 사망, 대전국립현충원 안장)이 뒤늦게 신학 공부를 마치고 아버님 대를 이어 목사가 되었을 때 저는 셋째 형님의 목사 안수 기념으로 어머님의 성경을 드렸습니다.

이러한 사실은 당시 워싱턴 선교교회에서 시무하시던 성윤경 목사님이 집필하신 설교 예화집에 "어머니의 성경"이라는 제목으로 소개된 바 있습니다. 저는 어머님의 성경을 볼 때마다 나 또한 세 딸에게 내가 일생 동안 애독하면서 나의 마음과 영혼이 담긴 '아빠의 성경'을 유산으로 물려주기로 마음에 다짐해 왔습니다.

아버님은 일찍이 1955년 제가 중학교 2학년 때인 48세에 돌아가셨고 그전에 일제 말기 수난기, 해방 이후 혼란기, 6·25 전후 피폐기 등을 겪으면서 아버님을 가까이서 뵐 수 있었던 기간은 사실상 월남 이후 아버님이 군산 개복동교회에서 시무하시던 8년간의 기간이었습니다. 이 기간 동안 제가 보고, 듣고, 느낀 아버님의 순수 신앙에 대한 간절한 추모의 마음이 저에게 소중한 정신적 유산이 되었습니다.

김현정 목사

아버님의 순수 신앙을 추모할 때 빠뜨릴 수 없는 중요한 사건이 1938년 당시 조선 기독교 총회가 일제의 강압에 못 이겨 공적으로 신사참배를 결정한 사건입니다. 물론 이 결정은 부끄러운 결정이었습니다. 저는 이러한 결정에도 불구하고 신앙적 지조를 지켜 순교의 길을 택하신 주기철 목사님을 비롯한 순교자들께 깊은 존경심을 갖고 있습니다.

한편 이러한 총회의 결정에 따라 2중, 3중의 정신적 고통을 겪으면서 교회와 성도를 위해 심적 갈등과 고초를 감내하신 아버님에 대해서도 존경심을 갖고 있는 것도 사실입니다. 해방 후 이북에 무신론 공산정권이 들어서고 기독교에 대한 대대적인 탄압이 자행되면서 그 명분으로 이용된 것이 신사참배였습니다. 아버님은 감옥에서 하나님의 존재를 부인하는 자술서를 쓰라는 공산당의 강압에 대해 "내가 하나님을 두 번 배반할 수 없다"라고 완강히 거부하셨기 때문에 혹독한 고문을 받아 산 송장이나 다름없는 상태에서 출옥하시게 되었습니다.

그동안 어머님은 아버님의 옥살이 뒷바라지하시면서 집안이 풍비박산되다시피 고통을 겪었습니다. 큰형님이 소학교 6학년 때 아래 네 동생을 돌보며 어렵게 살림을 꾸려 나가면서 저는 영양실조로 3개월간 실명되기도 했습니다. 지금도 어렴풋이 기억이 나지만, 한번은 내무서원이 집에 와서 가택 수색을 하는데 당시 여섯 살이었고 앞을 못 보던 제가 그 사람의 다리통을 붙들고 "왜 내 아버지를 괴롭히나? 내 아버지 내놓으라"라고 울면서 매달리니 그 사람도 인간인지라 수색을 중단하고 돌아간 일도 있었습니다.

아버님이 출옥하신 후 기적적으로 건강을 회복하기 시작하면서 1947년도에 먼저 월남하시고, 이어 1948년도에 어머님이 5남매를 데리고 어렵사리 월남을 하여 2개월 전에 아버님이 시무하시게 된 군산 개복동교회에서 아버님과 재회하게 되었습니다. 가족과 재회한 얼마 후 주일예배 설교 시 아버님은 " 나는 신사참배한 죄인으로서 공산치하 감옥에서 마땅히 죽어야 할 나를 살리셨으니 남은 여생 동안 죽는 날까지 주님 위해 충성을 다하다가 죽을 것입니다" 하면서 일제 말기 신사참배하신 일에 대해 통회 자복하시자 온 교인들이 회개의 눈물로 울음바다가 되었던 감동적인 예배 장면을 어머님과 큰형님으로부터 들었습니다.

돌이켜 보면 아버님은 시한부 인생을 예감하고 사신 것 같습니다. 아비님은 돌아가실 때까지 당신이 스스로 정하신 3가시를 지키셨습니다.
첫째, 매년 1회씩 2주간 금식기도를 갖는다.
들째, 매월 1회씩 1주간 전고 각지의 사경회(부흥회)를 인도한다.
셋째, 매일 새벽기도회를 인도한다.
아버님의 건강 상태에 비추어 인간적으로는 너무 과로하셨다는 생각이 들지만 성령의 역사로 이를 감당하셨습니다. 아버님은 일제 말기, 해방과 6·25 전쟁 등 한국 현대사에서 가장 어렵고 암울했던 시절에 성직자 생활을 하신 분이니 인간적으로는 일생 동안 고생만 하신 분이라고 어머니께서 자주 말씀하셨습니다.

아버님은 삼복더위에도 복대를 두르실 정도로 배가 늘 찼다고 하셨습니다. 이는 공산 감옥에서 당하신 혹독한 고문의 후유증 때문이었습니다. 매년 여름 장마철에 군산 지역에서 가장 높고 험한 오성산에 올라가 2주간 금식기도를 하실 때는 많은 교인들이 자진해서 1-2일씩 금식기도에 동참했으며, 금식기도를 마치고 아버님과 교인들을 태운 배가 군산항구의 선착장으로 들어올 때는 환영 나온 온 교인들이 찬송을 부르며 성령 충만의 열기가 뜨거웠던 장면이 지금도 저의 뇌리에 깊이 새겨져 있습니다.

6·25 전쟁이 났을 때 공산군이 밀물처럼 밀고 내려오는 급박한 상황하에서 아버님의 친구이신 당시 군산해양대학(현, 부산해양대학) 학장께서 대학의 해양 실습선 편으로 함께 피난 가자고 권유하셨는데 아버님께서는 피난길에 오를 83명의 교인들과 함께 떠나야 한다고 하시면서 군산항을 떠나는 마지막 배편인 풍선에 몸을 싣고 27일간 천신만고 난항 끝에 부산항에 도착하여 4개월여 피난 생활을 교인들과 함께하셨습니다.

27일간의 항해 기간 동안 아버님의 양 팔뚝이 햇볕에 그을려 갈라지고 또 갈라져 피가 늘 엉겨 있던 기억이 지금도 눈에 선합니다. 돌이켜 보면 그 상처야말로 83명 교인들의 생명을 책임지고 풍선 하나에 몸을 실어 망망대해 기약 없는 피난길에 오른 지도자로서의 막중한 책임감과 중압감 때문이었을 것입니다. 서울 탈환 후 교회와 교인들이 걱정되어 아버님은 생계가 막연한 가족을 어머님께 맡기고 군산으로 먼저 돌아가셔서, 어머님이 졸지에 장작 장사를 하시고 큰형님이 미군 부대 하우스보이를 하면서 식구들의 생계를 꾸려 나갔습니다.

전후 교회 재정과 교인들의 생활은 참으로 어려웠습니다. 아버님은 어느 날 제직회에서 교회 재정이 어려우므로 6개월간 봉급을 받지 않겠다고 선언을 하셔서 어머님과 온 식구가 교회 뜰 빈터에 채소를 심고 닭과 돼지를 키우며 어렵게 집안 살림을 꾸려 나갔습니다. 당시는 사람들의 몸도 마음도 전화에 시달리고 피폐해서 부흥회를 통한 신앙적 영성운동이 절실히 요구되던 때였습니다. 아버님은 한 달에 한 번 정도는 전국 각지로 부흥회를 다니셨는데 아무리 집안 형편이 어려워도 돌아오시자마자 당회 회계 장로님을 불러 사례비를 봉투째 교회에 헌금하셨기 때문에 어머님은 기내하신 적이 없었습니다.

아버님은 늘 하나님께서 의인의 자식을 굶기지 않으신다고 말씀하셨는데, 어렸을 적에 어머니께서 "오늘로시 우리 집에는 일전 한 푼도 없다"라고 말씀하시면 그날 해가 지기 전에 기다렸다는 듯이 전혀 뜻밖의 사람이 나타나 돈봉투를 놓고 가고, 쌀가마도 들여놓고 가는 기적 같은 일을 경험한 적이 여러 번 있었습니다. 하나님께서 일용할 양식을 주실 것을 믿고 늘 그렇게 살아왔기 때문에 아버님이 돌아가신 후 경제적으로 더 어려워졌다고 느낀 적은 없었습니다. 온 식구가 늘 절약하며 살았습니다.

저는 어렸을 때 잡비나 용돈을 타 본 기억이 없고, 수학여행을 가 본 적도 없습니다. 남들이 다 수학여행을 갔을 때 혼자 교회 2층 다락방에서 2-3일을 황혼녘까지 공부하고, 저녁에 집으로 돌아올 때는 감사한 마음으로 장래에 대한 꿈도 그려 보았습니다. 저는 아버님의 신앙적 청빈에서 비롯된 집안의 경제적 궁핍에 대해서 불평하거나 부유한 친구를 부러워한 적도 없습니다. 제가 고등학교 때부터 스스로 정한 인생의 좌우명은 "생각은 높게, 생활은 검소하게"였습니다. 이 좌우명은 아버님의 순수신앙을 마음 깊이 흠모하는 제 마음의 표현이었습니다. 저는 나름대로 일생 동안 이 좌우명을 그런대로 지키며 살아왔다고 생각합니다.

김현정 목사의 가족사진

제가 LA 총영사로 있는 동안 즐겨 먹던 음식은 용궁의 우동이었습니다. 수많은 교포 행사에 참석하면서 막간을 이용하여 용궁에 들러 최 기사와 함께 먹던 우동 생각이 지금도 잊혀지지 않습니다. 서민 교포들이 저도 모르게 식대를 지불하고 가는 일이 종종 있었습니다.

아웅산 순국 선열들의 국장 행사를 마친 후 청와대를 떠나면서 제가 마지막으로 한 일은 비서실장 금고에 보관되어 있던 활동비를 총무수석께 인계해 드린 일이었습니다. 당시만 해도 비서실장에게는 매월 일정한 액수의 활동비가 나왔는데, 이 활동비는 전적으로 실장님의 재량으로 쓰실 수 있는 아무런 제약이 없는 '특수한' 성격의 돈이었습니다. 실장님이 돌아가신 상황에서 그 돈의 존재를 아는 사람은 저 혼자였습니다. 청렴을 몸소 실천하신 함 실장님께서 안 쓰셔서 쌓인 10만 원권 수표 3천만 원을 장부와 함께 총무수석님께 인계해 드렸더니 총무수석께서 상당히 놀라는 표정이었습니다. "아니, 이럴 수가……" 하면서 고개를 몇 번 흔들었습니다.

내가 지금도 하나님께 감사드리는 것은, 그 돈을 금고에서 꺼내어 총무수석께 인계해 드릴 때까지 조금도 '시험'을 받지 않았다는 사실입니다. 그것은 당연한 일이기는 하지만 그 당연한 일을 함으로써 나 자신이 스스로 정한 인생의 좌우명을 지키고 있음을 확인할 수 있었고, 나를 '시험에 들지 않도록' 일생을 지켜 주신 하나님의 손길을 확인할 수 있었기 때문입니다.

저의 일생을 떠받쳐 준 정신적 지주는 기독교 윤리관, 아버님의 순수신앙에 누를 끼치지 말자, 나를 위해 고생하시는 어머니께 보람을 안겨 드리자, 이 3가지였습니다. 모태신앙에는 장난점이 있는 것 같습니다. 신앙 면에서 흔들림은 없으나 극적인 체험도 없고 뜨거운 열정도 없습니다. 사도 바울은 "항상 기뻐하라, 쉬지 말고 기도하라, 범사에 감사하라"고 가르치셨지만 제 자신을 놓고 스스로 점수를 준다면 항상 기뻐하라 70점, 쉬지 말고 기도하라 5점, 범사에 감사하라 95점을 주고 싶습니다. 저는 기도에 관하여 한동안 적지 않은 콤플렉스를 느꼈습니다.

국가와 민족과 사회를 위하여 기도하려면 어쩐지 쑥스럽고 '너 자신도 주체하지 못하는 주제에 국가와 민족과 사회를 위해 기도하다니' 하는 생각이 늘 머리에 맴돌았습니다. 하지만 저에게는 하나님께서 이 녀석 제법 쓸 만한 구석이 있다고 생각하실 한두 가지 요소가 있는 것 같습니다. 그것은 비록 낮은 수준의 기도일지는 몰라도 거의 매일 입버릇처럼 "하나님, 저는 부족하고 연약합니다. 불쌍히 여겨 주십시오. 아버지의 강한 팔로 붙들어 주십시오. 최선을 다하게 해주십시오. 하나님, 감사합니다"라는 기도는 하루 종일 수없이 드립니다.

길을 걸을 때나 엘리베이터 속에서도 끊임없이 이러한 원초적인 기도를 드립니다. 아마도 하나님께서 '이 녀석, 기도의 수준은 한심하지만 참으로 끈질기게 매달리는 모습을 보니 기특한 데가 있다'라고 생각하시는 것 같습니다. 그리고 기도는 미약하지만 이를 보완하려는 듯 성경 읽는 습관 하나만은 몸에 배어 있는 것 같습니다. 제가 특히 애송하는 성구들이 있습니다. "수고하고 무거운 짐 진 자들아 다 내게로 오라 내가 너희를 쉬게 하리라" 하신 주님의 말씀이 언제나 큰 위로가 됩니다. 시련과 고통을 당할 때 "내가 환난 중에도 즐거워하나니 이는 환난은 인내를, 인내는 연단을, 연단은 소망을 이루는 줄 앎이라" 하신 사도 바울의 말씀에서 밝은 장래의 소망을 갖게 됩니다. 또한 로마서 8장 28절 말씀인 "우리가 알거니와 하나님을 사랑하는 자 곧 그 뜻대로 부르심을 입은 자에게는 모든 것이 협력하여 선을 이루느니라"는 저의 집안의 가훈입니다.

제가 LA 근무를 마치고 브라질로 떠나기 앞서 평소 마음 깊이 존경하는 임동선 목사님을 찾아뵈었을 때 임 목사님께서 제게 주신 말씀이 여호수아 1장 7-8절 말씀이었습니다. "오직 너는 마음을 강하게 하고 극히 담대히 하여 나의 종 모세가 네게 명한 율법을 다 지켜 행하고 좌로나 우로나 치우치지 말라 그리하면 어디로 가든지 형통하리니 이 율법책을 네 입에서 떠나지 말게 하며 주야로 그것을 묵상하여 그 가운데 기록한 대로 다 지켜 행하라 그리하면 네 길이 평탄하게 될 것이라 네가 형통하리라." 저는 이 말씀을 통하여 큰 힘과 용기를 얻었습니다.

저는 두 가지 사실을 통하여 기도에 대하여 제가 느껴온 콤플렉스를 어느 정도 해소할 수 있었습니다. 한 가지는 성경에 나오는 야곱의 기도를 통하여 적지 않은 위안을 얻었다는 것입니다. 어렸을 적부터 어머니가 제게 붙여 주신 별명이 야곱이었습니다. 야곱이 어머니의 사랑을 많이 받은 사실을 알기 때문에 저는 그 별명이 좋았고, 창세기를 읽을 때마다 야곱이 죽지 살자 하나님께 매달리는 신념이 어느덧 저의 몸에 배어가는 것을 느꼈습니다. 야곱은 인격이 훌륭한 사람도 아니고 존경받을 만한 사람도 아니었습니다. 그럼에도 불구하고 누구보다도 하나님의 축복을 많이 받은 사람입니다. 그의 기도는 늘 자신과 가정에 관한 것이었습니다.

그러나 야곱은 인간의 생사화복을 주관하시고 역사를 주재하시는 분이 오직 하나님 한 분이심을 굳게 믿고 일생 동안 오로지 하나님께만 죽자 살자 매달려 자신과 가정을 위해 축복을 내려 주실 것을 간구한 사람입니다. 그의 생명을 노리는 형 에서와 재회하기 전 얍복 강변에 홀로 남아 하나님께서 축복하시기 전에는 결단코 놓아드릴 수 없다고 하면서, 환도뼈가 탈골되어 일생을 절름발이로 살게 되면서도 하나님의 천사를 부둥켜 안고 축복을 빌었던 야곱의 처절한 기도를 하나님께서 들어 주셨습니다. "이제부터 너의 이름을 '이스라엘', 즉 '승리자'라고 하라"고 축복하시며 야곱의 기도에 응답하신 창세기의 기록을 읽으면서, 하나님께서 야곱의 기도를 응답하신 것이 결코 기도의 내용이나 인격 때문이 아니고 오로지 하나님께만 매달리는 믿음 때문임을 알고 제 마음에 용기를 얻었습니다.

또 한 가지는 순복음교회 오산리기도원에서 어느 성도의 신앙 경험을 들은 것입니다. 아웅산 사태 이후 한동안 마음이 산란해서 마침 순복음 신학대학을 나온 친구인 편 목사의 도움으로 일주일간 오산리기도원에 들어가 금식 기도회에 참석하게 되었습니다. 제 바로 옆에 자리한 분은 생긴 것이 다소 우락부락하게 보이는데도 어딘가 순수한 인상을 주는 분이었습니다. 사흘이 지난 저녁 집회 후 제 연배로 보이는 그분에게 어떠한 연유로 기도원에 들어오게 되었는지 물었더니 성은 김씨이고 고향은 충청도인 그분이 "나는 좀 얘기할 만한 내용이 있구먼유" 하면서 다음과 같은 얘기를 들려 주었습니다.

그는 맹호부대 태권도 교관으로 월남전에도 참전하였고, 자기가 일편단심 사랑한 여인과 결혼도 했습니다. 꿈 같은 신혼생활을 보낸 지 6개월 만에 아내가 갑자기 골수암으로 판명되어 신촌의 세브란스병원에 입원 중에 죽게 되자 더 이상 생의 의욕을 잃고 매일 매일 술에 의지하다시피 공허한 인생을 살았다고 합니다. 술에 만취되어 일주일이 멀다 하고 홧김에 아내가 죽은 세브란스병원으로 찾아가 현관문을 때려 부수고 인근 파출소에 붙들려가 구치되고 벌금 내고 풀려나기를 여러 번 해서, 세브란스병원 경비들도 김 사범만 보면 고개를 설레설레 저었고 고래고래 소리 지르며 현관문을 때려 부쉈기 때문에 인근 동네에까지 소문이 났을 정도였다고 합니다.

하루는 왕십리 공사판에 실장으로 있는 친구를 만나 술이나 실컷 마실 생각으로 9시쯤 찾아갔는데 그 친구가 마침 일이 있어 출근이 늦는다는 말을 전해 듣고 혼자 인근 술집으로 가서 아침부터 폭음을 하고 다시 공사장으로 나갔는데, 갑자기 경찰이 자초지종 설명도 없이 수갑을 채워 성동경찰서로 끌고 갔다는 것입니다. 나중에 알고 보니 마침 그날 아침 공사장에서 측량기가 분실되어 인근 파출소에 신고하여 경찰이 현장에 출동하여 인부들을 취조하던 중 아침 9시쯤 수상한 사람이 공사장을 배회했다는 말을 듣고 일단 그 사람이 범인일 것으로 추정하고 소재 파악 중에 본인이 술에 만취되어 공사장에 다시 나타나자 당장 수갑을 채워 경찰서로 압송했다는 것입니다.

본인은 안 했다고 하소연해 봐야 통할 리도 없고 이래저래 홧김에 '차라리 이 참에 죽어 버리자' 하고 작심하고 첫날부터 식음을 전폐하기를 일주일 정도 지나니까, 경찰서에서 김 사범이 법정에 서기도 전에 죽으면 책임문제가 나오게 될까 염려하여 억지로 링거 주사도 놓고 강제로 입을 벌려 음식을 투입하기도 하면서 2주 정도 지나서 법정에 서게 되었다고 합니다. 2주를 거의 굶다시피 했으니 기진맥진해서 앉아 있을 기력도 없고 비몽사몽간에 누워서 재판을 받는데, 검사나 판사가 무슨 말을 물으면 무슨 소리인지 귀에 들어오지 않고 그저 왕왕하는 소리만 들리고 귀찮기만 해서 다짜고짜 고개를 위아래로 끄덕이기만 한 결과 모든 범죄를 시인한 것으로 되어 유죄 판결을 받고 교도소에 수감이 되었다는 것입니다.

교도소에 들어와서도 계속 음식을 거부하고 죽기만 기다리는데, 수감된 다음 날부터 어느 죄수가 매일 오후 일정한 시간에 방문을 노크하고 들어와서 공손히 인사하고 한쪽 구석에 서서 무슨 노래를 부르는데 김 사범이 "야, 입 닥쳐. 빨리 꺼져" 식으로 소리를 버럭 질러도 이 죄수는 조용히 그 노래를 끝까지 부르고 다시 공손히 인사하고 방을 나가는 일이 사흘 동안 계속되었다는 것입니다. 나흘째 되는 날 그 죄수가 문을 열고 들어오자마자 역시 거칠게 소리를 버럭 질렀더니 옆에 김 사범과 한 방을 쓰는 동료수가 "저분한테 그렇게 하면 안 되지요. 저분은 내주에 사형 집행을 받아요"라고 얘기를 하더랍니다.

그 말을 듣는 순간 김 사범은 쇠망치로 머리를 맞는 듯한 충격을 받고 다음 날부터 그 죄수가 노크하면 방문을 열고 공손히 인사하고 그 죄수의 노래를 경청하였는데, 이 노래를 들으면서 어딘지 모르게 이전에 느껴 보지 못한 마음의 평안을 느낄 수 있었다고 합니다. 그 죄수는 다음 주 예정대로 사형장에 끌려가기 전날까지 자기 방에 와서 그 노래를 불렀다고 합니다. 김 사범은 그 노래를 경청하면서 곡도 가사도 외우게 되었는데, 후에 알고 보니 그 노래는 찬송가 102장 "주 예수보다 더 귀한 분은 없네 이 세상 부귀와 바꿀 수 없네"였다는 것입니다.

며칠 후 그 측량기를 훔친 범인이 잡혀서 김 사범은 무죄 석방이 되어 택시를 타고 여동생 집으로 갔더니 행방불명되었던 오빠가 나타났다고 온 식구를 불러 잔치를 벌였다고 합니다. 김 사범이 오랜만에 밥을 허겁지겁 먹고 일어서다가 갑자기 음식을 다 토해내고 그 자리에 주저앉으며 쓰러졌다고 합니다. 거의 3주 정도를 억지로 투입한 음식 외에는 물조차 거부할 만큼 식음을 전폐하다시피 했기 때문에 식도가 말라붙어 위까지 음식을 전달할 수 없을 정도로 소화기능이 마비되어 있었던 것입니다.

식구들이 상의 끝에 어차피 죽을 바에야 기도원에 가서 기도하면서 평안한 마음으로 눈을 감는 것이 좋겠다고 생각하여 김 사범을 순복음 오산리기도원으로 데려왔다는 것입니다. 김 사범은 생전 교회에 나간 적이 없고 기도도 찬송도 해 본 일이 없으며 아는 것은 오로지 사형수가 죽기 전에 불러 준 찬송가 102장밖에 없으므로, 그 찬송을 부르고 그 가사를 기도로 대신하면서 며칠을 지내던 중 하루는 기도원 전도사님에게 부탁을 드려 독방 토굴에 들어가서 기도하도록 허락을 받고 사흘을 주님께 간절히 매달리는 기도를 드렸다고 합니다.

하루 종일 "예수님, 저 좀 살려 주셔유. 주님밖에 없구먼유. 주님, 꼭 좀 도와주세유" 하는 식으로 하루 종일 기도하고 102장 찬송을 부르면서 사흘을 간절히 주님께 매달렸다고 합니다. 하루는 공중 기도실에서 오후에 깊은 잠이 들었는데, 꿈에 예수님께서 나타나셔서 김 사범의 머리를 쓰다듬으며 이름을 부르시면서 "내 아들아, 너는 죽지 않는다. 내가 너를 살려 주마" 말씀하실 때 뜨거운 열기가 식도에서 위로 훑어 내리면서 온몸이 편안해지는 것을 느꼈다고 합니다. 그 순간 두 뺨에 하염없이 감사의 눈물을 흘리며 "주님, 감사합니다. 주님, 고맙습니다. 이 은혜 잊지 않겠습니다" 큰 소리로 주님께 부르짖으면서 잠에서 깨어 보니 20명의 기도실 성도들이 자기를 빙 둘러싸고 무슨 일인가 하고 자신을 지켜보는 가운데 대형 타월 네댓 개가 땀에 흠뻑 젖어 여기저기 널려 있더랍니다.

순간 심한 공복을 느낀 김 사범은 식당까지 단숨에 달려가서 밥 두 그릇을 시켜 순식간에 먹고 기도원으로 돌아오면서, 자신이 음식을 전혀 먹을 수 없는 상태에서 들것에 실려 기도원에 들어왔던 중환자가 아니었던가 하는 생각이 머리에 떠올랐습니다. 주님께서 자기의 병을 말끔히 치유해 주신 생각을 하며 감사의 눈물을 주체할 수 없더랍니다. 이후 기도원에서 신앙생활을 계속하고 있다는 신앙 체험을 저에게 들려 주었습니다. 김 사범의 기도를 응답하신 것도 기도의 내용이 수준이 높아서도 아니고 인격이 훌륭해서도 아니며, 오로지 하나님께만 간절히 매달리는 순수한 믿음 때문임을 저는 다시 한 번 깨닫게 되면서, 기도에 대한 저의 콤플렉스를 상당 부분 해소할 수가 있었습니다.

저는 세 번의 인생 체험을 통해서, 기도의 수준이 아무리 빈약하고 수준 미달이라 하더라도 하나님께 죽자 살자 매달려 간절히 기도드리면 하나님께서 반드시 응답해 주신다는 사실을 깊이 깨달았습니다. 부족한 저에게 베풀어 주신 하나님의 은혜를 생각하면 저는 하나님께 감사, 감사, 감사드릴 수밖에 없습니다.

저는 큰형님과 큰형수님을 진심으로 존경합니다. 그것은 아버님이 안 계신 우리 집안에서 어머니를 도와 가통을 이어가고 일으키신 분들이기 때문입니다. 1970년에 큰형님이 경기도 지구 징병 신체검사 판정관으로 차출되었을 때입니다. 당시 병무청장이 사회문제가 되자 박 대통령께서 병무 부정을 발본색원하라는 추상 같은 특별지시를 내림으로써 각 도의 신체검사 판정관은 한 명도 예외 없이 구속되어 수경사에 구금되었습니다.

집안의 기둥인 큰형님이 구속되자 어머니는 그날로 앓아누우시고 큰형수님도 극도로 신경이 예민해서 갓 태어난 조카에게 정상적인

김명배 대사의 모친 이경선 권사

모유를 먹일 수가 없어서 한밤중에 조카가 경련을 일으켜 응급실에 입원하였습니다. 둘째 형님은 폐결핵으로, 셋째 형님은 요로결석으로, 여동생은 왼쪽다리 마비로 온 집안이 불과 며칠 사이에 쑥대밭이 되었습니다. 온 집안에 건강한 사람은 저 한 사람뿐이었습니다. 저는 반년 동안을 거의 하루도 빠짐없이 수경사로 큰형님 면회를 가면서도 큰형님께 아무런 도움도 되어 드리지 못하는 제 자신에게 무력감을 느끼면서 하나님께 죽자 살자 매달려 간절히 기도드렸습니다.

어떤 때는 너무나 지쳐서 목욕탕에 가서 머리를 담그고 하나님께 간절히 기도드렸습니다. "하나님, 큰형님은 우리 집안의 기둥입니다. 큰형님을 살려 주십시오. 이 일로 인하여 누군가 죽어야 된다면 큰형님 대신에 저를 죽여 주십시오. 기꺼이 죽겠습니다." 정말 절실히 기도드렸습니다. 이러한 기도를 매일매일 수도 없이 드렸습니다.

이런 식으로 어렵고 괴로운 수개월이 지난 어느 날, 이 사건의 담당 판사인 유 판사님(후에 대법관을 지내셨으며 청렴하고 존경받는 법조인)이 저를 보자고 하시기에 영문도 모르고 사무실로 찾아뵈었습니다. 유 판사님은 "내가 수 개월 동안 김 형이 형님을 위해 전심을 다하는 모습을 보면서 마음에 생각한 바가 많습니다. 모든 피의자들은 청와대 수석이다 장관이다 한다 하는 배경들을 동원하는데 유독 김 형 집안만 아무런 배경도 없더군요. 다 잊고 고시 공부에 전념하세요. 국가와 사회를 위해 꼭 좋은 일 하세요." 이 말씀을 듣고 사무실을 나오면서 하염없이 흘러내리는 감사의 눈물을 닦지도 않고 버스 정류장까지 걸어갔고, 버스에 올라타서도 눈물이 그치지 않았습니다.

우리 집안은 오로지 하나님밖에는 인간적으로는 아무런 백도 없는 집안인데 하나님께서 이렇게까지 도와주시니 "하나님, 이 은혜 일생 잊지 않겠습니다. 제가 주님을 위하여 순교해야 한다면 기꺼이 순교하겠습니다"라고 뜨거운 감사의 기도를 드렸습니다. 이 일은 오로지 하나님께서 역사하신 일이었습니다. 그로부터 3개월 후 고시 공부하던 암자로 집으로부터 반가운 전문이 날아왔습니다. "큰형님 무죄 석방." 이 전문을 받고 하염없이 감사의 눈물을 흘렸습니다. 내용도 없는 빈약한 기도지만 하나님께 무조건 죽자 살자 간절히 매달리는 기도를 응답해 주시는 고마우신 하나님께 진정으로 뜨거운 감사의 기도를 드렸습니다. 큰형님 문제가 해결되면서 불과 1-2개월 사이에 집안에 경사가 겹치는 것이 꼭 성경의 욥기를 읽는 것 같았습니다.

두 번째 경험은 아웅산 사태와 관련이 있습니다. 저는 대학 시절 집안에 우환을 겪으면서 법조계에 대하여 환멸을 느끼고 대학 시절을 방황으로 허송하다시피 했습니다. 지금도 제가 방심하거나 나태할 때는 어김없이 대학 시절에 방황하며 괴로워하던 꿈을 꾸다가 소스라쳐 잠을 깨면 '아, 꿈이었구나' 하고 안도의 한숨을 쉴 때가 있습니다. 이러한 이유로 책 보기 좋은 대학 시절을 다 허송하고 공군 장교 시절, 어려운 상황에서 아주 뒤늦게 외무고시를 준비하였고, 외무부에 늦게 들어가 나이에서 오는 적지 않은 마음의 갈등을 겪어야 했습니다. 그래서 늘 하나님께 공부할 수 있는 기회를 한 번만 허락해 주실 것을 간절히 기도했습니다.

1983년 아웅산 폭파 사건으로 제가 모시던 함병춘 비서실장께서 순국하신 후 아웅산 순국열사를 위한 국장 행사가 있기 전에 함 실장님 댁 빈소를 지키고 있던 어느 날, 갑자기 KBS 기자가 저에게 인터뷰 요청을 해 왔습니다. 나중에 알고 보니 KBS에서 순국선열 열일곱 분의 가족을 대상으로 2-3분씩 인터뷰 프로를 계획했는데, 함 실장님의 경우 사모님께서 김 비서관님이 실장님을 두 번 모셨으니 김 비서관님과 인터뷰하는 것이 좋겠다고 말씀하셔서 저에게 인터뷰 요청이 온 것이었습니다. 저는 순간적으로 온 국민의 관심이 집중된 중대한 사건임에 비추어 국민들에게도 감동을 주고 유족에게도 위안이 되는 내용으로 이야기해야 되겠다는 생각을 하고 대강 이런 내용으로 얘기를 했습니다.

"돌아가신 함 실장님은 애국애족의 정신이 투철하셨고, 공직 기간 내내 서민과 더불어 동고동락하신 청백리로서 일관하신 분입니다. 종로2가 금강양행에서 사신 구두의 임자가 청와대 비서실장이라는 사실을 알고 '비서실장님이 서민 대중과 똑같이 근검절약하시며 사시는 모습을 보니 참으로 흐뭇하네요'라고 하더군요. 얘기를 들은 저 역시 마음이 흐뭇하였습니다. 함 실장님께서는 대통령 특사로 외국을 방문하실 때 대통령께서 주시는 활동비를 한 푼도 안 쓰고 귀국하자마자 국고에 반납하실 정도로 청렴하신 분이었습니다. 최빈국 중앙아프리카를 방문했을 때는 호텔 프론트조차 믿고 맡길 수 없어서 돈 봉투를 가슴에 품고 잔 적이 있습니다."

이튿날 빈소를 찾아온 이학봉 민정수석님과 정순덕 정무수석님이 거의 동시에 나를 보자고 하시기에 무슨 영문인지 모르고 밖에 나가 뵈었더니 두 분이 똑같이 장례식이 끝나면 사무실로 와달라는 말씀이었습니다. 너무나 이례적인 상황이라 도무지 영문을 몰랐습니다. 장례식이 끝나고 이 수석님을 찾아뵈었더니 내가 도와줄 수 있는 일이 있으면 얘기해 달라고 했습니다. 저는 인사 문제인 줄 알고 친정인 외무부로 돌아가면 된다고 말씀을 드렸더니 그게 아니고 도와줄 일이 있으면 얘기하라고 재차 말씀하시는 것이었습니다. 저를 진심으로 도와주시고자 하시는 마음을 읽을 수 있었습니다.

저는 "하루만 시간을 주십시오"라고 양해를 구하고 하루를 곰곰이 생각해 보았습니다. 아무에게도 피해를 주지 않으면서도 나에게 도움이 되는 길이 없을까 생각하던 중, 마침 내가 공부할 기회를 한 번만 더 주실 것을 하나님께 늘 간곡하게 매달려 온 기도를 하나님께서 응답해 주신다는 확신이 들면서 가슴이 뿌듯했습니다. 다음날 민정 수석님을 뵙고 미국에 가서 공부할 기회를 갖고 싶다는 말씀을 드렸더니 좋은 생각이라고 하시면서 즉석에서 외무차관에게 전화로 협조를 요청하셨습니다.

민정수석실을 나와 본관으로 올라가 부속실에 들러 작별인사를 하는 자리에서 박 실장이 내게 "김 비서관은 웃어른(청와대 내에서 비서관들 사이에 대통령을 뜻하는 별칭)께 고맙게 생각해야 할 거요"라고 하기에 "제가 늘 감사히 생각하고 있습니다"라고 말했더니 박 실장이 "그게 아니고, 며칠 전 김 비서관이 KBS와 인터뷰하는 TV 프로를 대통령께서 민정수석과 정무수석과 함께 보시다가 '함 실장은 참 훌륭한 분이었어. 저기 얘기하는 비서관 좀 도와줘'라고 즉석에서 두 분 수석께 지시하셨다"는 설명을 듣고서야 비로소 왜 빈소에서 두 분 수석님이 거의 동시에 저를 보자고 하셨는지 그 수수께끼를 풀 수 있었습니다. 후에 문공부에 근무하는 친구로부터 들은 얘기로는, 나의 인터뷰 내용이 당시 시대적 상황에 적합한 내용이라고 판단되어 그 내용을 반복하여 집중 방영했다고 들었습니다.

아웅산 사태로, KBS 인터뷰로, 또한 대통령께서 텔레비전을 보시고 두 분 수석에게 지시하시는 상상도 할 수 없는 과정을 거치면서 하나님께서 나의 빈약하기 짝이 없는 원초적 기도를 응답해 주시리라고 제가 감히 생각이나 했겠습니까! 하나님께서 하시는 일은 인간의 지혜로는 도저히 상상할 수 없는 것입니다. 컬럼비아 대학에서의 2년은 공부를 위한 최선을 다한 기간이었으며, 이때 습득한 지식이 공직생활 내내 큰 도움이 되었고, 은퇴 후 대학 강단에서 강의하는 밑거름이 되었습니다.

또 한 가지 경험은 LA 총영사 재직 시 남가주 한국학원 재건 문제를 통해서였습니다. LA 총영사 발령을 받고 부임하는 비행기 안에서 총영사관에서 보내준 업무 현황 자료를 읽으면서 업무 파악을 하던 과정에서, 남가주 한국학원 재건 문제는 LA 동포사회의 자존심과 정신적 바탕과 연결되는 고도의 상징성을 내포한 중대한 문제임을 알 수 있었습니다. 또한 이 문제는 LA 동포사회의 정신적 지주를 확립하기 위해서는 반드시 넘어야 할 하나의 큰 산이며, 이 산을 무사히 넘으면 4·29 장학재단 새 이사회 구성 문제, 도산 안창호 선생 동상 건립 문제, 교육원 구입 문제, SAT 재정비 문제 등 미결 현안들은 큰 산을 넘은 탄력에 의해 쉽게 넘어갈 수 있을 것이라는 판단이 섰습니다. 또한 이 큰 산을 넘지 않고는 다른 어떤 문제도 쉽게 풀릴 수 없으리라는 결론에 도달했습니다.

저는 모든 일에서 정신을 가장 중시하며 살아왔습니다. 정신이 살아 있으면 물질이라든가 여타 문제는 풀릴 수 있을 것이고, 정신이 살아 있지 못하면 설혹 외부의 도움으로 그 문제가 일시적으로 풀리더라도 결국 더 크고 더 복잡한 문제로 다가올 뿐이라는 사실을 알고 있었습니다. 다행히도 LA 동포사회는 기독교적 윤리관에 바탕을 둔 정직, 성실, 애국애족의 도산 정신이 배태된 정신적 고향이라는 점에서, 동포들의 가슴속에 연연히 이어 내려온 도산 정신의 불씨만 지필 수 있다면 동포사회 스스로의 힘으로 능히 이 문제를 해결해 낼 수 있으리라는 확신을 갖고 있었습니다.

또한 보도의 공정성과 정도를 걷는 미주 한국, 미주 중앙, 라디오 코리아가 건재하고 있다는 사실이 큰 힘이 된다는 것을 믿을 수 있었습니다. 새 이사회 구성을 위해서는 구 이사진의 일괄 사표가 전제되는데, 이 문제를 박형만 이사장께서 직접 뛰어다니며 깨끗이 정리해 주신 것이 큰 힘이 되었습니다. 새 이사회 구성 문제와 관련하여 처음으로 만나뵌 분이 동포사회 교육계의 원로 되시는 김수안 박사님이었습니다. 사실은 이전에 김 박사님의 존함을 익히 듣고 늘 마음 깊이 흠모해 왔지만 아직 한 번도 뵌 적이 없었습니다.

'사카이' 레스토랑에서 만찬을 겸해 김 박사님을 뵌 자리에서 남가주 한국학원이 처해 있는 현황과 이 문제는 동포사회의 정신과 자존심이 달려 있는 중대한 문제임을 말씀드리자 김 박사님은 깊은 공감을 표하시면서 함께 뜻을 모아 노력해 보자고 격려해 주셨고, 헤어질 때 10만 달러를 기증해 주시겠다는 큰 뜻을 밝히셨습니다. 나는 순간 너무나도 감격했습니다. 이 10만 달러가 청빈한 교육자의 길을 걸어오신 김 박사님께서 노후를 위해 피땀 흘려 저축하신 생명과도 같은 귀중한 돈이라는 생각을 할 때 가슴이 뭉클했습니다. 김 박사님의 기부는 LA 동포들의 가슴속에 애국애족의 도산 정신이 살아 움직이고 있다는 사실을 저에게 일깨워 주었으며, 이 일이 하나님의 경륜과 섭리 속에서 반드시 해결될 것이라는 확신을 제 마음에 심어 주었습니다.

19명의 새 이사진을 구성하기 위해 한국일보, 중앙일보, 라디오 코리아 등 교포 언론과 임동선 목사님, 박희민 목사님, 정상우 목사님

등 종교계 원로들과 폭넓은 접촉을 통하여 동포사회의 의견을 수립하고, 이사로 영입한 분들의 동의를 구하기 위해 때로는 삼고초려의 어려운 과정을 거치기도 했습니다. 저는 하나님께 죽자 살자 매달려 기도를 끊임없이 드렸습니다. 새 이사회가 구성되고 관저에서 첫 이사회가 개최된 날 새 이사분들이 남가주 한국학원의 재건을 위해서 얼마나 기금을 마련하느냐가 문제 해결의 승패를 좌우하는 큰 의미를 갖고 있었습니다.

저는 그날 관저 만찬이 있기 전 관저의 정구장(주차장으로 사용)을 100번 이상 돌면서 "하나님, 도와주십시오. 꼭 해결해 주셔야 합니다. 학교를 살려 주셔야 합니다. 하나님만 믿습니다. 꼭 도와주십시오"라는 기도를 아마도 천 번은 드린 것 같습니다. 동포사회의 언론이 총동원된 그날의 만찬석상에서 83만 4천 달러가 걷힘으로써 동포사회 전체에 도산 정신 재건의 불길이 뜨겁게 지펴졌습니다. 홍명기 이사장님과 김수안 박사님을 비롯한 모든 이사님들은 남가주 한국학원의 재건을 위해 발 벗고 나서서 솔선수범의 본을 보여주었습니다. 이사님들 한 분 한 분께 대한 깊은 존경과 감사의 마음을 저는 일생 동안 간직할 것입니다. 교포 언론도 동포사회의 정신 재건운동을 주도적으로 이끌어 갔습니다.

첫 이사회가 열린 다음 남가주 한인학교 학부모회의 축사를 통하여 "하나의 천을 태워도 그냥 천을 태우는 것과 태극기가 그려진 천을 태우는 것은 천지 차이가 있습니다. 남가주 한국학교가 폐교되는 것은 태극기가 그려진 천을 태우는 것입니다"라고 하면서 저도 모르게 뺨에 흐르는 눈물을 손수건으로 닦았는데 다음날 〈한국일보〉에서 "총영사의 눈물"이라는 기사가 사진과 함께 게재되자 LA 동포사회의 존경받는 지도자이신 매영숙 재단의 장홍식 이사장님이 이 기사를 읽고 100만 달러를 기증하심으로써 LA 동포사회의 정신 재건 운동에 큰 힘을 실어 주셨습니다.

서민 동포들의 정성어린 성금은 우리 모두의 심금을 울리는 한편의 감동적인 드라마였습니다. 용궁, 양지, 강남회관, 호돌이, 돼지저금통을 들고 나온 한국학원 어린이, 돌아가실 때까지 연금에서 매월 100달러씩 성금할 것을 약조하신 노인 어르신, 사흘간 모금 만찬을 주최했던 주부 클럽의 헌신적 봉사, 동양선교교회, 나성영락교회, 충현교회, 한인학교에 깊은 관심을 갖고 있던 웨스트인의 최철 장로와 어려운 고비마다 저에게 용기를 북돋아 주신 조영근 목사(한인학교 전 이사장), 그 외 익명으로 성금해 주신 여러 뜻있는 분들의 정성어린 성금들, 이 모든 것이 하나님의 경륜과 섭리 속에서 이루어진 것을 믿기 때문에, 저의 무작정 매달리는 무식한 기도를 들어 주신 하나님께 진정으로 뜨거운 감사의 눈물을 흘렸습니다.

일생 동안 아버님이 제일 존경하셨던 분이 존 칼빈 목사였으며, 어머님이 가장 존경하셨던 분이 도산 안창호 선생이었습니다. 이런 점에서 제가 존 칼빈 목사가 종교 지도자 겸 정치지도자로서 정신적 기반을 확립한 제네바와 도산 정신이 배태된 정신적인 고향인 LA에서 근무하였던 것을 하나님께 감사드립니다. 존 칼빈 목사님이나 도산 선생은 두 분 다 근면, 성실, 애국애족의 기독교적 윤리관을 철두철미 실천하신 점에서 귀감이 되시는 분들입니다. 저는 1977년부터 1978년까지 제네바에서 근무를 했는데, 존 칼빈 목사님의 기독교 윤리관에 바탕을 둔 신앙적 전통이 제네바 시민들의 의식 속에 확고히 뿌리내려 있음을 도처에서 확인할 수 있었습니다.

정직과 성실이 스위스 국민들의 마음속에 얼마나 확고하게 자리잡고 있는지를 보여주는 몇 가지 예를 들고자 합니다. 제네바 교도소에는 재소자가 한 명도 없으면 교도소 지붕에 백기를 게양하게 되어 있는데 1년 열두 달 내내 백기가 꽂혀 있었으며, 시민들은 이를 자랑스럽게 여기고 있었습니다. 제네바 시내에는 공해 방지를 위해 전기를 이용한 전동차를 운행하는데, 승객들이 표를 사서 승무원의 검침 없이 승차하고 2-3개월에 한 번씩 교통경찰이 불시 점검을 하는데, 전동차를 운행한 이래 제네바 시민으로서 무임승차로 적발된 사람이 한 사람도 없다는 사실 역시 시민들은 자랑스럽게 생각하고 있었습니다.

한번은 이런 일도 있었습니다. 1977년 초 중앙정보부 정기 보안 감시 시에 감사 한 분이 감사 경비에 해당하는 상당액의 현금과 감사서류가 든 중요한 가방을 대표부 앞 길가의 벤치에 놓아 두고 이웃 도시로 향해 달리다가, 문득 가방을 벤치에 두고 온 생각이 떠올라 얼굴이 사색이 되다시피 하여 걱정을 했습니다. 대표부가 서울에 위치해 있었으므로 다른 나라였더라면 찾는다는 것은 도저히 엄두를 낼 수 없는 일이었습니다만, 저는 그 감사관에게 스위스 국민은 정직하기로 유명한 국민들이니 그 가방을 본 사람들은 틀림없이 주인이 그 가방을 찾기 위해 벤치로 되돌아올 것을 알고 가방을 벤치에 그대로 놔두었을 가능성이 50퍼센트는 된다고 위로하고 차를 급히 몰아 벤치로 돌아오니 과연 가방이 그대로 그 자리에 놓여 있었습니다.

눈 덮인 알프스의 아름다운 경치 이외에는 이렇다 할 아무런 자원도 없는 스위스가 오늘날 세계에서 가장 높은 1인당 국민소득(4만 달러)을 누리는 나라가 된 것은, 하나님이 주신 직업을 신성시하고, 이를 위해 충성을 다하여 부를 축적하고 자본을 형성하여 산업을 발전시키며, 축적된 부를 다시 사회에 환원하여 하나님의 존귀와 영광을 높이는 일에 활용하는 존 칼빈 목사님의 기독교적 윤리관이 그들의 의식 속에 확고히 뿌리내리고 있기 때문임을 확인할 수 있었습니다.

저는 1999년 8월부터 2001년 2월까지 LA 총영사로 재직하였습니다. LA는 우리 민족이 일제하에 신음하던 암울한 시점에 도산 선생께서 정직과 성실의 기독교적 윤리관을 바탕으로 민족혼을 일깨워 주시고 나라의 자주독립정신을 고취하신 자랑스런 정신적 고향입니다. 또한 "오렌지 하나를 따더라도 애국하는 마음으로 정성을 다해 따라!"고 민중을 계몽하며 애국애족의 정신을 몸소 실천하신 정신적 고향입니다. 일제 치하 독립운동기에 가장 많은 독립 자금을 지원한 곳도, 또한 IMF 외환위기 시에 해외에서 국내로 가장 많은 성금을 보낸 곳도 LA 동포사회라는 사실이 LA가 애국애족의 정신적 고장임을 보여주고 있습니다. 우리 민족이 6·25의 잿더미 속에서 '한강의 기적'을 이루어냈듯이 1992년 LA 폭동의 잿더미 속에서 LA 동포사회가 '코리아타운 재건의 기적'을 이루어냄으로써 미국인들로 하여금 '이상과 비전이 있는 민족, 불굴의 민족혼을 갖추고 있는 민족'으로서 우리 민족을 재평가하는 계기가 되었습니다.

21세기는 '태평양 시대'입니다. 역사의 긴 안목에서 보면, 세계의 중심이 지중해에서 대서양을 거쳐 태평양으로 이동하는 중대한 시기에 한반도는 4강의 이해가 수렴하는 전략적 요충으로서, 또한 해양세력과 대륙세력이 상호 교류되는 경제적 문화적 중심에 위치하고 있습니다. 한국은 기독교 선교사상 가장 성공적인 나라로 알려져 있으며, 또한 인구 4,600만 중 600만이 해외에 거주함으로써 인구에 비례해서 4강을 비롯한 해외에 가장 많은 교포가 나가 있는 나라입니다.

저는 기독교 신앙인의 한 사람으로서 이 모든 일들이 앞으로 우리 한민족을 들어 크게 쓰시고자 하시는 하나님의 경륜과 섭리 속에서 이루지는 일들임을 굳게 믿고 있습니다. 한국이 21세기에 세계를 주도해 나아갈 중추적 국가가 되기 위해서는 반드시 한반도 통일이 이루어져야 합니다. 그것도 자유 민주주의에 의한 통일이 이루어져야 합니다. 이를 위해서는 우리 기독교인들이 무신론직 공산주의를 건제하는 중추적인 역할을 수행해야 하며, 특히 세계의 자유 민주주의를 주도해 나가는 미국에 살고 있는 재미 동포사회가 그 주역을 담당해야 할 것입니다. 특히 LA 동포사회는 도산 정신이 배태된 정신적인 고장이고, 그동안 해외에 있는 어느 동포사회보다도 고국과 더불어 고락을 함께 나누어 온 자랑스러운 역사와 전통을 갖고 있는 사회입니다.

따라서 LA 동포사회는 재미 동포사회뿐만 아니라 해외 동포사회 전체를 이끌어갈 정신적 지주로서의 역할을 수행할 막중한 사명을 띠고 있는 사회입니다. 특히 LA 동포사회의 정신적 지주인 교회가 구심적 역할을 수행해야 할 것입니다. 저는 앞으로 LA 동포사회가 서울과 더불어 고국의 번영과 발전을 이끌어 갈 양대 축으로서 정신적 지주 역할을 다할 것을 굳게 믿습니다.

저는 기독교 신앙인의 한 사람으로서 여러 성도들이 '기회의 나라' 미국으로 이민 오신 것, 또한 제가 도산 선생이 애국애족의 민족정신을 함양하신 정신적 고향인 LA에서 근무하게 되었던 것 등 이 모든 일이 역사를 주재하시고 인간의 생사화복을 주관하시는 하나님의 경륜과 섭리 속에서 이루어지는 일임을 굳게 믿습니다.

아무쪼록 아브라함이 어디에 있든지 늘 함께하신 '임마누엘의 하나님', 야곱의 인생길에서 그가 어디에 가든지 늘 도와주셨던 '에벤에셀의 하나님', 요셉이 겪은 온갖 시련과 역경 속에서 장차 도래할 이스라엘의 영광을 위해 모든 것을 예비하셨던 '여호와 이레의 하나님'께서 여러 성도님들과 항상 함께하시고 도와주시며, 21세기에 우리 한민족이 자유 민주주의 통일을 이룩하고 태평양 시대를 열어가는 주역으로서 크게 쓰임 받는 민족이 될 수 있도록 모든 것을 예비해 주실 것을 굳게 믿으면서 신앙 간증을 마치겠습니다.

2004년 11월

미국 유학 시절의 김명배 대사 가족사진

시인, 그리고 아버지 다형 김현승

김순배 (피아니스트, 음악 칼럼니스트)

프롤로그

지난 2005년은 아버지의 30주기였다. 아버지께서 돌아가신 후 30년이 흘렀다는 사실이 내게 그리 새삼스러울 것은 없었다. 30주기를 기념하는 여러 아름다운 일을 만들어 주신 분들에게 향하는 고마움과는 별도로, 나에게는 29주기 때나 31주기 때에도 여전히 부친은 부재중이시기 때문이다. 세상 떠나신 그해로부터 오늘에 이르기까지 그분의 부재는 언제나 아득하게 느껴지기 때문이다.

아버지 다형 선생에 관해 명백하고 구체적인 증언을 하기엔 돌아가실 당시까지의 나는 너무 어렸다. 그러니까 내 기억 속의 부친은 어린 막내에게 비친, 해답 얻을 수 없는 질문들을 여럿 품어 가진 미지의 모습일 수밖에 없다. 따라서 내가 간직하고 있는 아버지에 대한 추억과 인상은 대체로 미완의 형태를 하고 있다. 온전히 성장해서 그분의 이모저모를 제대로 이해하게 된 자식의 회상과는 사뭇 다른, 그래도 내 기억 속 나만의 자료실에 보관된 부친의 모습은 특별하다. 내가 부친 회상기를 쓸 수 있음은 아마 그 '특별함'을 확인하고픈 이유에서일지도 모른다. 그렇다고는 해도 여전히 내 기억은 편협하고, 아버지께 궁금했던 것들에 대해서도 영원히 대답은 없다. 그러니 나의 회상이란 물줄기가 제 맘대로 흘러가듯 두서나 정처가 없이 꼬리가 꼬리를 무는 형상을 지닐 수밖에 없을 것 같다.

아버지 생전에 나는 그분의 시도 제대로 읽을 줄 몰랐으며, 한 인간으로서 지니셨을 고뇌의 부피나 질량에 대해선 더더욱 파악할 길 없었던 어설픈 철부지였다고 하는 편이 옳다. 월트 휘트먼의 시구처럼 '창 밖에는 라일락이 찬란하게 피어 있는' 4월 어느 날 그분이 급작스럽게 - 분명 급작스럽게 - 우리 곁을 떠나셨을 때에도 나는 그 이별을 온전히 슬퍼하지조차 못했던 것 같다. 나는 다만 어리둥절했을 따름이다. 강렬했던 것은 천지를 녹여 버릴 듯 눈부시고 뜨거웠던 장례식 날의 햇살이다. 햇빛은 찬란하게 밝고 환한데 그분은 안 계시다는 사실이 나는 못내 억울했다. 당시 조요한 총장님을 비롯 부친의 죽음을 진정 슬퍼하는 조객들로 가득 찬 숭실대학교 채플실의 유족석에 앉아 나는 그러나 끝없이 울고 있었다.

동아일보에는 미당 서정주 선생의 弔辭(조사)가 실렸다. 미당께서는 수색 우리 집에 차려진 빈소에 오셔서도 처연한 낯빛으로 절을 하셨다. 이것은 아이러니이다. 나의 결곡한 부친께서는 평소 결코 미당을 좋아하지 않으셨다. 어린 눈과 마음에도 가끔씩 얻어 갖게 된 그 느낌은 강하고 확실한 것이다. 아버지는 분명 정신적으로 일종의 '결벽증'을 갖고 계셨다. 내 초등학교 시절 붓글씨 교본에 '감수: 서정주'라고 쓰여 있던 것만 보시고도 흥분하던 부친이다. 당시의 나로서는 도저히 이해할 수도, 부친의 입장에서는 나를 이해시킬 수도 없었을 그런 사안이다. 그것이 미당이 짊어진 '친일'의 혐의로부터 비롯된 어떤 것이 아니었을까라는 추론은 내가 철이 제대로 들고 나서야 가능했다. 이렇듯 나의 회상은 앞뒤가 연결되지 못했던 사실들은 연역이든 귀납이든 꿰어 맞추는 작업에 상당 부분 할애될 것 같은 불길한(?) 예감이 든다.

문인들과 제자들

소슬한 표정으로 아버지의 빈소를 찾으신 분들 중엔 미당뿐 아니라 김동리, 손소희 선생들을 비롯 평소에는 집에 잘 오시지 않던 문인들이 많이 계셨다. 너무 결곡, 나아가서 결벽하기까지 한 성향이 그분들께는 일종의 부담이 되었던 것일까? 문학정신의 배경으로 보자면 아버지와 그분들의 것은 빛깔이 많이 다르다. 이를테면 한국적이거나 토속적인 정서를 작품의 기반으로 하시는 분들과 아버지는 서로의 문학정신이 상이한 그만큼의 거리를 두고 지내셨을 법하다. 그러나 각자의 작품세계를 존중하는 심정이야 분명했음을 그날 그분들의 표정이나 기미(幾微)를 통해 익히 눈치 챌 수 있었다. 빈소에서 두런두런 나누시던 말씀들의 뚜렷한 내용은 기억이 나지 않아도 그분들이 아버지의 시 세계를 무척이나 소중히 여기고 별세를 애석해하고 계셨음을 충분히 느꼈던 거다. 평소에 집에서 예사로 뵐 수 없었던 기라성 같은 문인들의 줄 이은 조문은 내게 깊은 인상을 남겼다.

어느 날 박두진 선생이 웬일로 집에 찾아오신 적이 있었다. 우리 집이 그리 큰 집은 아니었기에 서재에 든 손님들의 기척이며 분위기는 대략 감지가 되는 터인데, 그날은 정말 조용했다. 두 분 다 성품이나 기질이 소란스러운 분들은 아니지만 비유하자면 마치 두 마리 학이 꼿꼿한 자세로 대좌하고 있는 형국이었을 터이다. 말소리도 서재 밖으로 거의 새어나오지 않고 고요하기만 했던, 이제는 전설이 되어야 마땅한 그날의 회동이 잊혀지지 않는다.

동시대 문인들이 일정한 거리를 두고 아버지를 대했다면, 우리 집을 언제나 시끄럽게(?) 만들던 인물들은 바로 아버지의 제자 세대 문인들이다. 제자들은 그러니까 도통 아버지께 거리감 같은 건 느끼지 않는 듯했다. 아버지는 그들에게 매우 편한 존재였던가 보다. 한밤중이거나 이른 새벽이거나를 불문하고 그분들은 시도 때도 없이 출몰(!)했다. 그 까다롭다고 대략 평판이 난 결곡한 분께서 후배나 제자 문인들에겐 지극히 관대하셨다고밖엔 할 수 없는 현상인 거다. 나아가서 우리 식구들은 일 년에도 숱한 날들을 제자들 중 누군가와 함께 저녁 식탁에 앉아야 했다. 우리 어머니가 처음으로 만들어 주신, 그 시절엔 귀한 음식이었던 환상적인 '함박 스테이크'도 시인 이성부 아저씨가 함께하는 밥상이어서 맘 놓고 못 집었던 슬픈(!) 기억이 아직도 내게 뚜렷한 걸 보면 말이다.

분명 아버지는 제자와 후배들에겐 아무 때나 와서 안길 수 있는 산 같고 바다 같은 존재이셨다. 기성 문인들이 아버지께 느꼈을지도 모르는 '어려움'이 제자들에겐 해당되지 않았나 보다. 중요한 것은, 어쩌면 아버지 자신이 또래 문인들보다 제자들과 어울리실 때 훨씬 편안하고 즐거우셨을 것 같다는 가정이다. 세계관이나 문학관이 이미 어떤 식으로든 형성되었을 기성인들에게 아버지는 어쩌면 모종의 한계나 답답함을 느끼셨을 수도 있다. 그렇다면 상대적으로 순수함과 가능성을 아직 훼손당하지 않은 젊은 세대들에게 더 큰 애정과 친화를 품으셨을 개연성은 충분하다. 아니, 분명 그러하셨을 것이다. 이같이 기존의 세계를 향한 다소는 비관적 시각이 아버지, 그분이 지녔던 고독의 이유 중 일부는 아니었을까 조심스러운 추측까지 해보게 되는 대목이다.

무심함 속의 따뜻함

아버지는 그러나 아무도 온전히 밝힐 수 없는 고독의 비밀을 안은 채 떠나가셨다. 우리 모두는 그분의 고독에 대해 다만 추론할 뿐이다. 어린 나를 데리고 외출할 때에도 아버지는 '고독'하셨던 것 같다.

그 외출은 지금 생각해도 여느 부녀의 것과는 다른 독특한 것이었다. 아버지가 "시내 나가자" 하시면 나는 얼른 그분의 손을 잡고 따라나섰다. 대개는 광화문 근처의 서점에 들러 내가 읽을 만한 책들을 사주시고 곧바로 근처 중국집으로 향하는 것이 순서였다. 시키는 음식은 언제나 짜장면. 그러나 매번 내 것 한 그릇이었다. 짜장면 값이 비싸서

다형 김현승 시인

였다고는 생각할 수 없다. 실상 아버지는 위장이 안 좋으셨다. 그래서 집에서도 언제나 검정 털실로 된 '배마개'를 하고 계셨다. 그건 한때 겨울철 나의 '귀마개'였는데……. 짜장면을 마음껏 못 드신 이유도 위장장애 때문이라 짐작은 된다. 그러나 한편 인정하기 싫지만 정말 절약 차원이었을 수도 있다. 아무튼 내가 당시의 귀한 별식을 허겁지겁, 그것도 면만 집중적으로 공략해 정작 짜장의 진수들은 언제나 밑에 가라앉게 되는 형태로 먹어치우는 동안 그분은 줄곧 눈을 감고 계셨다. 언제나 아버지는 내가 짜장면을 먹는 맞은편에서 눈을 감고 앉아 계셨다. 내가 아버지께 '왜 같이 안 드시느냐', '눈 감고 무슨 생각을 하시느냐'와 같은 질문을 드린 기억은 없다. 어쩌면 나는 은연중 여느 아버지와는 사뭇 다른 내 아버지의 행동 양식에 적응된 지 오래였을 수도 있다.

중학 시절 어느 날엔 학교에서 돌아오는 버스를 탔는데 바로 뒷자리에 아버지가 앉아 계셨다. 나는 아버지를 분명히 보았으나 아버지는 역시 또 눈을 감고 계셨다. 나도 아버지를 모른 체했다. 아버지는

집 근처 정류장에 내릴 때까지 앞자리에 앉은 아이가 누군였는지 관심도 없었고, 그러니까 계속 눈을 감고 오신 게 틀림없다. 아버지는 버스에서 내려서도 줄곧 땅을 보거나 눈을 감고 오셨나 보다. 앞에 걸어가는 애가 나인 줄도 모른 채. 한편 그런 아버지께 끝까지 먼저 아는 척을 하지 않은 나도 그분의 딸인 것만은 분명하다. 아버지의 표현이나 행동방식은 알게 모르게 나의 그것을 결정했다.

그렇듯 어느 면에서 무심함의 극단에서 계셨던 그분은 그러나 잠자고 있는 나의 발톱을 조용조용 깎아 주실 정도로 정겨운 모습도 갖고 계셨다. 어느 날 곤하게 자고 있다가 발톱이 삭삭 깎이는 기분 좋은 감촉에 문득 깨었지만 그 느낌을 흩뜨리고 싶지 않았던 나는 계속 눈을 감고 자는 척했다. 더구나 그때 내 발치에서는 아버지와 어머니가 도란도란 얘기를 나누시는 중이었다. 필경 우리 막내는 발도 이뻐 죽겠다는 그런 내용이었을 것이다.

두 분이 이렇듯 평화로운 분위기에서 구순하게 대화를 나누시는 광경은 흔하지 않았다. 아버지는 자신의 세계를 감당하는 일과 현실적으로 가족을 부양해야 하는 부담에서 자유로우실 수 없었고, 어머니 역시 계속 피아노 레슨을 하시면서 온 형제들을 키우시느라 여유로운 시간이 거의 없었다. 그래도 두 분을 연결해 주는 것 중 하나가 늦게 얻은 막내딸이었던 거다. 어머니도 나를 빌미로 아버지께 조근조근 얘기 거실 때가 많았고, 아버지 역시 나를 몹시도 귀여워하셨다. 하지만 두 분 사이에 갈등은 많았다. 아버지는 자신의 타고난 기질을 쉽게는 다스리기 힘든 강렬한 성정을 소유하신 분이었기 때문이다.

두 분을 묶는 가장 질기고 강한 끈은 신앙

어머니는 오랫동안 고등학교 음악선생님을 하시다가 그만두신 후 집에서 피아노 레슨을 하셨다. 당연히 우리 집에서는 거의 하루 종일 피아노 소리가 울려 퍼지고 있었고, 그 때문에 결국 별채를 따로 만들기까지 했다. 아버지께서 글을 쓰시는 시각이 주로 야심한 밤이었음은 어쩌면 이런 집안 환경과 무관하지 않은 것 같다. 주로 밤중에 글을 쓰셨음과 동

다형 김현승 시인의 부인 장은순 여사

시에 도둑을 쫓으신 적도(!) 여러 번이었다. 당시 수색의 산 위 동네는 소위 철거민 촌으로서 시대적 빈곤의 상징인 곳이었다. 그 산동네로부터 야심한 시각이면 밤손님들이 무시로 내려왔다. 때때로 나는 아버지 서재 한 켠에 자리를 깔고 자야 할 때가 있었다(아마도 지방에서 친척이나 누가 올라오면 내 방을 내줘야만 했기에). 문득 들려오는 소리에 잠을 깨어 보면 아버지는 시를 쓰시며 그 구절들을 낮은 소리로 여러 번 읊조려 보고 계시는 것이다. 다른 시인들의 창작 패턴을 알 길 없는 나이지만 그것은 부친 특유의 방식이었던 것 같다. 당신이 써 놓은 구절을 굳이 낭송용 시도 아니련만 소리 내어 몇 번이고 읽으셨다. 그러다가 바스락거리는 도둑의 기미가 있으면 "누구냐!" 하고 벽력 같은 고함을 지르셨다. 그러면 후다닥 도둑이 튀는 소리를 몇 번인가 들었다. 어린 마음에 나는 우리 아버지가 밤에 항상(!) 깨어

계시니 도둑이고 도깨비고 무서울 게 없다고 생각했다.

문학 하는 아버지와 함께 사시는 음악 하신 어머니께도 삶이 그리 쉬운 것만은 아니었으리라 생각된다. 아버지의 예민하고 대찬 성품이 같은 예술가적 기질이 분명 없지 않은 어머니와 언제나 스무드하게 맞아 들었다면 거짓말이다. 만약 예술가로서의 의식과 생활인으로서의 그것이 대략 상치되는 개념이라고 전제한다면 두 분이 겪었던 갈등과 우여곡절은 충분히 이해할 만한 것이다. 두 분 모두 다섯이나 되는 자식들의 교육을 비롯한 삶의 실질적인 국면에 부대끼면서도 음악과 문학의 세계를 놓지 않으셨으니, 회상하는 나의 입장에서는 자랑스러움을 넘어 거의 숙연하기까지 하다.

그러나 무엇보다 두 분을 묶는 가장 질기고 강한 끈은 신앙이었다. 아버지께서 고혈압으로 한 번 쓰러지신 후 삶과 죽음에 대해 깊고 진지한 성찰을 하셨던 마지막 2년 간 부모님은 부부간 최상의 평화를 누리셨고, 그것을 우리들에게도 보여주었다. 그 시절 어느 날 아버지는 동네 교회의 대예배 시간에 설교자로도 서셨다. 생전 한 번도 얼굴을 안 비치시던 교회였다. "너희들은 열심히 교회를 다니라"고 하시면서 정작 당신은 교회 문턱에 들어서신 적이 없는 분이 드디어 간증을 겸한 말씀을 전하였던 것이다. 이는 누구보다도 내 어머니가 오매불망 원하던 일이었다. 아버지와 같이 교회에 출석하는 것. 그런데 아버지께서는 급기야 설교 단상에까지 서심으로써 어머니께는 넘치는 보답이 된 것이다. 언젠가 어느 유명한 평론가께서 아버지의 고독 추구가 그 진경에 이르렀을 즈음 홀연 신앙에 본격 귀의했음에 대해 거의 '배신감'에 가까운 소회를 피력한 걸 들었다. 아마도 평론이, 비평이 커버할 수 있는 부분은 거기까지일 터이다. 신앙의 세계란 본질적으로 '평론'이나 '비평'의 대상이 결코 계속 될 수 없기 때문에······.

수색의 밤을 밝히던 이들

수색의 밤을 채웠던 것들이라면 아버지가 시를 짓는 소리, 가끔가다가 출동하던 좀도둑들 외에 시도 때도 없이 드나들던 아버지의 후배 및 제자 문인들을 빼놓을 수 없다. 특히 문인협회 선거철이라도 다가올 때면 우리 집은 밤새 시끌벅적한 토론장이 되기 일쑤였다. 여기서 한 가지, 생전의 우리 부친은 나라의 정치든 문단의 것이든 정치라는 단어 앞에서는 거의 알레르기에 가까운 혐오감을 지니셨던 것으로 나는 기억한다. 그것은 돌아가시기 직전 불러 앉혀 놓으시고 "절대로 정치하는 사람과는 사귀지도 말고 아예 상종을 말라"고 이제 생각하면 유언처럼 낭부하셨던 모습이 나의 뇌리에 뚜렷한 것만 봐도 알 수 있다. 아버지는 '현실 정치' 혹은 '정치 현실'에 염증을 느끼셨던 것이리라. 제대로 된 의미의 '정치'가 아닌.

그렇다면 문단 선거를 앞두고 우리 집 현관에 넘쳐나던 구두들이 뜻하는 것은 과연 무엇이었단 말인가? 문학하는 이들에게는 대체 어떠한 정치의 논리가 필요했을까? 그렇듯 아버지를 중심으로 들끓던

여론들이란 아마도 눈먼 힘의 강압에 밀리는 올바른 의미의 '정치'를 구현시켜 보자는 의견 정제의 장이 아니었을까 생각해 본다. 어떤 자리나 감투에 연연하셨을 리 없는 아버지시다. 시를 쓰는 동안만큼은 '思無邪'하려 몸부림치셨다는 부친에게 문단 정치라는 버려진 진정성을 회복해 보려는 후배 제자 문인들을 위한 도구나 통로로서 기꺼이 자신을 내어주는 차원이었을 것이다. 아버지께서 사심을 품고 제자, 후배들을 소집했을 리도 없다. 내가 확신하는 것은 아버지는 의도적으로 누구를 불러들이거나 모임을 강요한 적은 없으리라는 것이다. 사람들은 자연발생적으로 우리 집으로 모여들었다. 작고하신 평론가 김현 선생 같은 분도 문단 지인들과 술을 마시다 생각나면 술도 없고 오직 커피만이 제공되는 우리 집으로 한밤중에 몰려왔다고 하셨다. 당시 그러니까 70년대의 문인들 중 웬만한 인사들은 모두 수색 집을 거쳐 간 것으로 되어 있다. 그러니 일상을 살아야 하고 밤잠을 자야 하는 집안 식구들은 오죽 힘들었을까. 방음이 잘될 리도 없는 집 안. 아버지의 서재에서 밤새 넘쳐나던 열변을 (문인들은 목청들을 자주도 높이셨다!) 자장가 삼아 잠을 정해야 했던 지난 기억들이 생생하다.

이렇듯 수색의 밤은 문인들의 열띤 토론으로 자주 깊어 갔지만 적막한 밤을 깨우던 박봉우 아저씨의 목소리 또한 잊을 수 없다. 오래전 작고하신 불운했던 시인 박봉우, 그분의 정신이 만년에 온전치 못하다는 얘기는 들었으나 밤중에 갑자기 대문 앞에서 부르짖는 벼락같은 목소리에 놀란 것이 한두 번이 아니다. 봉우 아저씨는 그때부터 심상치 않은 정신의 부조화를 겪고 계셨다고 할 수밖에 없다. 아저씨가 한밤중 대문 앞에서 토하는 말씀은 일정했다. "김현승 선생님은 불세출의 대시인이십니다", "선생님 같은 분은 영원히 다시 없을 것입니다", "왜 대한민국은 선생님을 몰라주는 겁니까." 분명 온전할 리 없는 만취한 상태에서 우리 집 대문을 차마 두드리지도 못하고 부르짖는 그 소리. 돌이켜 보면 가슴 깊은 곳으로부터 아버지에 대한 사랑과 존경을 가감 없이 토해내는 박봉우 시인의 외침은 기이하지만 진정 가슴 찡한 것이 아닐 수 없었다.

방문객들, 그리고 커피 향기

이렇게 주로 한밤중의 방문을 즐겨 하신 분들 외에도 추천 원고를 들고 오는 시인 지망생, 가끔 와서 '화투' 하는 팀, 그저 조용히 찾아와 담소만 나누고 가는 분들, 아니면 부인을 대동하고 방문하는 분들, 혹은 문 앞에서 들어오지도 못하고 돌아서시는 분들 등등 여러 부류의 문인들의 발길이 사시사철 우리 집에는 끊이지 않았다. 소위 '문전박대'를

다형 김현승 시인

당하는 분들도 더러 있었는데, 당시의 나로서는 도저히 그 이유를 알 길이 없었다. 지금이라고 그 까닭을 섣불리 추론하거나 넘겨짚지도 못할 일이나. 분명한 것은 그때 우리 집 문 밖에서 그대로 돌아가신 분들이 꽤 된다는 점이다. 이 일종의 미스테리는 우리 아버지의 정말 '끝내 주시는' 성품 탓이 아니었을까 짐작만 해볼 뿐이다.

1970년대 주간지에도 실릴 만큼 파격적이었던 박봉우 시인의 탑골

공원 결혼식에는 아버지가 주례를 서셨다. 그분을 비롯하여 애제자였던 이성부 시인, 조태일 시인들의 부인들은 우리 집에도 꽤 자주 놀러 오셨다. 조태일 시인의 부인 같은 분은 아주 상냥한 분으로서 연전에 조 시인이 작고할 당시 사모님이 서울 모 초등학교 교장선생님이셨지만 그때도 정겨운 느낌의 초등학교 선생님이셨다. 그분은 내게 웃으시며 "난 예쁜 여학생만 보면 말을 걸고 싶더라!" 하셨다. 나는 속으로 '시인의 부인도 저렇게 상냥할 수 있구나'라고 생각했다. 수시로 손님들이 드나들던 집이었지만 나는 그런 환경에 하도 익숙해져서 누가 오셔도 그저 의례적인 인사만 달랑 하고 쏙 숨어 버리는 경우가 허다했는데, 조태일 선생님 사모님께서는 기어이 날 앞혀 놓으시고 요런조런 얘기들을 시키셨던 기억이 난다.

홍신선, 노향림 시인 부부도 가끔 동반 방문하시기도 하였고, 어떤 젊은 시인의 부인들은 때로 남편을 찾으러 우리 집에 오셨다. 그러나 남편들의 행방이 모연한 까닭에 수심이 가득하거나 안타까운 낯빛으로 마루에 앉아 있다가 가시곤 했다. 그 젊은 시인들은 과연 그때 어디에 있었단 말인가? 아무튼 그 시절엔 선생의 집을 방문하여 조언을 듣거나 정담을 나누는 것이 시인들의 삶에서 빼놓을 수 없는 중요한 부분이었다고 여겨진다. 모든 통신수단이 부실했던 아날로그 시대의 고전적 풍속이었다고 말할 수 있는.

손님들이 오셨을 때뿐만 아니라 언제나 우리 집을 가득 채웠던 것은 그 유명한 커피 향기다. 일단 대문을 열고 들어설 때면 반기는 것은 마당 가득 채워진 커피 향이었다. 그러니까 그 시절의 '별다방'이 우리 집이었던 거다. 커피는 인스턴트가 아닌 원두 커피였다. 'Hills Bros'라고 쓰인 원형 양철통 속의 커피가 아버지의 보물이었다. 부친은 직접 포트에 물을 끓이고 원두 커피를 조그만 체에 달아 걸러 잔에 따르시고 대개는 크림과 설탕을 곁들여 내놓으셨다. 지금도 미국의 슈퍼마켓에는 'Hills Bros'가 염가의 서민 커피로 팔리고 있지만 그 시절 맡았던 그 향기의 세련된 그윽함은 아버지를 기억하는 모든 사람들의 코끝에 남아 있을 것 같다. 그런데 커피 이외에도 아버지가 사랑했던 기호식품들은 또 있었다. 오남매 중 아무에게도 주지 않고 혼자 드시던(!) 그것들. 이런 때 아버지는 어린아이 같으셨다. 감춰 두고 혼자 드시다니. 그러나 막내인 내게는 예외였다.

버터파이, 그리고 바흐

아버지의 금고(서재에 있던 작은 나무장을 우리는 이렇게 불렀다)에는 온갖 진귀한 것들이 들어 있었다. 어머니가 자식들은 '아랑곳하지 않고' 오직 아버지만을 위해 만드신 '홈메이드 버터파이', 우리나라에는 아직 나오지도 않았던 음료 '칼피스'를 비롯, 금고는 아버지만의 비밀창고였다. 그런데 아버지는 가끔 나만 불러 그 귀한 과자와 음료를 먹이시곤 하셨던 거다. 내 언니와 오빠들이 알면 섭섭함에 가슴 칠(!) 일이다. 자

김현승 시인과
막내아들 김청배와 막내딸 김순배

식들에 대한 애정이라면 어느 부모 못지않던 아버지와 어머니였지만 이런 식의 사소하지만 침범 못할 영역을 고수하셨다는 사실은 특이한 만큼 입가에 미소를 머금게 한다. 아마도 그건 우리 아버지가 그저 평범한 생활인이 아닌 '예술가'였다는 증거의 일부는 아닐까?

어느 날 나는 마침내 그 비밀스러운 금고를 열어서 내용물을 탐구해 본 적이 있었다. 그곳에는 예의 기름진 버터파이를 비롯한 과자들 외에 아버지가 우리들의 시야로부터 치워 놓으시려는 의도가 분명히 느껴지는 도서들이 꽤 있었다. 그중에는 문제 소설 《차탈레이 부인의 사랑》도 있었고, 나는 당연히 그것을 틈틈이 몰래 읽었다. 서재에는 천장에 닿을 만큼 높이 쌓인 온갖 문학지들을 비롯 한국과 세계의 문학정신들이 한데 모여 들끓고 있었으나 아버지께서는 자녀들의 정서에 미칠 영향을 고려하사 이 비밀금고에 당대의 금서들을 넣어 놓으셨던 것이다. 이렇게 부친은 선이 뚜렷한 금도를 지니셨던 분이다!

부친을 생각할 때마다 예술적 자아와 생활인으로서의 역할 사이에서 힘든 부분이 얼마나 많았을까 다시금 추측해 보며 가슴을 쓸어내릴 때가 있다. 그러나 그분은 두 국면 사이를 사뭇 위태롭게 줄타기하시는 듯하면서도 결코 균형을 깨뜨리지는 않으셨다. 그런 면에서 나는 내 부친을 불멸의 작곡가 요한 세바스찬 바흐와 비슷하다고 자주 생각한다. 전에 언급한 적도 있지만 바게뜨 빵처럼 겉으로는 딱딱하고 건조해 보이나 뚫고 들어가면 부드러운 속살의 감각을 지녔다는 점, 높은 예술혼을 지니고 그것을 생업으로도 삼으셨지만 결코 빵을 위해 구차해지지 않으셨다는 점, 한밤중에 깨어 음악을, 시를 만드는 작업에 삶의 의미를 걸었지만 처자식에 대한 애정과 의무 또한 중하게 여겼다는 면들에서 아버지와 바흐는 많이 닮으셨다. 현실의 비리나 불합리를 도저히 묵과하지 못하고 자주 열을 내며 의분을 금치 않았던 것과 절제와 검소는 몸에 배인 습관이었고 제자들을 향한 사랑은 거의 본능적이었다는 점도 비슷하다. 무엇보다도 두 사람은 삶과 예술이 결코 분리될 수 없는 합일체라는 신념을 몸소 실천했다는 면에서 결정적으로 일치한다.

그래도 내게는 언제나 엄격한 지도 편달과 동시에 순전한 애정을 숨기지 않으셨던 육친으로서의 모습이 진하게 남아 있는 것이 사실이다. 부친의 내면에 어떠한 고뇌와 갈등이 있었는지는 다만 그분의 시편(詩篇)들을 통해 추측할 수 있을 따름이다. 나는 사실 그동안 아버지의 시들을 제대로 읽을 수가 없었다. 마치 바흐의 음악을 정식으로 대면하기까지 그토록 오랜 시간이 걸렸던 것처럼, 그분의 시를 제대로 읽기 위해서는 내가 많이 자라야 했다.

모방할 수 없는 세계

"가을의 기도", "플라타나스", "눈물" 등은 모두 부친의 대표작으로 일컬어지는 작품들이다. 그 시편들에 드러난 정신세계는 결곡하고 純正(순정)하다. 수많은 평론가들과 문학도들이 이미 다형 선생의 시 세계에 대해 논의와 분석을 충분히 가해 놓았기는 하였지만 자녀의 입장에서 바라보는 시각은 또 남다르다. 부친의 투명한 시 정신, 그 경지란 결코 쉽게 얻어진 것이 아니라는 사실을 누구보다 구체적으로 느낄 수 있기 때문이다. "눈물"만 하더라도 어린 나이에 병으로 세상을 떠난 '기배 오빠'를 여읜 후의 절절한 심경이 들어 있다. 그 오빠 이외에도 두 명의 형제가 일찍 세상을 버렸으니 그 모든 아픔이 부친의 시에 스며들어 있지 않을 수 없다. 또한 항간에서는 화가인 천경자 여사에 대한 일말의 감정과 연관되어 있는 시가 "플라타나스"라고 추측하기도 한다지만 보다는 영원한 낭만주의자로서의 아버지의 초상을 대할 수 있는 시가 바로 이 작품이다. 지상에 뿌리를 박고 있으되 머리는 언제나 저 멀리 '파아란 하늘에 젖어' 있으며, 존재의 그늘과 빛을 한 몸에 지닐 수밖에 없는 실존의 표상. 한편 "가을의 기도"에서 중요한 의미를 전달하는 '굽이치는 파도'와 '백합의 골짜기'는 부친이 몸소 통과하지 않고서는 사용할 수 없었던 표현이라고 생각된다.

삶의 백 가지 고뇌와 유혹의 아찔한 풍파를 낱낱이 겪지 않고는 나올 수 없는 종류의 시가 바로 그것인 것이다. 시대적으로, 그리고 아버지 개인으로도 격변의 시기의 그 도전에서 무사할 수 없었던 세월을 살아오신 흔적이 밀도 깊이 정제된 형태로 나타난 것이 바로 그분의 시들이다. 그래서 그분의 시를 가장 잘 이해할 수 있는 심정이란 달콤하고 쓰디쓴 삶의 맛을 모두 경험한 후의 그것이다. 내가 어렸을 때보다 지금 그분의 시를 더 잘 읽을 수 있는 이유이기도 하다.

때로 부친의 시는 그 제목이 이미 많은 것을 시사하는 경우가 많다. "당신마저도", "그냥 살아야지", "봄비는 음악의 상태로"……그리고 "돌에 새긴 나의 시" 등등. 제목에서부터 시작되는 肉聲(육성)인 그분의 시는 진정 딱딱한 돌에 눈물과 피땀으로 한 자 한 자 공들여 새긴 정신의 彫琢物(조탁물)이다. 다형 선생의 시는 여느 主知主義(주지주의) 시인의 것처럼 추상적이지도 소위 이미지즘 시의 대세처럼 인상주의적인 것만도 아니다. 아버지가 비록 릴케나 정지용 같은 시인들을 좋아하고 私塾(사숙)하셨다고는 하나 그분의 시는 결국 매우 개성적이며 독특하다. 그래서 요한 세바스찬 바흐와 아버지가 비슷하다고 생각했던 나는 20세기 음악의 거장 올리비에 메시앙과도 아버지가 닮았다고 생각한다. 이전 시대의 영향들을 받고 그것들을 충분히 소화 흡수하였으나 종내는 자신만의 독특한 이디엄으로 작품세계를 조성한 프랑스의 대작곡가인 메시앙 말이다. 슈톡하우젠, 불레즈와 같은 현대음악의 거장들을 위시한 숱한 제자들을 길러내고 그들의 추앙과 존경을 한 몸에 받았으나 그 어떤 제자도 스승을 모방하거나 비슷해지고자 하는 흉내도 내지 않았다는 점에서도 메시앙과 아버지는 일맥상통한다. 무엇보다도 궁극적으로 언제나 신 앞의 자신을 의식하며 예술세계를 구축했다는 점에서 바흐와 메시앙과 아버지는 동류이다.

숨은 보석들

내가 10대였을 때부터 좋아하던 시가 있다. "나는 꿈이려는 꿈이 아니다/ 나는 사랑하려는 사랑도 아니다// 나는 믿으려는 믿음도 아

김현승 교수의
숭실대학교 강의 모습

니다// 나는 때때로 별처럼 눈을 뜬다/ 그러나 나는 구름처럼 눈을 감는다//……"로 이어지는 "나의 진실"이다. 부친의 시집 《절대고독》은 진정 보석의 結晶(결정)처럼 단단하고 투명하게 빛나는 시편들로 담뿍 채워져 있다. "나의 진실"은 "나의 지혜", 그리고 "나의 한계"들과 함께 이 《절대고독》에 실려 있다. "자유란 기껏/ 그이와 나 사이에서 헤매는 헤매임이다……"("나의 한계" 中). "믿음은 언제나/ 꽃의 자유가 그 뿌리 밑에 떨어질 때/ 그 뿌리를 보려/ 내 안에 맺는 열매이다" ("나의 한계" 후반). 부친의 시는 일찍이 '나의 한계'를 보아 버린 自我(자아), 그 헤맴과 귀환의 과정을 신선하고 명징하게 언어화한다. 바로 위와 같은 구절은 성서에서 말하는 '보이지 않는 것들의 실상인 믿음'의 아름다운 시적 메타포인 것이다. 이렇듯 은유가 지니는 생생함으로 가득 찬 시편들은 부친의 시집들 도처에서 반짝이고 있다.

내 친구들은 그리 널리 알려져 있지는 않으나 아는 사람은 너무도 좋아하는 "검은 빛"을 곧잘 애송했다. 그러니까 "검은 빛"을 알고 읊을 수 있는 친구들이란 당연 멋있는 친구들이었다! "모든 빛과 빛들이/ 반짝이다 지치면/ 숨기어 편히 쉬게 하는 빛……" ("검은 빛" 중). 아버지의 상상력은 정말 살아 있고 지금도 무언가를 쪼갤 수 있는 힘으로 가득 차 있다.

"나는 네 눈동자 속에/ 깃들여 있지도 않고/······나는 끝내 어디에 있는가······"("부재" 중). 삶에 대해 괴로워할 때 부친은 실존주의자였고, 그것은 더할 수 없이 맑고 분명한 이미지의 언어로 형상화되었다. 그러나 그분은 삶의 모든 국면을 소홀히 하지 않으셨고 그들을 자신의 시 세계로 모두 편입시키셨다. "평범한 하루", "아버지의 자장가" 계열의 작품들을 보면 삶 자체가 모두 시의 재료였고, 존재 자체가 시의 이유였다. 물론 지상에서의 삶과 그 이후를 투시하는 시선이 조망한 또 다른 세계는 시의 영역을 더욱 확장시키는 基劑(기제)였다. 이 독자적인 시 세계를 더 이상 펼칠 수 없게 만든 부친의 상대적으로 때 이른 타계는 자식이 아닌 독자로서도 아쉬움이다.

어느 날 나는 "왼손을 위하여"라는 음악 관련 아티클을 쓰다가 문득 부친의 "사랑하는 여인에게"라는 시를 발견했다. "보석보다/ 별을 아끼는/ 그러한 손-왼손"이라는 구절이 나오는. '아, 언제나 오른손에 치인 채 부수적 존재로만 머물던 왼손의 진정한 의미를 이렇듯 일깨워 주신 분이 내 부친이구나'라는 상념에 한동안 멍한 적이 있었다.

부친의 시에는 삶의 빛과 그림자, 존재의 괴로움과 아름다움, 한계 앞에 선 인간의 적나라한 실존 및 그것을 초월하려는 의지, 그리고 그것이 지향하는 대상을 향한 그리움과 몸부림들이 절박하지만 절제된 언어로 응축되어 있다. 한편 다형 선생 시 세계의 중심축으로 공인된 '고독'과 '가을'의 틀 안에 그분을 너무 가두어 둔 것은 아니었는지, 연전에 발간된 그분의 시 전집을 훑어보며 새삼 생각한다. 시란 평론의 대상이기 이전에 우선적으로 독자의 享有物(향유물)이 아닌가 말이다. 그런 의미에서 부친의 알려지지 않은 아름다운 시편들은 너무도 많다.

시와 음악과 아버지

아버지의 시들은 외국어로 그리 많이 번역된 편이 아니다. 이전부터 간간히 영어로 된 아버지의 시들이 해외에 소개된 적은 있지만 '2005 프랑크푸르트 세계 도서전'에 즈음해서 독일어로 발간된 부친의 시집은 최초의 본격적인 외국어 번역 시집이라고 할 수 있다. 한편 국내에서는 안정준 님에 의해 이미 작곡이 되어 있었지만 2004년에는 "가을의 기도"가 도리안 프린스 EU(유럽연합) 대사에 의해 곡이 붙여지기도 했다.

프린스 대사는 오르간과 작곡을 공부한 半(반) 음악인이라 할 수 있는 외교관이다. 그가 한국에 부임하던 해, 예의 음악적 기질이 발동하여 곡을 붙일 요량으로 한국인의 애송시 30여 편을 요청해 꼼꼼히 읽어 보았다고 한다. 그 가운데 그의 마음을 붙잡은 시가 바로 "가을의 기도"(Autumn Prayer)이다. 그 시가 어필한 이유는 그의 말을 빌자면, 한국 시로서는 드문, 절대자를 향한 기원의 자세가 주는 독특한 차별성이었다고 한다.

독실한 가톨릭 신자인 그에게 "가을의 기도"가 남다르게 다가왔을 법도 하지만 아무튼 대사가 만든 "가을의 기도"는 2004년 명동성당에서 열린 'EU 음악회'에서 영국인 소프라노 마가렛 라이삭의 노래로 초연되었다. 프린스 대사는 이후 나의 독주회 음반을 듣고 'EU 음악회'에 참여해 줄 것을 제안, 2005년 'EU 음악회'에서 나는 유럽에서 온 연주자들과 같이 연주회를 갖기도 했다. 아버지의 시가 만들어 준 인연이다.

내가 음악을 전공하게 된 이유는 물론 음악선생님이었던 모친의 영향 때문이었겠지만 결국 예술의 세계를 사랑하신 부친의 크나큰 후원의 덕이었다. 어렸을 때 내가 피아노 연습을 제대로 하고 나면 어머니는 으레 나를 업고 아버지의 서재로 향하셨다. 기특한 아이니 칭찬 많이 해주시라는 말과 함께. 내가 기억하는 가슴 찡한 아버지의 모습 중 하나는 고등학교 3학년 때 레슨을 받으러 가는 날 아침, 아마도 레슨비가 당장 수중에 없으셨는지 방과 후 아버지는 학교 앞으로 오시겠노라고 하셨다. 오후에 학교 앞 빵집에서 참으로 오랜만에, 아마도 초등 시절 아버지 손 잡고 시내 나들이 간 중국집에서 짜장면 먹은 이후 최초로 마주 앉은 아버지의 얼굴은 이미 내 어린 기억 속의 그것이 아니었다. 이미 많이 주름지고 쇠약해지신 모습이었던 것이다. 레슨비를 건네시는 아버지는 까닭 없이 흐뭇한 표정으로 남은 기간 동안 입시 준비를 열심히 잘할 것을 당부하셨다.

아, 아버지가 그 하루 동안 나의 레슨비를 마련하시노라 어떤 애를 쓰셨는지 당시의 나는 알 수도 없었고 알려고도 하지 않았다. 그처럼 영원히 철들지 않는 천둥 벌거숭이 막내의 모습을 나는 오래도록 버리지 못했던 거다. 아버지는 지금은 목사가 된 큰오빠가 1970년대에 미국 유학을 가기 위한 신원조회에서 번번이 퇴짜를 맞으며 일이 풀리지 않자 지금까지 당신이 神(신)을 떠나 마음대로 살아온 탓이 아니겠냐며 몇 날 며칠을 통회하며 보내셨다고 어머니는 언젠가 증언하셨다. 그처럼 아버지는 자신의 시 세계 못지않게 삶에 있어서 귀중하게 여겨야 할 것들이 무엇인지를 너무도 잘 알고 계셨던 분이었다.

평안하시지요?

"넋이여, 그 나라의 무덤은 평안한가"("마지막 地上에서" 중).
이제 아버지는 영원한 안식에 들어가 계신다. 그러나 아무리 생각해도 너무 이른 타계였다. 한국 시단을 위해서라면 절대자와 인간, 그 갈등과 투항의 과정을 高手(고수)의 어법으로 표출할 수 있는 시인의 희귀성 때문이기도 하고 부친이 좀 더 사셔서 그 화해 이후의 사연을 아름답고 강인한 언어로 빚어내 보여주셨다면 우리는 얼마나 더 행복했을까 말이다. 육친을 여읜 아쉬움을 넘어서서 한 사람의 독자로서 못내 서운하다. 필경 아버지는 지상과 영원 사이, 더 이상 시가 필요 없는, 결국 '고독의 끝'이라고 할 수 있는 그 경지에 홀연 들어가셨기에 거기서 육신의 '옷을 벗으실' 수밖에 없었던 것이다.

평자들은 말한다. 다형의 고독과 인간 실존에의 시적 천착이란 한국 시단의 풍토에서 매우 독특한 가치와 의미가 있는 세계였다고. 그

러나 평론가님들의 의견이란 철
저히 인문학적인 관점으로부터
이다. 물론 기독신앙적인 각도에
서 부친의 시 세계를 높이 평가
하는 일련의 의견들도 있다. 그
러나 모든 평론은 분석의 틀을
취하고 있는 바, 그 이상의 진전

장남 김선배 목사의 졸업 사진

된 독법은 절제되거나 차단될 수밖에 없는 영역이라고 나는 생각한
다. 문학의 구조적·체계적 평가의 틀을 넘어서서도 그분의 시는 존
재한다. 나는 아버지의 시들이 평론가들의 것이 되기보다는 궁극적
으로 독자들의 것이 되기를 몹시 바라고 있는지 모른다. 그런 의미에
서 단지 냉철한 분석이나 문학적 논리 아닌 가슴으로 접근한 후 그
반대편에 자리한 지성과 의지 혹은 그 너머의 세계까지 보여주고 일
깨워 줄 수 있는 탁월한 '앤솔로지'의 필요성을 느낀다. 그 일을 감히
얄팍한 철부지인 내가 할 수 있으리라고 단언은 못하지만 감히 꿈은
꾸어 볼 수 있을 것이다.

아버지를 여의고 오랫동안 나는 의식적으로 그분을 뇌리에 너무
오래 머물게 하지 않으려 애썼다. 안 그러면 필경 아무 일도 해내지
못할 것 같은 누려움 때문에. 그러던 어느 날, 아마도 유학 시절이었
을 것이다. 어린 딸을 병으로 일찍 떠나보낸 애끓는 어느 아버지의
글을 읽었다. "네 웃음과 네 말소리, 네 숨결이 이렇게 헤어진 것으로
영영 끝이라고는 도저히 생각할 수 없다. 그렇다면 나도 더 이상 살

의미가 없는 것이다. 언젠가 너를 반드시 다시 만난다는 그 희망, 천국에서 다시 널 볼 수 있다는……." 이는 바로 그대로 아버지를 - 그리고 지금은 어머니도 - 떠올릴 때의 내 심정이다. 당신의 마지막 생신잔치가 끝난 이후 생전 무단으로 열어 보시지 않는 내 방문을 갑자기 열고 "너……밥 잘 먹은 거냐?"라고 챙기시던 그 아득한 미소를 띤 얼굴이 정녕 마지막이라고 나는 절대로 믿고 싶지 않다.

한국 시단이 다형 선생으로 인하여 그 스펙트럼을 더욱더 풍요롭게 보유하게 되었다면 나와 내 형제들은 아버지 덕분에 부자로 살 수 있었다. 아버지가 우리에게 물려주신 위대한 유산, 값진 정신과 신앙의 유산은 어떤 動産(동산)이나 부동산보다도 힘이 세고 영구적이기 때문이다.

김현승 시인의 가족 사진

부록

외유내강의 참 신앙인 김현택 선생님

오치성 전 내무장관

김현택 교수

오늘 저희 은사이신 김현택 선생님 내외분께서 결혼 50주년을 맞이하여 흔히 볼 수 없는 건강하신 모습으로 예식을 올리시게 된 것을, 이 자리에 참석한 제자는 물론 장소와 시간과 많은 제약 때문에 참석하지 못한 모든 제자와 함께 마음속으로부터 우러난 축하를 드립니다. 동시에 더욱 건강하시고 만수무강하시기를 기원합니다.

저는 해방 전인 1940년대 초 곡창 황해도 신천농업학교에서 선생님의 가르침을 받은 제자입니다.

1차 산업밖에 없던 당시 인구의 8할이 농민이었습니다. 신천농업학교는 사립학교였지만 5년제 농업학교는 전국에 신농뿐이었기 때문에 저희 동문들은 지금도 자부심과 긍지를 가지고 있습니다.

그렇지만 여러분이 아시는 바와 같이 그 당시는 나라를 잃어서 우리말도 글도 성(姓)도 빼앗겼던 때입니다. 더더구나 저희 학교는 시골에 있는 작은 학교였습니다. 저희 어린 학생들은 잘 몰랐습니다만 선생님들께서야 고충이 오죽 크셨겠습니까.

저는 오늘 이 자리에서 40여 년 전의 한 중학생이 보고 느낀 선생님에 대한 몇 가지 기억을 말씀드리고자 합니다.

저희 어린 학생들은 잘 느끼지 못했지만 그때는 사회적인 분위기로 보아 교육열, 향학열이 있을 수가 없었지요. 전 시가가 살벌했습니다. 이러한 사회적인 분위기 탓으로 저희들도 선생님이 부임하셨을 적에는 엄격하신 체육선생님으로만 맞이했습니다.

그러나 처음 부임하셔서 교단에 서신 이후 항상 미소를 잃지 아니하시고 인자하신 모습으로 저희들을 대해 주셨습니다. 이러한 모습이 저희 학생들에게는 무척 감명 깊었고 잃었던 웃음을 되찾게 해주셨습니다. 또 명랑한 학교 분위기를 만드는 데도 공헌하셨습니다.

이미 슬라이드를 보셔서 여러분이 더 잘아시겠지만 선생님께서는 체육을 전공하셨으면서도 음악을 전공하신 선생님 이상으로 음악을 훌륭히 가르쳐 주셨습니다.

우리말조차 사용하지 못할 때지만 선생님께서 음악을 통해서 학생들을 부드럽게 만들어 주셨고 뜻있는 우리 노래를 많이 가르쳐 주시면서 학생들의 의식을 일깨워 주셨습니다.

그 당시 정확히 깨닫지는 못했지만 어렴풋하게나마 선생님께서 간직하고 계시는 애국심과 일제에 대한 저항심을 음악을 통해 표현했다고 저희 어린 학생들은 느끼고 있었습니다.

20대 초반에 오신 선생님게서 어떻게 그렇게 강인하고 깊은 생각을 가지고 계셨을까 하는 생각을 하면서 저희 제자들은 그때나 지금이나 변함없이 선생님을 존경하고 있습니다.

일화를 하나 소개하면, 1945년 해방이 됐을 때 저는 이미 졸업을 했습니다마는 36년이라는 긴 세월 동안 일제 강점기를 거친 까닭에 은사이건만 일본 사람을 비롯한 대부분의 선생님을 배척하는 운동이 일어났습니다. 전국 방방곡곡에 있는 중학교와 각급 학교에서도 이 운동이 일어났던 걸로 기억합니다.

이 운동은 저희 신농에서도 일어났습니다. 신농에 계신 은사님 모두가 배척 대상이었지만 김 선생님만은 예외였습니다. 김 선생님만은 꼭 학교에 남아 주셔야 한다고 학생들이 호소를 할 정도였습니다. 이 한 가지만으로도 선생님께서 저희 어린 학생들에게 얼마나 인자하셨고 얼마나 참된 교육을 하셨는지 아실 것입니다.

그 이후 저희들은 선생님을 친부모님 이상으로 존경하고 떠받들게 되었습니다. 저희들이 선생님의 은덕을 얼마나 높게 떠받드느냐는 이 사리에 보인 저희 신농 농문회원 수가 1년에 한 번 있는 동문 모임에 오는 수만큼 왔다는 것에서도 알 수 있을 것입니다.

이야기가 빗나가는 감이 있습니다만 신농은 40여 년간이나 저희와 단질됐어도 모교임에는 틀림없습니다. 후배늘도 계속 배출되었겠지만 자리를 같이할 수 없어 마음이 아픕니다. 해마다 동문들이 모임을 가지지만 회원 수가 오히려 줄고 있어 더욱 안타깝습니다.

아무튼 선생님의 애국심 또한 남달랐습니다. 아까 목사님께서 말씀을 하셨지마는, 일제 강점기에 저희 젊은 사람들, 더욱이 어린 중학교 학생들 중에는 10명 중에 한두 명 정도만이 애국가가 있다는 것을 알았습니다. 그런데 그때 선생님께서는 애국가를 4절까지 모두 알고 계셨습니다. 당시에도 늘 애국가를 부르신 것입니다.

예를 하나 들면, 선생님께서 해방을 맞이한 곳은 이른바 일제 시대 근로봉사를 강요당하는 학생들을 인솔하고 황해도 옹진에 있는 일본 군대 비행장을 만드는 곳이었습니다. 해방이 되자 학생들은 지긋지긋하던 근로봉사를 하지 않게 되었습니다. 고향과 학교에 돌아가고 싶어하던 학생들은 극도로 무질서해졌습니다. 선생들의 지도력이 확립될 수 없었습니다. 그런 상황에서 조그마한 무게차를 타고 신천으로 돌아오는데 어느 선생님도 질서를 유지할 수가 없었습니다.

아마 이 자리에 계신 대부분의 사람들이 지금도 애국가의 모든 절을 기억하지 못하실 겁니다. 그런데 그때 선생님께서는 애국가 4절을 모두 다 기억하셔서 가르쳐 주셨습니다. 그렇게 무질서하던 학생들이 모두 애국가를 따라 불렀고 일순간 질서가 회복됐습니다.

정말 인상적이었습니다.

해방 후에도 선생님께서는 꼭 8·15 기념행사를 하셨습니다. 그 일환으로 선생님께서는 직접 각본을 쓰시고, 연출 등 모든 분야를 총괄적으로 맡아 수가 적은 학생들과 함께 '물레방아는 다시 돈다'라는 연극을 공연했습니다. 점령군(소련)도 보고 놀라는 눈치였습니다.

선생님께서는 이 연극을 학생뿐 아니라 일반에게도 공연하도록 했습니다. 비용이 든다고 말씀드렸더니 관람권을 팔면되지 않느냐고 아이디어를 주셨습니다. 우리 학교가 남녀공학이 아니라서 친구가 부득

이 여장을 했는데, 너무 연기를 잘하니까 학부모들이 "아무리 그래도 남녀가 같이 연극을 하다니" 하며 수군수군했습니다. 진짜 여자로 착각한 웃지 못할 일도 있었습니다. 연극이 끝난 후 소련군이 와서 여자를 내놓으라고 해서 스커트까지 벗어 확인시켜 주었습니다.

선생님께서는 그렇게 늘 자상하시고 애국심이 강하셨습니다. 감히 제자로 말씀드리건데 선생님께서는 제자들의 숨결까지 사랑하시고 나라 사랑하는 마음을 몸소 실천하시는 진정한 교육자이셨습니다.

공산치하가 되자 선생님과 저희들은 강요에 의해 떨어져 살아야 하는 신세가 되었습니다. 매해 크리스마스 행사 준비를 주도하시니까 당에서 선생님을 심사하기 위해 출두시켜 무작정 기다리게 했습니다. 선생님께서는 "기다릴 만큼 기다렸다. 성탄축하 준비를 위해 이제 간다"라고 하시며 자리를 박차고 일어서셨습니다. 이 일이 중앙당에 보고되어 감시가 시작되었습니다. 그리하여 선생님께서는 자녀들과 함께 사선을 넘어 월남을 하셨던 것입니다.

금혼식 당일 사진

그러나 선생님의 제자 사랑은 그 이후에도 변함이 없으셨습니다. 월남 후 6·25 직전 육군사관학교를 졸업하고 제가 군에 몸을 담아 광주에 초급 장교로 부임했을 때입니다. 사회는 혼란했고 생활은 어려울 때였는데 우연히 광주에서 만나뵙게 되었습니다.

그때 저의 손을 붙잡고 숙소까지 데리고 가셨습니다. 이후 저도 선생님의 사랑이 그리워 주말마다 찾아 뵈었습니다. 서울에서도 그랬습니다. 나이가 들어가면서 기복을 겪을 때에도 한날 한시도 빠짐없이 저를 위해 기도해 주신다는 사실을 알고 감복했습니다. 누가 보거나 말거나, 언제 어디서나 저희 제자들을 보살펴 주시고 계신 것입니다.

선생님, 더욱 건강하십시오. 그리고 만수무강하셔야 합니다. 제자들에게 베푸셨던 큰 은덕보다 더 많은 복을 받으시고 오래 오래 행복하셔야 합니다.

어린 마음으로 돌아간 제가 마음 깊은 곳에서 우러난 축하와 만수무강을 기원합니다.

김인배 장로와 시애틀에서 찍은 사진

(이 자료는 지난 2016년 1월 24일 주일 오후 2시에 김창국 목사의 삼남인 김현택 교수, 맏아들인 김인배 장로를 만난 자리에서 고인의 가족 이야기 "도란도란 피는 꽃"을 받아 시애틀에서 LA로 오는 비행기 안에서 감명 깊게 읽은 내용이다. 1988년 7월 서울 63빌딩 컨벤션홀에서 있었던 김현택 장로, 유순희 권사의 금혼축

하예식 때 제자 대표 오치성 전 내무부장관의 축사 내용이다.)

이번에《나의 눈물을 새로이 지어 주시다》출판 관계로 한국 방문 중 2016년 2월 24일 서울역에서 김현택 장로의 삼남인《사랑하니까 아빠다》의 저자 김지배 장로를 만나 그동안의 과정을 설명하는 자리에서 책과 더불어 아래의 자료를 주어 이어 싣게 되었다.

김현택 장로, 천국 가기 전 미리 '고별식' 가져
-시애틀 연합장로교회에서

지난 주말인 10일 오후 5시 에드먼즈 소재 시애틀 연합장로교회에서 이색적인 사은 행사가 열렸다. 올해 95세로 이 교회 최고령자인 김현택 장로가 고희를 넘긴 장남 등 자녀들과 지인 및 성도 200여 명을 초청해 천국 가기 전에 미리 '고별식'을 가진 것이다. 김 장로는 참석자들에게 저녁식사를 대접하고 "생전에, 특히 최근 병으로 누워 있을 때 너무나 잘해 주어 너무 고마웠다"라고 일일이 감사를 표했다. 현재 시애틀 다운타운 K아파트에 살고 있는 김 장로는 우리나라 최초의 기독교 목회자 가운데 히니인 김창국 목사의 아들이자 김인배 전 워싱턴 주 서울대 동창회장의 아버지이고, "가을에는 기도하게 하소서/ 낙엽들이 지는 때를 기다려 내게 주신/ 겸허한 모국어로 나를 채우소서"라는

미주 한국일보

"가을의 기도"로 유명한 김현승 시인의 동생이다. 그는 일본 동경 체육대학을 졸업한 뒤 교사를 거쳐 전북대 체육학과 교수를 지내다 1980년 정년 퇴임했다.

유도 4단의 체육인이지만 남다르게 음악을 사랑했다. 고교 시절 남성 4중창단을 만들어 지방 순회공연을 다녔고, 전북대 교수 시절에도 합창단을 설립해 전국 대학교 합창 콩쿠르에서 1등을 차지하기도 했다. 1983년 큰아들 김인배 씨가 출석하는 시애틀 연합장로교회에 성가대 지휘자가 없어 6개월만 맡는 조건으로 인연을 맺어 결국 시애틀에서 생을 마무리하게 됐다. 7월이 생일인 김 장로가 이 날 행사를 서둘러 연 것은, 비록 지팡이는 짚지만 매주 주일 예배에 빠지지 않고 혼자 걸어 다닐 정도로 건강을 유지해 오다가 최근 노환으로 수 차례 입원하는 등 '천국 가는 날이 그리 멀지 않았다'는 생각에서다. 의식이 있고 혼자 거동할 수 있을 때 생전 자신에게 잘해 주었던 자녀들과 지인들에게 웃으면서 감사를 표하며 생의 '마지막 고별'을 미리 전하고 싶어서였다.

'고마웠다'는 말 한마디 제대로 못하고 갑자기 하늘나라로 가서는 안 된다는 생각에서였다. 김 장로는 이날 "내가 치매에 걸리지 않고 멀쩡한 정신으로 장수하는 것도 하나님의 은혜"라고 전제한 뒤 "특히 수수께끼를 많이 풀었던 것이 치매 예방에 큰 도움이 됐다"라고 말했다. 그는 참석자들에게 넌센스 수수께끼 3개를 낸 뒤 선물과 함께 웃음을 선사했다. 큰아들 김인배 씨는 이날 막내아들만 빼고 모두 참석한 자식을 대표해 "어머님이 19년 전 돌아가셨지만 나이 70이 넘은 나이에도 아버지가 계셔 세상에서 가장 행복한 사람"이라며 "우리 아버지께 잘해 주신 여러분들께 감사드린다" 하면서 큰절을 올렸다.

(북미 한국일보/ 황양준 기자)

김현택 교수 가족 사진

부록

미주 지역에서 '독도 지키기' 캠페인

윤사무엘 목사(감람원세계선교회 대표회장)

1. 현실적 배경

작금 일본 아베 정부의 우경화는 독도 영유권 주장과 교과서 왜곡 문제 및 자위대 부활 및 군국주의화로 일사천리 진행되고 있다. 독도를 영토 분쟁 지역으로 만들어서 국제사법재판소에 제소하려고 준비하고 있다. 독도 문제를 앞세워 뒤에는 아시아를 지배하려는 구 제국주의 망상에 빠져들고 있다.

일본 중학교 사회과 교과서 검정 결과 독도가 "시마네 현(島根縣) 오키에 속하는 일본 고유의 영토"라고 되어 있다. 1905년 대한제국이 각의 결정에 의해 독도를 일본 영토로 편입했지만 한국은 1951년 1월 이승만 라인을 그어 "독도를 불법 점거하고 여러 활동을 이어가고 있다"고 언급하고 있다. 일본은 국제적으로 영토분쟁 문제를 통해 자위대 역할을 확대하고 군대화로 가고 있다.

이승만 대통령은 1954년 8월 10일 이미 독도에 건설한 등대에 점등식을 지시하여 세계에 독도의 존재를 알렸다. 이에 앞서 6·25 전쟁 중이던 1952년 1월 18일 이 대통령은 독도를 포함한 동해의 영해에 '평화선'을 선포함으로 일본의 독도 침략을 저지했다.

박정희 대통령은 1965년 6월 22일 한일어업협정에서 독도는 대한민국의 배타적 경제수역으로 설정했다. 대한민국의 땅임을 확인했다.

김대중 대통령이 1998년 9월 25일 신 한일어협협정에 서명함으로 독도를 중간수역('공동관리수역')으로 빼버리고 나면서, 일본은 이를 계기로 강세를 높여 독도 영유권을 주장하고 있다. 2004년부터 일본 국방백서에 독도를 일본의 영토로 명기해 오고 있으며, 국정 교과서에도 독도는 일본 땅이라고 기재했다.

2007년 미 연방하원에서 일본군 위안부 결의안이 통과되었다. 2008년 미 연방의회 도서관과 미국 지리위원회에서 독도 명칭 문제가 거론되어 미국은 중간 입장을 적용하기로 했다. 일본 이름도 아니고 한국 이름도 아닌 중간이름(리안쿠르트 락)으로 바꾸겠다고 공고했다.

2012년 8월 10일 독도 등대에 불이 켜진 지 58년 만에 대한민국 대통령으로는 처음으로 이명박 대통령이 독도를 방문하여 70분간 머물렀다.

2. 역사적 근거

① 512년 신라의 이사부(異斯夫) 장군이 우산국(울릉도, 독도)을 정벌하여 신라 영토로 만들었다는 기록이 《삼국사기》에 있다. 이에 비해 일본은 1905년에 주인 없는 섬을 자국 영토로 편입했다고 주장한다. 1905년 러일전쟁 때 군사적인 목적으로 '주인 없는 섬을 일본 영토로 편입한다'는 '시마네 현 고시(告示) 40호'는, 독도가 주인 없는 섬이 아니며 공시도 관보에 게재한 것이 아니라 내무성의 훈령에 실은 것이기에 한국은 인정할 수 없다.

② 조선시대에는 공도(空島) 정책에 의해 울릉도에 주민이 살지 않았으나 울릉도가 우리의 영토라는 인식을 갖고 있었으며, 숙종 때 동래 어부 안용복에 의해 일본 정부로부터 울릉도와 독도가 조선의 영토임을 확인받았다.

③ 《고려사》, 《세종실록지리지》, 《신증동국여지승람》, 《동국문헌비고》, 《성종실록》, 《숙종실록》 등에 우리 땅임을 확인하는 기록이 있다.

④ 1618년과 1661년 도쿠가와 막부가 울릉도, 독도 해역에 도해면허(渡海免許)를 내주어서 일본 사람들이 고기를 잡아왔다는 것인데, 도해면허는 외국에 나갈 때 받는 일종의 허가 문서이므로 이것은 오히려 조선 땅임을 스스로 인정한 것이다. 일본인들이 만든 지도《삼국통람도설》, 1785)와 고문서에서도 독도는 한국의 영토임을 확인할 수 있다.

⑤ 1946년 1월 연합국 최고사령부가 지령 제677호로 울릉도와 독도, 제주도를 한국에 반환한다고 발표했다.

3. 대응책

미국에서 일본은 독도를 분쟁 지역으로 알리기 전략을 세우고 몇 해 동안 집요하게 미국인의 마음을 움직이려고 하고 있다. 국제사법재판소로 가지고 가면 독도는 일본 땅으로 인정받을 수 있다는 확신을 가지고(일본 판사 1명 있음) 학계, 출판계, 문화예술계, 교육계에 스며들어 홍보 활동 중이다. 이에 대처하기 위해 다음 제안을 한다.

① 도서관에 영문 책자 보급 운동 – 미국은 동네마다 시마다 주마다 학교마다 도서관이 있다. 영문으로 번역된 독도 문제 책자를 각 도서관에 기증하는 캠페인을 하자.

② 미주에 사는 2세, 1.5세를 상대로 한글을 가르치는 한국학교 교사들에게 독도 교육을 위한 자료 정보를 제공한 후, 독도 사랑 글짓기 참여를 적극 독려하여 독도에 대한 인식을 차세대에 알리자. 영어로 독도를 주제로 한 연극, 단막극(skit), 퍼레이드, 야유회(picnic) 등을 실시함도 좋을 것이다.

③ 미주에 유학하고 있는 12만여 명으로 추산되는 유학생들이 자기가 다니는 학교의 교수, 동료 학생들에게 독도 문제에 대한 일본의 입장이 거짓임을 밝히도록 하게 하자. 각 학교 한인학생회에 이를 위한 자금을 지원함도 큰 힘이 될 것이다. 티셔츠, 가방, 모자 등의 판매 모금도 좋은 아이디어일 것이다.

④ 미주 각 지역 한인회과 종교단체에 독도 사랑에 대한 홍보자료를 제공하며 인터넷을 통해 네트워킹을 구축하여 정기적으로 자료

를 제공하며, 각 지역에 광복절 행사 시 독도 뉴스를 전하며 10월 25일 독도의 날 행사를 가지게 지원하자.

⑤ 한국전 참전용사 초청 잔치, 한인 입양아 가족 초청 행사 시 독도에 대한 사진전, 동영상, 브로셔, 관광안내 지침서 등을 제공하자.

⑥ 하버드, 옥스퍼드를 비롯한 세계 유수한 대학에서 독도 포럼을 가지자.

⑦ 양심적인 일본인, 단체와의 교류를 더욱 활성화하여 함께 이 문제를 함께 해결하자. 냉정하고 신중하게 일본 중·고등학생, 청년들, 학자들과 교류하자.

2015년 10월 25일

지은이의 글

《더러는 옥토에 떨어지는 눈물이고저》 출판 기념식을 국가기도운동본부 주최와 광주 양림 3교회 주관으로 2015년 1월 2일(토) 오후 1시에 양림교회(기장)에서 했는데, 국가기도운동본부 조갑진 대표회장을 비롯한 국가기도운동 지도자분들과 광주 지역에 계시는 여러 목회자들과 성도들이 참석하여 축하해 주었다. 이 행사를 위하여 준비하시고 수고해 주신 양림 3교회에 진심으로 감사의 인사를 드린다. 행사를 마치고 이어 국가기도운동 지도자들이 기도여행으로 목포와 전주, 그리고 공주를 거치면서 은혜로운 탐방의 시간을 가졌다.

《더러는 옥토에 떨어지는 눈물이고저》
출판기념예배 참석자 기념촬영

특별히 공주에서 선교사 묘역을 방문하면서 풍토병으로 인하여 이곳에 묻힌 샤프 선교사와 공주 영명학교를 설립하신 우리암 선교사의 두 아들 올리버와 조지, 그리고 테일러의 딸과 아멘트의 아들, 네 분의 선교사 자녀들이 잠들어 있는 현장을 바라보면서 선교사들이 이 땅을 찾아와 흘린 눈물과 헌신, 그 희생을 생각하면서 오늘의 《나의 눈물을 새로이 지어 주시다》의 집필을 구상하게 되었다.

대전대학(지금은 한남대학교)을 설립하신 남장로교에서 교육 선교사로 파송한 윌리엄 린튼 선교사의 발자취를 찾아서 대전을 찾았고, '인돈학술원'을 방문하여 그분에 대한 자료를 수집하면서 이분이 이 땅 호남 지방에 와서 뿌렸던 복음의 씨가 그 열매가 어떻게 열매를 맺었는가를 발견하는 가운데, 린튼의 가문 3대가 모두 한국을 사랑해서 지금도 한국과 북한 선교를 위하여 헌신하고 있음을 발견하고 놀라움을 금치 못했다.

그리고 남장로교 선교사로 파송되어 호남 지방에서 교회와 병원, 학교를 설립하는 등 각 분야에서 사역한 선교사님들의 자료와 그 기록물들이 없는 아쉬운 부분이 있었으며, 또한 한국교회사에서 잊혀진 호남 선교사에 대한 철저한 복원이 필요한 때임을 강조하고 싶다.

국가기도운동 제2회 국제대회가 2016년 9월 제주도에서 개최될 것을 바라보며 제주에서 복음이 뿌려졌던 역사 가운데 이기풍, 최대진, 김창국 선교사들의 사역을 조명하고, 격동기인 1948년 4월 3일에 일어났던 4·3 사건의 이야기를 다루면서 내일의 교회와 선지동산, 그리고 통일 한국을 기원하며 지난 과거 제주에서 있었던 아픈 상처를 치유하고 회복하는 기회가 되었으면 하는 마음에서 이 글을 썼다.

　앞으로 국가기도운동본부에서 4·3 사건에 대한 포럼 등 이 시대에 우리에게 주는 교훈이 무엇인가를 통해 회개의 시간을 가져 보는 기회가 되었으면 한다. 지금도 제주 복음화에 걸림돌이 되는 것이 기독교에 대한 부정적인 이미지라고 한다. 우리가 기도로써 이 문제를 극복해 나갈 수 있는 제2회 국제대회가 되었으면 하는 마음 간절하다.

제주 4·3 평화공원 전경(제주시 봉개동)

참고문헌

민경배, 《한국교회사회사》(1885-1945), 연세대출판부.

기독신문, 《남장로교 호남 선교에 대하여》(1891-2014).

김광수, 《한국 기독교 순교사》, 기독교문사, 1979.

김인수, 박정환, 《제주성안교회 100년사》(1908-2008), 도서출판 맘에드림, 2010.

김수진, 《광주제일교회 100년사》(1) (1904-2004), 쿰란출판사, 2006.

차종순, 《양림교회 100년사》 (1904-1953), 성문당, 2003.

차종순, 《장로교 최초 목사 리더십》, 쿰란출판사, 2010.

최범수 《개신교 공주부흥운동을 말한다》, 공주기독교역사위원회, 2014.

김찬흡, 《제주항일인사실기》, 북제주군, 경신사, 2005.

김찬흡, 《제주향토문화사전》, 금성문화사, 2014.

조지 톰슨 브라운, 《마국남장로교 한국선교역사》(1928-1962).

이문교, 《제주 4·3 바로 알기》, 제주4·3평화재단, 서해문집, 2014.

김동윤, 《4·3의 진실과 문학》, 2003.

허영선, 《제주 4·3을 묻는 너에게》, 서해문집, 2014.

현기영, "순이 삼촌", 〈창비〉, 1979.

장두환, 《한국역사, 한국역사연구회》, 역사비평사, 1992.

윤사무엘, 《한국교회의 경건인물들》, 보이스사, 2002.

심녕배, 《수제의 봄은 오는가》, 도서출판 수서원, 2012.

임형태, 《더러는 옥토에 떨어지는 눈물이고저》, 쿰란출판사, 2015.

남장로교 호남 선교 이야기
나의 눈물을 새로이 지어 주시다

1판 1쇄 인쇄 _ 2016년 5월 6일
1판 1쇄 발행 _ 2016년 5월 10일

지은이 _ 임형태
펴낸이 _ 이형규
펴낸곳 _ 쿰란출판사

주소 _ 서울특별시 종로구 이화장길 6
편집부 _ 745-1007, 745-1301~2, 747-1212, 743-1300
영업부 _ 747-1004, FAX 745-8490
본사평생전화번호 _ 0502-756-1004
홈페이지 _ http://www.qumran.co.kr
E-mail _ qrbooks@gmail.com / qrbooks@daum.net
한글인터넷주소 _ 쿰란, 쿰란출판사
등록 _ 제1-670호(1988.2.27)
책임교열 _ 이화정·최진희

ⓒ 임형태 2016   ISBN 978-89-6562-878-1 93230

책값은 뒤표지에 있습니다.
이 출판물은 저작권법에 의해 보호를 받는 저작물이므로 무단 복제할 수 없습니다.
파본(破本)은 구입처에서 교환해 드립니다.